梁启超师范教育思想研究

高东辉 著

中国社会科学出版社

图书在版编目（CIP）数据

梁启超师范教育思想研究 / 高东辉著. -- 北京 : 中国社会科学出版社, 2025. 6. -- ISBN 978-7-5227-5059-0

Ⅰ. G40-092. 6

中国国家版本馆 CIP 数据核字第 20251NZ733 号

出 版 人　季为民
责任编辑　安　芳
责任校对　张爱华
责任印制　李寡寡

出　　版　中国社会科学出版社
社　　址　北京鼓楼西大街甲 158 号
邮　　编　100720
网　　址　http：//www. csspw. cn
发 行 部　010－84083685
门 市 部　010－84029450
经　　销　新华书店及其他书店

印　　刷　北京明恒达印务有限公司
装　　订　廊坊市广阳区广增装订厂
版　　次　2025 年 6 月第 1 版
印　　次　2025 年 6 月第 1 次印刷

开　　本　710×1000　1/16
印　　张　15
字　　数　205 千字
定　　价　79. 00 元

目　　录

绪　论

一　选题缘由

（一）中国深化教师教育改革，弘扬教育家精神的战略需要

“百年大计，教育为本。教育大计，教师为本。”[①] 强国必先强教，强教必先强师。习近平总书记指出，“教师重要，就在于教师的工作是塑造灵魂、塑造生命、塑造人的工作。一个人遇到好老师是人生的幸运，一个民族源源不断涌现出一批又一批好老师则是民族的希望”[②]。教育是强国的基础，是民族文化传承与创造的核心驱动力。在各级各类教育中，师范教育在国家教育事业中具有基础性、先导性作用，培养优质的师资队伍俨然成为新时代深化教育体制改革的重中之重。改革开放以来，我国不断调整教育整体布局和改革师范教育体制，师范教育体系由传统的封闭模式向现代的开放模式转变。20 世纪末，国务院颁布《关于深化教育改革全面推进素质教育的决定》，旨在进一步加强和改革师范教育制度，全面提升师资培养质量，并从结构上调整院校层次，强化办学特色，扩大师资培养规模。文件强调培养师资不仅限于师范院校，还大力鼓励非师范类院校和综合性高等学校等其他院校积极参与培养师资的工

① 习近平：《论教育》，中央文献出版社 2024 年版，第 79 页。

② 习近平：《论教育》，中央文献出版社 2024 年版，第 72 页。

作，支持在有条件的综合性高等学校中试办师范学院。由此，我国单一定向型的师范教育体系被打破，国家教师培养体系呈现出多元化的走向。21 世纪以来，我国传统的师范教育随着社会发展的新要求，积极地改革并不断向新师范教育转变。

近年，《中共中央　国务院关于全面深化新时代教师队伍建设改革的意见》《关于实施卓越教师培养计划 2.0 的意见》等文件，从国家政策层面为我国师范教育发展提供支持，指明新的发展路向，也为我们探讨如何发展新师范教育提供了有力的依据。《中国教育现代化 2035》[①] 中指出：要大力推进教育现代化、实施教育强国，办好让人民群众满意的教育，把建设高素质专业创新型教师队伍作为十大战略任务之一；完善以师范院校为主体、高水平非师范院校为参与者、优质中小学为实践基地的开放、协调的中国特色师范教育体系。对此，教育部制定并推广实施教师教育振兴行动计划，在总结以往师范教育发展经验的基础上，进一步创新完善师范教育顶层设计，着力发挥现有师范院校的办学特色，确定各级师范院校的培养目标、办学重点与相关制度措施。同时，在保障体制方面，对师范教育提供一系列利好政策。因此，师范教育研究与国家政策应合为一体，在师范教育改革实践的过程中，重视师范教育领域学术研究的奠基与引领作用。

2022 年底，我国各级各类专任教师达 1880.4 万人，与 2017 年相比增加 253.5 万人，支撑起世界最大规模教育体系，为推进教育高质量发展提供了有力的基础保障。[②] 2023 年教师节前夕，习近平总书记在致信全国优秀教师代表时，首次提出中国特有的教育家精神。教育家精神内涵包括：心有大我、至诚报国的理想信念，言为

---

① 新华社：《中共中央、国务院印发〈中国教育现代化 2035〉》，http：//www. gov. cn/zhengce/2019 -02/23/content_ 5367987. htm。

② 中华人民共和国教育部：《我国专任教师总数超 1880 万　五年新增 253. 5 万人》，https：//www. moe. gov. cn/jybxwfb/s5147/202306/t20230602_1062458. html。

士则、行为世范的道德情操，启智润心、因材施教的育人智慧，勤学笃行、求是创新的躬耕态度，乐教爱生、甘于奉献的仁爱之心，胸怀天下、以文化人的弘道追求。[①] 教育家精神是对一代又一代优秀教师和教育工作者群体特征与职业精神的凝练概括，回答了新时代需要什么样的教师队伍来立教兴教、育人育才这一问题，为广大教师提供了精神指引。

2024 年 8 月，中共中央、国务院出台了一份关于加强教师队伍建设的重要文件——《中共中央　国务院关于弘扬教育家精神加强新时代高素质专业化教师队伍建设的意见》[②]。在我国由教育大国向教育强国系统性跃升的关键历史节点上，文件明确提出，“优化教师管理和资源配置”“推进教师评价改革”，对弘扬教育家精神、加强新时代高素质专业化教师队伍建设作出全面系统部署。教师乃立教之本、兴教之源。党的十八大以来，从扩大实施“国优计划”到扎实推进公费师范生教育、师范教育协同提质计划，再到实施“强师计划”“国培计划”等，一系列政策举措的出台落实，推动教师队伍量质齐升。

现阶段，“构建中国式现代化教师教育体系”的战略目标，为新时代师范教育的未来发展指明新的前进方向，也意味着师范教育在经历 20 世纪末“去师范化”之历史审思后的应然转型与理性回归。然而，此种转型与回归并不意味着要回到原来发展的轨道中去，而是通过深刻审思我国师范教育的历史经验与发展规律后的“回归”。现阶段，优质师资队伍供给相对短缺，尚难以满足国民逐渐增长的对更高质量教师供给的迫切需求。换言之，优质师资作为

---

① 中华人民共和国中央人民政府：《习近平致全国优秀教师代表的信》，https：//www.gov.cn/yaowen/liebiao/202309/content_6903084.htm。

② 中华人民共和国中央人民政府：《中共中央　国务院关于弘扬教育家精神加强新时代高素质专业化教师队伍建设的意见》，https：//www.gov.cn/gongbao/2024/issue_11566/202409/content_6973187.html。

优质教育资源的关键要素，乃是提升教育质量的关键动力。但现实境况是，师范专业吸引力下降，优质师范生生源供给质量下滑，优质师资数量依然短缺，配置地区不均衡等问题尚存。习近平总书记多次强调历史是最好的教科书，也是最好的清醒剂。在漫长的中国教育史进程中，中华民族创造出独树一帜的教育文化，积累了丰富的教育实践经验，这为中华民族的发展提供了源源不断的宝贵财富。通过了解、借鉴这些历史，研究师范教育发展的规律，将会为我们带来透视昨天、认识今天、开创明天的启示，获得思想的启迪、知识的武装，从而能够站在历史底蕴上更加坚定地引领我国师范教育走向未来。故而，若想进一步明晰特色师范教育体制之“新”，亟须回溯历史，探索出我国师范教育产生、发展的历史轨迹与经验教训，厘清“去”师范教育的缘由，才能更好地规划师范教育“新”的发展趋向，预见“去师范化”至“新师范教育”发展中可能出现的问题，为新体系的建立作出贡献。

（二）师范教育理论研究的现实困境

2016 年，习近平总书记在哲学社会科学工作座谈会上强调，“这是一个需要理论而且一定能够产生理论的时代，这是一个需要思想而且一定能够产生思想的时代”①。作为全面推进中华民族伟大复兴的基础性工程，建设教育强国，必然离不开师范教育的高质量发展，更离不开师范教育理论的高质量发展。建设中国自主师范教育理论体系有助于充分发挥师范教育理论在中国特色社会主义师范教育体系建设中的基础性作用。当前，教育综合改革需要教育理论的支持，缺乏理论生产、适用、引领的师范教育实践是缺乏生机与活力的，其更不可能发挥其作为“教育工作母机”的应有功能。

中国师范教育的理论研究，是中国教育理论研究的重要组成部

① 习近平：《在哲学社会科学工作座谈会上的讲话》，人民出版社 2016 年版，第 8 页。

分。开展中国师范教育的理论研究，不仅有助于进一步丰富教育基本理论，对构建中国师范教育理论体系亦有所助益。中国师范教育研究历经百年沧桑变迁，对于学科范式体系塑造、课程建设、师资人才培养等诸多方面成绩颇丰。但就其发展与改革的总体境况方面，无论在突破教师专业化的理论瓶颈方面，还是在指导本土师范教育实践方面，抑或在建设系统的师范教育学科方面，甚至是在研究适合我国国情的教师教育理论体系等方面都尚有较大提升空间，这就决定师范教育领域的理论探索与重构仍是绕不开的基本问题。当然，理论探索需要理论自觉，理论自觉亦是一种未完成的理论理性。师范教育研究的理论自觉，指的是对于师范教育领域中所学习、运用及研究的理论，应有基本的“自知之明”。人用理性的思维追寻其完成性才是“自知之明”意义之所在。当下师范教育研究存在的问题，主要表现在本土文化研究理论自信不足、整体性研究思考问题深度不够等方面，从师范教育研究改革传统来说，本土化的理论成型亦是关键的动力。故而，师范教育研究理论自觉程度仍须进一步提升。

中外比较的视角，可谓我国师范教育改革研究的重要视角之一。20 世纪下半叶以来，我国师范教育改革取得一定成绩，其中对西方先进师范教育改革与发展的理念、制度、模式的借鉴与引进，推进我国相关领域理论与实践的研究与发展。然而，我国当前师范教育研究中所使用的很多概念、话语与理论基础尚存，在一定程度上还缺乏本土性的解释框架和理论体系，有碍于师范教育的未来发展。从师范教育的运行体系到整个教育体系的发展，对中国特色的本土理论体系还须进一步建构，缺乏研究支撑的师范教育，故而不能完全满足实践要求。从历史视角观之，师范教育思想萌芽于 17 世纪的法国，因出色的社会效能，师范教育制度体系在其后的两百年间席卷德、美、日等国家。清末，中国士大夫群体在西学东渐的背景下，开始探索西方列强科技与制度的优势，反思清政府衰落之根源。例如，黄遵宪等学者认为西方的体制，尤其是教育体制的建立是导致这一现象的重要原因。由于种种原因，大多数学者的研究缺乏深入剖析与系统论述。

中国师范教育思想的正式形成，发端于梁启超为实现新民之伟业而对中国社会与教育制度的深刻剖析，其博观而约取、厚积而薄发，著成中国近代教育史上第一篇系统探讨师范教育的地位、目的、课程、实习等问题的文章——《论师范》①。泽克纳（Zeichner，K. M.）和他的同事利斯顿（Liston，D. P.）发表的《美国教师教育的改革传统》②，在国际师范教育研究领域产生深入影响，受到业内的广泛关注。文中指出美国师范教育改革虽然从制度和理论上都有所创新并取得不错的成绩，但最为明显的特点是缺乏历史意识，也就是缺乏以史观今的视角和情怀。对于历史文献关注的疏忽，导致在前沿师范教育理论研究和具体师范教育实践方面都显得力不从心。现阶段，我国教师教育的改革与发展须以史为鉴，吸收和借鉴历史上师范教育的思想与改革经验，提升师范教育理论研究的水平。

（三）梁启超在师范教育史上的重要地位

作为各级各类教育基础的师范教育，可谓整个教育的工作“母机”。中国自古就有尊师重教的传统，但并没有专门培养教师的独立的师范教育系统。及至近代，中国处于“千年未有之变局”，因鸦片战争特别是甲午战败，军事外交迭次失败，朝野震动，社会萧条，国家危机，近于极点。为抵御外侮，挽救亡国灭种的危险境地，晚清仁人志士纷纷探求改良之策以图国家发展出路。彼时，受

---

① 梁启超：《论师范》，《梁启超全集》，北京出版社 1999 年版，第 28—30 页。

② Zeichner K. M. Liston D. P.，“Traditions of Reform in U. S. Teacher Education,” *Journal of Teacher Education*, Vol. 41，No. 2，1990，pp. 3 -20.

西方教育思潮激荡的影响，国人业已意识到发展教育的重要意义。如何将传统教育改造为现代教育，成为晚清政府面对的重大难题和挑战。这不仅关系教育的发展，更关系国家与民族的前途与命运。由此，作为培养教育者之专门教育的师范教育理应被视为发展教育事业的前提。梁启超作为维新界的领军者，近代教育改革的先驱，他的教育思想孕育于维新变法前后，主张通过变革科举、兴办新学、培养新民、开启民智等途径实现，这也勾勒出师范教育的蓝图。梁启超立足中国，放眼世界，特别重视师范教育的引介和发展，提出改革师范教育的要策。

梁启超在《论师范》中言："《书》曰'作之君，作之师'，《记》曰：'人其父生而师教之'，是以民生于三，事之如一，其重之也如此，非苟焉而已。"[①] 由此可见，他十分欣赏中国古代对教师地位的崇敬与教师作用的重视，并由此进一步言明教师之于国家、社会的重要性，即"古者学校，皆国家所立，教师皆朝廷所雇，故《大戴》七属，言学则任师"[②]。后因官学没落、私学兴起，"天子不复养士"，科举选拔制度弊端凸显，严重束缚知识分子的思想，逐渐出现学校教学内容僵化、师道难立的现象。对此，梁启超认为只有立师道，兴智学，方能开民智，强国家。他提出："故救天下之道，莫急于讲学，讲学之道，莫要于得师。"[③] 可以说，梁启超师范教育思想内容丰富而深刻，其思想理论在彼时引起强烈社会反响并产生积极效果，为近代师范教育产生、发展奠定了坚实基础。梁启超对师范教育的论述，主要呈现在《变法通议》中的《论师范》一文中，同时在他的多种著作、奏折、电牍、书信等中亦有所涉及。梁启超师范教育思想中涵盖人的现代化、教育现代化、思想现

① 《论师范》，梁启超：《梁启超全集》，北京出版社 1999 年版，第 29 页。
② 《论师范》，梁启超：《梁启超全集》，北京出版社 1999 年版，第 29 页。
③ 《复刘古愚山长书》，梁启超：《梁启超全集》，北京出版社 1999 年版，第 152 页。

代化等厚重底蕴，为新时代教师队伍建设提供了理论借鉴。党的十八大把“立德树人”明确为教育的根本任务，师范院校在教师培养上要牢牢把握立德树人这一核心准则，发扬个性，适时改革，挖掘中华优秀传统文化的内涵，实现文化创造性转化、创新性发展，培养学生科学理论素养，实现学生全面发展。

作为晚清以来在政治、历史、文化、教育等领域卓有建树的学者，梁启超的一生可谓波澜壮阔。生于儒学世家，长于危机之时，敢于变革维新，梁启超的思想对后世意义可谓深远。纵观其在教育改革实践的过程中传递出教师培养的理念，梁启超深入研究师范教育诸方面的问题，形成较为完整的师范教育思想体系。梁启超师范教育思想和改良主张，凸显了师范教育的特殊性和强烈的爱国情操，对彼时中国师范教育有着重要的启迪作用。梁启超丰富的文献史料及著述，乃是研究其师范教育思想及实践的第一手资料。时至今日，梁启超的师范教育思想影响依然深远，我们继续对其研究，除了要深入剖析其师范教育思想的内容和进一步完善其师范教育思想体系之外，还迫切地希望其能为解决当代师范教育的问题提供些许借鉴和启示。

二 研究意义

(一) 有助于丰富梁启超思想的研究

梁启超不仅是清末民初著名的改良主义者，还是出色的教育家。他见证了中国近代社会风起云涌、波谲云诡的剧变历程。由于梁启超是思想庞杂、“流质多变”的历史人物，这使得学界对他的评价呈现出显著的两极分化。于梁启超生前，其子女与友人就已着手筹备他的年谱及文集。1932 年，中华书局出版全四十册的《饮冰室文集》，这为后世对梁启超的研究提供了宝贵的素材。1944 年，《梁启超传》（仅上本）的出版开启了梁启超研究的先河，自此后数十年间，关于梁启超政治、历史、道德等领域的研究络绎不绝，尤以海外与中国台湾地区的研究为甚。20 世纪 80 年代后期，中国大陆也逐渐掀起梁启超研究“热”。除却对梁启超思想的系统性研究，学者们开始从所属学科的角度分析、阐释梁启超的思想，包括哲学、政治学、历史学、文学、新闻学、文化学等。20 世纪以来，伴随着研究视域与研究内容的丰富与拓展，学界对梁启超思想的研究俨然已经合为一门横跨人文科学与社会科学的大课题。

之于梁启超，中国教育的发展与前途是其一直都在苦苦思索的问题。《论师范》《学校总论》《学校余论》《教育政策私议》等篇章中都展露出其对中国师范教育事业创立与发展的心愿。可以说，师范教育贯穿梁启超的政治研究、历史研究、教育研究等活动。因此，对梁启超师范教育思想的研究理应成为学界关注的焦点。本书探讨的梁启超师范教育思想，既包括其师范教育内容，还增加了对其师范教育办学与实践经验的论述，这类研究尚属新颖，在一定程度上丰富和完善了梁启超思想的研究。

（二）推动我国师范教育研究的发展

纵观 70 余年来的师范教育理论研究，尽管创新性的理论成果不乏少数，但源自师范教育学科内部的“原生性”理论却有待深入挖掘。众所周知，西方的师范教育研究发轫较早，在发展中积累了丰富的经验。新中国成立后，国外师范教育理论陆续引入我国，丰富了我国的师范理论基础。然而，早期我国师范教育理论研究的对象、内容、方法呈现“单一化”倾向。改革开放以来，学术研究数量与质量有所提高。

梁启超是中国近代历史上著名的思想家、教育家，他在师范教育上贡献卓越。他对师范教育重要性的见解、师范教育内容的论述、师范教育本土化的认识，奠定了我国近代师范教育的理论基础。对于当下师范教育中的核心问题，如师范教育具有怎样的地位与使命、师范教育应培养什么样的教师、师范教育应构建什么样的课程、师范教育应开展什么样的教学以及师范教育应组织什么样的实习等，可通过挖掘其师范教育思想，并进行系统化整理。本书通过对梁启超师范教育的时代背景、理论渊源、历史演变系统梳理，可以更好地认识和理解师范教育体系与教育模式的变革路径，有利于丰富当下学界师范教育理论的研究。

（三）为师范教育改革与实践提供思想参考

与众多执着于书斋中思索社会改良之道的思想家不同，梁启超终身恪守经世致用、知行合一的人生信条，积极活跃于社会改良活动之中。在这一意义上来说，他既是一位学识渊博的思想家，更是一位胆识超群的社会改良者。虽然，他的政治改良活动在近代复杂的国内形势中并非一帆风顺，但他的师范教育思想与实践却取得很大成就。1898 年，梁启超在为清政府总理各国事务衙门代奏的《筹议京师大学堂章程》中指出，“西国最重师范学堂，盖必教习得人，然后学生易于成就。中国向无此举，故各省学堂不能收效。今当于堂中别立一师范斋，以养教习之人才”①。此乃第一次于国家教育政策文件中提及师范教育机构的设立。此后，梁启超依旧致力于思考本土师范教育的未来发展，参与、支持师范教育法令的颁布。例如，1902 年颁布的《钦定学堂章程》及 1904 年颁布的《奏定学堂章程》都对师范教育的地位与内容予以规定，这与梁启超的努力不无关系。

此外，梁启超还批判传统教师教学之流弊，积极倡导新教学方法实践，鼓励教学革新。例如，他开创中西结合的师范教育课程体系、提倡在教学中使用“趣味教学法”、建议建立师范生教育实习基地等。这些措施或可为当下的师范教育改革与实践提供思想借鉴。

---

① 陈元晖主编：《中国近代教育史资料汇编（戊戌时期教育）》，上海教育出版社 2007 年版，第 229 页。

三　研究综述

本书文献综述所用纸质文献来自中国国家图书馆、山东省图书馆等机构，数字文献以“梁启超教育思想”“梁启超师范教育”“师范教育思想”等关键词为检索项，检索引擎包括中国国家数字图书馆、中国知网（CNKI）学术文献总库镜像、晚清和民国期刊全文数据库（1833—1949）、民国期刊本地镜像数据库、大成老旧刊全文数据库、台湾学术文献数据库、EBSCO 全文电子期刊库、读秀学术搜索、万方数据知识服务平台等学术信息库等。

（一）学界关于梁启超思想概况的研究

1983 年，丁文江主持、赵丰田编写的《梁启超年谱长编》由上海人民出版社出版。该书汇聚梁启超与师友之间的 700 余件书信，成为学界研究梁启超思想的重要参考。改革开放后，对梁启超思想的研究多采用新视角，学界对他的思想渊源与流变、生平活动、政治观点等进行再思考、再认识与再评论。例如，孟祥才、杨希珍的《梁启超》① 作为全面研究梁启超思想的专著之一，系统论述梁启超思想的进步性，认为其引领了中国近代历史上第一次思想解放潮流。钟珍维、万发云的《梁启超思想研究》② 是改革开放以后对梁启超思想研究的又一部重要成果。该书评析其政治思想、法学思想、经济思想、新闻思想、文学思想、法治思想、教育思想等在内的诸多思想，对梁启超的思想予以实事求是的评价。

此外，还有王勋敏的《梁启超传》③、吴其昌的《梁启超传》④、朱俊瑞的《梁启超经济思想研究》⑤，等等。对梁启超思想的研究

---

① 孟祥才、杨希珍：《梁启超》，江苏人民出版社 1982 年版。

② 钟珍维、万发云：《梁启超思想研究》，海南人民出版社 1986 年版。

③ 王勋敏：《梁启超传》，团结出版社 1998 年版。

④ 吴其昌：《梁启超传》，东方出版社 2009 年版。

⑤ 朱俊瑞：《梁启超经济思想研究》，中国社会科学出版社 2004 年版。

真正进入百花齐放、百家争鸣状态的时间，具体来说应该是20世纪90年代以后，出现一大批相关著作，从梁启超的国民、政治、法律、伦理、教育、美学、文学、学术思想等方面入手，全面地研究和评价梁启超思想。例如，陈鹏鸣在《梁启超学术思想评传》[①]中以《清代学术概论》《中国近三百年学术史》《中国历史研究法》《补编》等梁启超的学术著作、梁启超与师友的交往的部分文章为切入点，将梁启超学术思想置于20世纪学术文化视野中，评析其哲学、政治、经济史学、文学和教育思想。吴廷嘉等人所著《梁启超评传》[②] 中以梁启超生平的学术活动为线索，系统剖析梁启超思想及其产生的动因，客观地评价梁启超思想与政治活动的历史意义。书中指出，学界对于梁启超思想褒贬不一，这是源于近代政治生活的曲折性，忽略梁启超作为启蒙学者的本质特征，不断以其所短攻其所长，构成学界对梁启超学术评价的失真。无独有偶，学者董方奎分析戊戌变法时期的社会文化背景，认为梁启超思想与清末社会转型的大背景息息相关。他在《新论梁启超》[③] 中以时间为成文逻辑，详细剖析了戊戌变法前后梁启超对政体的选择、辛亥革命时期拥护和捍卫共和的举措等问题。书中指出“百变不离其宗”是梁启超善变的哲学理论基础，梁启超从不出卖政治原则，从不隐瞒自己的观点，不断抛弃旧说，知错必改。董方奎还将梁启超的尊孔与康有为的尊孔区别对待，梁启超的尊孔读经，是为继承我国古代文化之精华，推陈出新，创造新的文化。董方奎对梁启超思想“善变”的认识为重新评价他本人起到重要的借鉴作用。王建军所著的《教育近代化中的梁启超》[④] 将梁启超的一生，放置于中国教育近代化的发展进程下作整体把握，对他的教育思想及教育改革探索实

① 陈鹏鸣：《梁启超学术思想评传》，北京图书馆出版社1999年版。

② 吴廷嘉、沈大德：《梁启超评传》，百花洲文艺出版社2010年版。

③ 董方奎：《新论梁启超》，华中师范大学出版社2007年版。

④ 王建军：《教育近代化中的梁启超》，山西人民出版社2018年版。

践作了全面阐述和客观评价。

（二）学界关于梁启超教育思想的研究

梁启超师范教育思想是其整体教育思想的重要组成部分。国外对于梁启超教育思想的研究，主要集中于对梁启超在中国近代史中的地位与作用及其政治思想的解读。美国汉学家约瑟夫·阿·勒文森（Joseph R. Levenson）所著的《梁启超与中国近代思想》① 开启海外学者研究梁启超之先河。勒文森从学术思想史的维度，结合梁启超生前的社会及文化背景，详尽地梳理其思想的形成轨迹，分析其思想于中国近代社会发展的重要影响。文中虽没有直接论述梁启超的具体教育思想，却对梁启超青少年所接受的教育历程进行回顾，追溯与总结该时期梁启超思想整体形成中的地位，也可视为梁启超教育思想形成中的重要启蒙要素。他将梁启超思想轨迹划分为三个阶段：第一阶段（1873—1898 年），梁启超致力于解释和推广"西学中源"学说；第二阶段（1898—1912 年），梁启超逐渐意识到中、西方国情、政体之区别，故而放弃对西方文化的挑战；第三阶段（1912—1929 年），梁启超通过欧洲旅行重启西方和中国文化的对比研究。值得注意的是，文中始终贯穿着"冲击—回应"的线索，描述梁启超的思想形成于西方文化"冲击"之下，其在中西文化、一元与多元、宪政与革命等矛盾关系中的徘徊与选择，而最终选择经由"引入西学"走上国家主义道路。学者费正清在《美国与中国》② 中评价勒文森的研究，认为勒文森卓越地评述了梁启超与中、西思想和近、现代思想的联系。然而，勒文森的研究过于强调外部影响的作用，忽视梁启超思想中的传统文化渊源，对梁启超思想的评价失之偏颇。

---

① ［美］约瑟夫·阿·勒文森：《梁启超与中国近代思想》，刘伟、刘丽、姜铁军译，四川人民出版社 1986 年版。

② ［美］费正清：《美国与中国》，张理京译，世界知识出版社 2008 年版。

与之相呼应的是，史学家张灏在《梁启超与中国思想的过渡(1890—1907)》① 中一反“西方的冲击”的研究模式，以中国传统儒家文化的内在发展理路为参照点，深入分析梁启超思想中的“公德和私德”“竞争和进步”“进取精神和冒险精神”“民族主义和国民理想”“权利和自由”等观念，探求中国传统文化于清末民族文化转型与梁启超政治思想产生中所起到的启蒙作用。遗憾的是，张灏仅以 1890 年至 1907 年期间的思想活动作为研究对象，对梁启超后期的学术与教育思想所言甚少。此外，另一位美籍华裔学者黄宗智则较为全面地看待梁启超思想的渊源，其从西学、东学、本体文化三个维度出发，深入探讨梁启超思想内容与发展轨迹。黄宗智所著的《梁启超与近代中国自由主义》②，专门考察明治日本对梁启超思想的影响，他认为梁启超的思想是其对西方、明治日本与传统儒家思想重新理解与阐释后的综合体。唐小兵在《全球空间与现代性的民族主义论述：梁启超历史思想论》③ 中，将梁启超的历史思想置于现代性话语的理论框架中，特别是民族主义作为非西方社会历史空间中进行考察。21 世纪初，由日本史学家狭间直树主编的《梁启超·明治日本·西方：日本京都大学人文科学研究所共同研究报告（修订版）》④ 一书，收录十数篇日本知名学者对梁启超研究的成果，书中按时间逻辑分期探讨梁启超流亡日本前、后思想的流变。作为系统研究梁启超思想在海外影响的著作，该书侧重于从观念与知识体系的大转换角度重新估价梁启超在近代中国思想文化史上及东亚思想发展史上的地位。此外，狭间直树在书中详尽描述

① ［美］张灏：《梁启超与中国思想的过渡（1890—1907）》，崔志海、葛夫平译，江苏人民出版社 1995 年版。

② ［美］黄宗智：《梁启超与近代中国自由主义》，西北大学出版社 2023 年版。

③ 唐小兵：《全球空间与现代性的民族主义论述：梁启超历史思想论》，斯坦福大学出版社 1996 年版。

④ ［日］狭间直树主编：《梁启超·明治日本·西方：日本京都大学人文科学研究所共同研究报告（修订版）》，社会科学文献出版社 2012 年版。

梁启超赴日前与康有为的师生关系与思想分歧，揭示梁启超教育思想中的日本和西学背景，并力图将其串联成一条“西方—日本—中国”的思想锁链。他认为，梁启超所著的《新民说》不仅借鉴日本现代化的成功经验，而且把西方现代文明的精髓概括为“民族主义”并引入中国。学者白莉民（Limin，Bai）于《儿童与中国的生存：梁启超论戊戌变法前的教育》[①] 中以梁启超儿童教育观为视角，批判戊戌变法之前的教育制度，包括梁启超对于传统教育中重视体罚、不遵循儿童身心发展规律等弊端的鞭挞。白莉民认为，梁启超对儿童这一寄托着国家未来期望群体的关注，体现了其社会责任感。梁启超对于中国以往儿童教育问题的分析虽成一家之言，但足以引发后世思考。

国内对梁启超教育思想之研究起步较早，且较为全面。国内对梁启超的研究，大多采用传记史的方式刻画梁启超的生平及其精神，将他的一生划分为读书考试时期、论政从政时期、讲学救国时期，并叙述梁启超每个时期情怀产生的背景与走向。李匡惠在《梁启超之教育思想及其对于师范教育之供献：附梁启超氏教育工作年表》[②] 中对梁启超教育思想做了卓有成效的研究，她运用史料并结合梁启超生活的社会文化和时代背景，详细论述梁启超教育思想产生的时代与社会背景，较为细致地描述梁启超教育整体观点及师范教育主张。郑世兴在《梁启超教育思想》[③] 一书中采用历史学的视角，综合运用比较、演绎与归纳的方法，对梁启超的生平与教育思想展开全面介绍，包括教育目的、教育主张与教育内容与方法论

① Limin，Bai.，“Children and the Survival of China：Liang Qichao on Education Before the 1898 Reform，” *Late Imperial China*，Vol. 22，No. 2，2001，pp. 124 – 155.

② 李匡惠：《梁启超之教育思想及其对于师范教育之供献：附梁启超氏教育工作年表》，《教育学报（北平）》1941 年第 6 期。

③ 郑世兴：《梁启超教育思想》，幼狮文化事业公司 1980 年版。

等。曾凡炎在《梁启超教育思想述评》① 中，对梁启超教育思想整体述评。在幼年时期，梁启超接受的正统儒家教育为其教育思想的形成打下基础；青少年时期师从康有为的经历乃其思想转折点；万木草堂从教经历，则为其一生教育学术事业奠定了坚实基础。梁启超教育思想内容博大精深，呈现出鲜明的时代特征。宋仁于《梁启超教育思想研究》② 中，记述梁启超的生平，评析其教育思想的渊源、内容及在近代教育史上的地位。安尊华的《梁启超教育思想研究》③，立足于中国近代转型时期的历史背景，从德育、国民教育、师范教育、家庭教育、女子教育、幼儿教育、职业教育和美育等多维度，探求梁启超对于教育原理的阐发及其在中国教育史上的重要贡献，力图揭示梁启超教育思想的核心是培育新型国民以拯救中华民族。

王珊等在《梁启超与杜威的教育思想比较》④ 中对梁启超和杜威的教育思想比较，认为两人在教育目的观、学校与社会的关系、教学法和道德教育四个方面存在较大差异。徐瑛在《叶圣陶与梁启超教育思想比较》⑤ 中将梁启超与苏派教育先驱者叶圣陶的教育思想加以对比，认为两人在教育目的、教育内容、教育方法方面存在诸多不同。首先，在教育目的方面，梁启超主张“培养中国未来社会变革所需的优良政治人才”，而叶圣陶则坚持“培养现代化的中国人与合格之中国公民”为教育宗旨；在教育内容方面，梁启超从学科设置、课程内容、教学方法上融合了中、西方学校教育的特色。叶圣陶则不拘泥于学科本身的具体内容，而是着眼于如何培养

---

① 曾凡炎：《梁启超教育思想述评》，《贵州师范大学学报》（社会科学版）1991 年第 3 期。

② 宋仁主编：《梁启超教育思想研究》，辽宁教育出版社 1993 年版。

③ 安尊华：《梁启超教育思想研究》，知识产权出版社 2014 年版。

④ 王珊、黄银亮：《梁启超与杜威的教育思想比较》，《牡丹江教育学院学报》2014 年第 11 期。

⑤ 徐瑛：《叶圣陶与梁启超教育思想比较》，《文教资料》2016 年第 5 期。

具有创新精神和创新思维能力的“学子”；在教育方法方面，梁启超以慈父严母或教学相长所代表的中国儒家文化精神为内核，而叶圣陶则从更多的现代人文精神出发，将学生作为一个自由完整的个体予以引导与启发。

在梁启超与其他教育家的比较方面，于月清在《张之洞、梁启超教育思想比较研究》① 中对梁启超教育思想与洋务派张之洞教育思想对比分析。于月清认为，两者都深刻地认识到教育在社会发展中的重要作用，提倡教育强国；主张废除科举制度、建立新式学校，大力发展师范教育。然而，由于多方面的差异，两人教育论断又各具特色。例如，梁启超希冀“趋变求新”，而张之洞则强调“稳中求变”。朱正南在《论梁启超、蔡元培教育思想的共同特征》② 中，列举梁启超与蔡元培教育思想的共同特性，他认为二者兼有救亡图强的时代性、力求教育对象的普及性、力图合中西文化精华“于一炉而治之”的教育先进性和谋求自由发展的教育独立性。郑智谦在《趋新与复古：康有为梁启超教育思想比较研究》③ 中，则对比康有为与梁启超两人的教育思想，他认为这对师徒在近代中国教育转型的道路上，彼此的观念并非完全一致，而是时分时合。康有为与梁启超二人在发展近代中国教育的动因和路径上观点较为相似。他们都认为，发展改良政治、发展新教育、培养新人才是晚清政权摆脱被动挨打局面，重塑王朝实力的必由之路。他们倾向于学习俄、日等国的先进制度，认为这些国家的现代化经验比较适合新政发展。维新变法失利后，二人的政治观出现分歧，加之对待传统文化的态度矛盾愈深，在中国未来走向包括传统文化的地

① 于月清：《张之洞、梁启超教育思想比较研究》，《山东社会科学》2003 年第 2 期。

② 朱正南：《论梁启超、蔡元培教育思想的共同特征》，《哈尔滨学院学报》2007 年第 9 期。

③ 郑智谦：《趋新与复古：康有为梁启超教育思想比较研究》，《黑河学院学报》2018 年第 4 期。

位，教育发展所应秉持的宗旨、教育内容与方法等方面都出现较大歧异。

陈漱渝在《“学做现代人”——梁启超的教育思想》① 中，采用历史叙事的方法，透视分析梁启超教育思想的内核“学做现代人”，并考察其起源与发展。此外，他还简要分析了梁启超教育思想、鲁迅教育思想产生的影响。杨月琦在其硕士学位论文《梁启超的教育现代化思想研究》② 中，对梁启超的现代化思想系统分析，包括其教育现代化思想的影响因素、教育现代化思想的主要内容、教育途径和方法的现代化与教育现代化思想的现代启示和局限等。黄婧于《梁启超教育思想探析》③ 中陈述梁启超生平的教育思想及实践，总结其教育思想的核心要义，为当下我国教育制度与内容提出相应启示。

此外，国内学者对于梁启超教育思想的解读还划分为家庭教育思想、历史教育思想、女子教育思想等维度，因与本书内容关联不大，此不赘述。

（三）关于梁启超师范教育思想的研究

目前学界关于梁启超师范教育思想的研究较少，大部分研究散见于梁启超教育思想之中，其中也有数篇专门论述其师范教育思想的论文。

1. 梁启超师范教育思想的地位

梁启超是我国近代师范教育的开创者之一，1896 年《变法通议》中的“论师范”篇开创我国师范教育的先声。宋仁编写的《梁启超教育思想研究》④ 中对师范教育设有专门章节。他认为，

---

① 陈漱渝：《“学做现代人”——梁启超的教育思想》，《鲁迅研究月刊》2015 年第 11 期。

② 杨月琦：《梁启超的教育现代化思想研究》，硕士学位论文，中国地质大学（北京），2017 年。

③ 黄婧：《梁启超教育思想探析》，《文教资料》2012 年第 31 期。

④ 宋仁主编：《梁启超教育思想研究》，辽宁教育出版社 1993 年版。

梁启超于戊戌变法之前即提出首重师资、兴立师范的思想，尤其将师范教育视为“群学之基”。无独有偶，张鑫探究了梁启超的教师思想，认为梁启超作为教育家能够淡泊明志、献身教育，具备正确的人生观、苦乐观，奋发进取，百折不挠。在文中，张鑫在《梁启超教师思想初探》① 中分析梁启超关于教师的重要地位、教师的职业特点、教师应具备的职业素养等观点；对于梁启超的师范教育，他认为梁启超开启了近代师范教育理论研究的先河，确立了师范教育“群学之基”的地位，规划并制定了较为完善的师范教育体系。于桂霞在《梁启超师范教育思想评析》② 中认为，梁启超为我国师范教育的创立奠定了思想基础，促进了我国近代师范教育的建立。在梁启超主拟的《奏定学堂章程》中，设计独立的、初成系统的初级、中级师范学堂，为师范教育在教育系统中的地位与作用作出基本规划，并进一步提出师范学校的培养目标、课程标准等相应规定。刘敏在《再论梁启超与北京师范大学》③ 中立足于梁启超在北京师范大学时的教育实践，认为梁启超不但为中国近代师范教育开辟了思想先路，而且在创立中国近代师范教育体系的早期代表者——京师大学堂师范馆上功不可没。在高等师范教育面临发展转型的关头，梁启超出任首届董事长，有效地稳定了风雨飘摇的北师大并为其指明了发展方向。此外，梁启超还栖身讲台以育人才，为北京师范大学学术水平和社会声望做出积极贡献。宋守鹏在《梁启超的师范教育思想》④ 中从梁启超总体思想的视角分析其师范教育的历史地位，认为梁启超的师范教育思想是教育思想的重要组成部分，并直接催化中国现代师范教育的产生，推动中国教育现代化的

① 张鑫：《梁启超教师思想初探》，硕士学位论文，天津师范大学，2012 年。

② 于桂霞：《梁启超师范教育思想评析》，《现代教育科学》2004 年第 11 期。

③ 刘敏：《再论梁启超与北京师范大学》，《教育学报》2018 年第 1 期。

④ 宋守鹏：《梁启超的师范教育思想》，山西师范大学：《〈教育史研究〉创刊二十周年论文集》2009 年版，第 1045—1047 页。

历史进程。

2. 梁启超师范教育思想的目的

在师范教育思想的目的方面，赵国权[①]认为梁启超师范教育的培养目标是“新国民”。欧治华[②]则认为梁启超师范教育目标是培养“现代人”。梁杰[③]追溯梁启超与师范教育的渊源，认为梁启超师范教育思想的目的在于开民智。晚清政府奉行的教育政策极大地禁锢了人的思想，因此梁启超将师范教育视为学校教育发展之首要，教育的发展必须首先发展师范教育。彼时，社会与学校大都忽视师资培养，而在梁启超眼中这无疑是本末倒置。欧治华[④]通过将梁启超与林砺儒师范教育思想比较发现，之于教育目的，梁启超提出“以政学为主义”的基本宗旨，师范教育建立的初衷乃培养具有宪政思想、投身于政治、精通于法律的人才。戊戌变法失败后，梁启超逐渐意识到国家政治人才培养还须造就出具有自治、合群、公德、尚武等素质的“新民”。此后，梁启超相应地提出“教人学做现代人”的教育目的观。王珊在《梁启超师范教育思想研究》[⑤]中，将梁启超视为近代教育史上首位专门论述师范教育目的的教育家，梁启超的教育目的论深受其教育救国理想的影响。总体而言，梁启超师范教育包括其教育思想的终极目标乃是新民。

3. 梁启超师范教育思想的主要内容

江永昌在《梁启超师范教育思想述评》[⑥] 中，初步探析梁启超

---

① 赵国权：《试析梁启超的师范教育改革思想》，《河南大学学报》（社科版）1997 年第 6 期。

② 欧治华：《梁启超对师范课程理论的现代建构及其当代价值》，《当代教育科学》2011 年第 17 期。

③ 梁杰：《梁启超与师范教育的渊源》，《兰台世界》2013 年第 19 期。

④ 欧治华：《梁启超与林砺儒师范教育思想比较研究》，《教育评论》2012 年第 5 期。

⑤ 王珊：《梁启超师范教育思想研究》，硕士学位论文，海南师范大学，2015 年。

⑥ 江永昌：《梁启超师范教育思想述评》，《贵州教育学院学报》（社会科学版）1990 年第 4 期。

师范教育思想，包含师范教育的功能与地位、概念与体系、内容与方法以及对教师群体的道德要求。对于梁启超师范教育的精髓，首先是导之以其道，抚之以其术，循循善诱，反对体罚；其次，循序渐进，重视直观，引起兴趣；再次，因材施教，开设自由讲座；最后是注意教学的趣味性。赵绪松在《梁启超与第斯多惠师范教育思想比较研究》① 中运用比较分析法，考察梁启超与第斯多惠的师范教育思想，认为梁启超与第斯多惠的师范教育思想既有共性，又存在差异。其中，共性主要包括：重视师范教育在国民教育系统中基础性的地位；坚持师范教育遵循理论与实践相结合的原则；师范教育应为国家和民族的富强服务；强调因材施教，注重学生身心发展规律；于品德与修养层面，教师应持有自我教育观。而两者师范教育思想相异之处则在于：其一，思想渊源不同——东学与西学之产物与对西方教育传统之延续；其二，师范教育目的观的差异——新式“国民”之培育与博爱的“全人类教育”；其三，针对“旧式教育”的差异——信仰式奴化教育与传统灌输式“物的教育”；其四，历史地位的区别——近代中国师范教育理论“第一人”与极具世界影响力的“教师之教师”。张怀宇在《梁启超师范教育思想再认识》② 中认为，梁启超师范之道在于有一套行之有效的方法，遵循以下原则：身心发展原则、个性发展原则、实践原则及趣味原则。安尊华在《论梁启超师范教育思想》③ 中聚焦师范教育课程方面，认为梁启超师范学堂的课程设置参照了日本的教育制度，梁启超提出的师范教育课程应囊括研习六经、通晓历朝掌故、熟览文学

---

① 赵绪松：《梁启超与第斯多惠师范教育思想比较研究》，硕士学位论文，河南大学，2016 年。

② 张怀宇：《梁启超师范教育思想再认识》，《扬州大学学报》（高教研究版）2005 年第 5 期。

③ 安尊华：《论梁启超师范教育思想》，《贵州师范大学学报》（社会科学版）2014 年第 3 期。

源流、周知列国情状、精算格致专门、巧用世界语言等内容。王小娟等[①]从教育实习理论的维度，指出梁启超提倡借鉴杜威的“从做中学”的教育方法，主张师范生要“从做上学”，加强实践能力的训练，同时对师范生在校期间的课程设置、实习准备、毕业考评等方面给予明确规定，保障教育实习的顺利实施。

吴洪成等在《晚清教师史研究》[②] 中，解读梁启超师范教育的基本内涵。吴洪成认为梁启超在早期对创办师范学堂缺乏经验，对具体的课程设置所知不多，因此主张参照近邻日本寻常师范的规则，一须通习“六经”大义，二须讲求历朝掌故，三须通达文字源流，四须周知列国情状，五须分学格致之门，六须稔习诸国言语。

4. 梁启超师范教育思想的启示

赵国权在《试析梁启超的师范教育改革思想》[③] 中评述梁启超的师范教育改革思想，他认为梁启超师范教育改革的实质是，兴办师范要向西方学习。从国情出发，办好师范教育必须强化各项管理，这些对新时代中国特色社会主义师范教育事业无不具有重要的参考价值。吴洪成在《近代教育家梁启超的师范教育思想探析》[④] 中认为梁启超倡导师范教育，针砭传统教师的缺失，主张培养新式教师，根据新教育制度目标任务、知识课程的规定及对学生发展特点的认识，提出教师组织教学、选择教学内容、采用教学方法等应具备的能力及素质。韩宠在《梁启超师范教育思想对当代幼儿教师培养的启示》[⑤] 中认为，梁启超的师范教育思想对今天的幼儿教师

---

① 王小娟、郑友训：《浅谈“趋变求新”的近代师范教育实习理论与实践——基于梁启超等思想的思考》，《现代教育科学》2012 年第 11 期。

② 吴洪成等：《晚清教师史研究》，河北大学出版社 2012 年版。

③ 赵国权：《试析梁启超的师范教育改革思想》，《河南大学学报》（社科版）1997 年第 6 期。

④ 吴洪成：《近代教育家梁启超的师范教育思想探析》，《教师教育研究》2010 年第 2 期。

⑤ 韩宠：《梁启超师范教育思想对当代幼儿教师培养的启示》，《教育观察》2019 年第 34 期。

培养仍具有重要的现实意义。首先，要重视幼儿教师的培养，提高社会地位；其次，注重理论与实践相结合，提升教育效果；最后，吸收借鉴国外的有益经验并结合我国的实际情况促进幼儿教师的培养。于桂霞在《梁启超师范教育思想评析》[①] 中通过对梁启超师范教育思想的研究认为，应认识到师范教育的重要性，提高教师的社会地位和待遇，全面深化师范教育改革，建立起立足本土、富有特色的师范教育发展模式。王珊在《梁启超师范教育思想研究》[②] 中通过系统论述梁启超师范教育思想的内容，总结出现实启示，即重视师范教育的地位和作用、积极借鉴国外师范教育经验、树立正确的师范教育目的观、完善师范教育课程体系、重视发展教育实习以及切实提高教师的社会地位。江永昌在《梁启超师范教育思想述评》[③] 中立足于梁启超师道观，对梁启超师范教育思想革新当代师范生形象观念方面提出建议。首先，教师要有一哲学理想，能与社会之恶习相抵抗；其次，对教育事业要充满热爱，敬业乐业；最后，要学而不厌，诲人不倦。

（四）已有研究述评

通过以上梳理可知，学界对于梁启超师范教育思想的研究，侧重于将其视为梁启超教育思想的分支进行简要论述，大多数研究将梁启超与近代中国教育制度改革结合起来，介绍梁启超作为近代师范教育先行者在我国早期教育改革中的重要作用，进而评析其师范教育内容，肯定其于师范教育史上的贡献。但已有研究还存在以下不足。

其一，在研究内容方面，学界关于梁启超师范教育的专题研究，内容大多涉及思想中的某一时期或维度，缺乏对梁启超师范教

① 于桂霞：《梁启超师范教育思想评析》，《现代教育科学》2004 年第 11 期。

② 王珊：《梁启超师范教育思想研究》，硕士学位论文，海南师范大学，2015 年。

③ 江永昌：《梁启超师范教育思想述评》，《贵州教育学院学报》（社会科学版）1990 年第 4 期。

育思想全貌的梳理，对其思想产生背景及影响的分析更为稀少。然而，梁启超的师范教育的生成有着复杂的时代背景与丰富的思想渊源，在这方面需要深入探讨。

其二，在研究视角方面，已有研究大多拘泥于教育学的视角。然而，梁启超认为，师范教育运动本质上是一场社会改革运动。因此，其历史价值需要在“社会改革运动”的背景场域与分析视角中才能显现出来。一言以蔽之，梁启超师范教育的价值，须在我国现代化的进程中加以解释。故梁启超师范教育思想的产生与发展作为教育史和社会史中的重要历史事件，基于历史学、政治学与社会学的视角对其展开针对性的研究实属学术研究的必要。

其三，在研究方法方面，已有研究仅基于文献研究的方法对梁启超师范教育进行内容与启示分析，未能综合运用历史研究法、比较研究法等多种研究方法深入挖掘、剖析梁启超师范教育思想，这也正是本书需要进一步弥补与完善的。

四　概念界定

对于师范和师范教育这两个概念，学界并未达成一致看法。有的把师范理解为对师资素质的一种要求；有的把它解释成一种教育体系或制度；有的用于说明一种教育机构，甚至把中等师范学校简称为“师范”；等等，不一而足。因此，有必要对本书中所关涉的这两个核心概念予以解析说明。

（一）师范

“师范”一词，在中国古籍中是指“可以师法的模范”。西汉扬雄在《法言·学行》中曰：“务学不如务求师。师者，人之模范也。”① 据学者考证，中国最早将“师”与“范”作为一个独立的

① 《教育大辞典》编纂委员会编：《教育大辞典（第2卷）》，上海教育出版社1990年版，第3页。

词来连用，始于后汉时代的赵壹。赵壹在《后汉书·文苑传下》曰“君学成师范，缙绅归慕，仰高希骥，历年滋多”① 后引申为效法。如，南梁刘勰在《文心雕龙》的“才略”篇中讲“相如好书，师范屈宋”②。西方“师范”一词最早由法文“école normale”一词翻译而来。其中“normale”源于拉丁文“norma”，原义为木工作业时所用规矩、图样、模型等，带有规矩、规范之含义，后逐渐演变为培养教师的一种专门机构。因此，人们又逐渐把实施师范教育的学校，简称“师范”。

此外，中国传统礼制经典之中也多涉及师范之要义。《周官》中言及用贤德方可得民心。时至汉代，“师”指模范。《学记》则专门传授教育方法，成为教师的重要参考。此外，还揭示教学相长的原理，“虽有嘉肴，弗食，不知其旨也。虽有至道，弗学，不知其善也。是故学然后知不足，教然后知困。知不足，然后能自反也。知困，然后能自强也。故曰‘教学相长’也”③。“然则师范学校之制征之三代，难书阙有间，若乃其意则可推而见矣。”④ 在清末前，大凡古籍中的“师范”一词都是作“学习的模范”或“效法”之义使用的。

梁启超师范教育思想中的“师范”一词在内涵上是作为教师的典范、模范特质。具体而言，它是教师的学问学识、道德情操与教学方式方法等的集中体现。在外延上，梁启超所言的“师范”专指师范教育和师范学校，包括师范教育的目的、制度、课程、教学、实习，等等。

（二）师范教育

在我国古代，“师范教育”这一概念是没有的，它是 19 世纪末

① （宋）范晔撰：《后汉书》，中华书局 2007 年版，第 607 页。
② 商务印书馆编辑部编：《辞源（第 2 册）》，商务印书馆 1980 年版，第 979 页。
③ 陈戍国撰：《礼记校注》，岳麓书社 2004 年版，第 264 页。
④ 《论师范》，梁启超：《梁启超全集》，北京出版社 1999 年版，第 29 页。

的舶来品，由英文“Normal Education”一词翻译而来。清末以降，日本师范教育被引入，晚清学习了诸多日本的师范教育理论。在《中国大百科全书·教育卷》中将师范教育定义为：“培养师资的专业教育。”[①] 通常来说，师范教育侧重于教师职前教育及所教学科的专业教育，且一般采用独立办学的方式。师范教育按纵向维度划分，包括以小学和幼儿园教师为培养群体的中等师范教育及培训中等教育师资的高等师范教育。从横向维度划分，师范教育包括普通、职业及特殊师范教育。此外，普通师范教育中还包括艺术、体育、外语及民族师范教育等类型。

本书所涉及的“师范教育”一词指的是传统观念的职前阶段的师范学校教育。梁启超师范教育思想中的“师范教育”是“培养教师的教育”。在时间跨度上，主要指职前的学校教育；在教育对象上，涵盖中等及高等师范教育。在纵向教育阶段上，仅限于研究师范生职前阶段的教育，不涉及当下“教师教育”所涉及的入职阶段与在职阶段的教育；在横向教育类型上，集中研究由政府主办的普通师范教育，未涉及民办、乡村、特殊师范教育等类型。

五 研究方法

（一）文献分析法

“文献”一词由来已久且经历数次发展变化。古代文献原指典籍和宿贤，即指古典文籍抑或指通熟某类经典文籍之人。时至近代，文献不仅限于个人记载的含义，逐渐变为古典文籍或图书资料等具有实体性质的记载和具有公共性质的有效传递信息的载体。

文献研究是本书最为基础和重要的研究方法。其一，本书广泛搜集原始文献，主要包括与梁启超本人所作的文集、年谱、报纸、

① 中国大百科全书总编辑委员会：《中国大百科全书·教育卷》，中国大百科全书出版社1985年版，第319页。

书信和史料集等，对梁启超生平所著的文献，涉及教育与师范教育领域的内容进行汇总与分析；其二，本书广泛利用文献综述中所提及的近代师范教育、梁启超教育思想及师范教育思想的相关研究成果，尤其选择在理论界较为权威、影响较大的文献进行抽丝剥茧，提取有效信息；其三，选择国内外对梁启超师范教育思想评论的相关文献，通过前人研究，结合自身体悟，以求准确把握梁启超师范教育思想全貌，缕析其思想脉络和实质；全面深刻地理解与阐述梁启超的师范教育思想，进而为我国当下师范教育理论的发展与改革献言建策。

（二）历史研究法

梁启超在《史之意义及其范围》中言："史者何？记述人类社会赓续活动之体相，校其总成绩，求得其因果关系，以为现代一般人活动之资鉴者也。"① 他从活动之体相、人类社会之赓续活动、活动之总成绩及其因果关系、现代一般人活动之资鉴四方面对历史的定义作了详细解释。历史法是通过考察事物发生和发展的过程，揭示其本质和发展规律的研究方法。该方法侧重于广泛搜集研究主题的相关历史文献资料，通过鉴别、筛选、分析与整理史料，分析研究对象发生、发展过程，最后得出相应结论或预测研究对象未来发展趋向。在教育研究中，其功能在于总结与继承某一历史时期或阶段的教育经验，探索各种教育现象与教育思想的产生与发展，从而揭示各种教育现象之间的关系。

历史研究法可谓贯穿本书的主要研究方法之一。在行文中，本书遵循历史与逻辑的统一的研究思路，以梁启超本人及其师范教育思想为研究对象，将它与当时的历史相结合，从梁启超生活的特定历史时空解读他的师范教育思想。具体来说，采用纵向和横向相结

① 《史之意义及其范围》，梁启超：《梁启超全集》，北京出版社1999年版，第4088页。

合的方法考察梁启超师范教育思想发展的过程。纵向上以时间为节点分析梁启超师范教育思想发展历程，横向上以梁启超师范教育思想所包括的具体内容进行静态考察，由此生动形象地再现梁启超师范教育思想的本质精髓，并通过对史料的分析，提出梁启超师范教育思想的历史镜鉴意义。

（三）比较分析法

比较分析法是人类认识客观事物的重要方法之一，在教育科学研究中被广泛运用且具有极高的价值。梁启超指出："治史的最好方法，是把许多事实连属起来比较研究，这便是'属辞比事'。这些事实，一件件零碎摆着，像没有什么意义，一属一比，便会有许多新发明。"① 比较研究是基于研究前设定的标准，对两个或两个以上的事物进行集中的调查分析，试图找寻并对比它们之间的异同，由此探究教育的一般及特殊规律的一种研究方法。事实上，比较研究乃确定对象异同的一种逻辑思维。

梁启超师范教育思想的形成与发展经历数十年的历程，在不同历史阶段存在连续性的同时，也存在较多的差异性，只有通过比较的研究方法，才能深入理解其师范教育的基本特征。为深入了解梁启超师范教育思想的内涵，本书使用比较分析法。例如，通过对本土与西方师范教育理论的比较，揭示梁启超师范教育思想产生与发展特征，分析其于中国近代师范教育思想史上的重要作用等。

六 研究目的

本书通过系统考察梁启超著述以及已有研究梁启超师范教育思想的相关研究，探索其思想产生的背景与渊源、爬梳其师范教育思想的基本脉络、提炼其师范教育思想的主要内容、评析梁启超在近

---

① 梁启超：《中国近三百年学术史 新校本》，商务印书馆2017年版，第119页。

代师范教育体系建立所作的贡献、总结对当前我国师范教育改革与发展的启示，为推进当代中国特色师范教育制度建设、解决师范教育面临的问题贡献绵薄之力。

七　研究思路

本书为历史人物的教育思想研究，立足于历史人物，即对梁启超师范教育思想作从浅到深、由宏至微的全面研究。20世纪中期，美国人类学家从认知人类学与语言学研究出发，取得新突破，这就是著名的“文化主位研究法”与“文化客位研究法”。后被引入文化史与思想史研究之中，成为两种研究领域中常用的研究视角与方法。主位研究法，也称为自观研究法，即站在局内人的立场对待所研究的文化思想。客位研究法，也称为他观研究法，即站在局外人的立场对所研究文化进行阐释。两种分析理路相辅相成，有助于研究者剖析、揭示研究对象的实质，理解并反映其思想变化发展的脉络。本书根据研究对象与内容，采用主、客位视角相结合的研究方法，以获得对于梁启超师范教育思想的系统性认识，并挖掘其当代价值。本书按照“梳理—呈现—评价—借鉴”的逻辑理路，正文包括本书第一章至第五章。

第一部分，包括第一章和第二章。从纵向维度上探索梁启超师范教育思想的形成与发展，该部分采用主、客位视角相结合的方法。第一章从梁启超师范教育思想产生的时代背景、理论渊源与逻辑生成点三方面对其思想渊源予以深入分析。主要回答究竟是从何种社会历史环境中孕育了梁启超师范教育思想？其思想产生受到何种社会风尚、理论文化的牵引与熏陶？其思想究竟植根于或致力于实现梁启超何种政治思想内核？第二章则从主位视角出发，对梁启超师范教育思想的发展历程进行回顾与梳理。结合梁启超本人成长经历、人生境遇以及成长中关键节点，对梁启超师范教育思想的发展“奠基期—孕育—确立—深化”轨迹进行细致诠释，以期对梁启超师范教育思想拥有较为全面深刻的认识。

第二部分包括第三章，即梁启超师范教育思想的基本内容。此章节采用客位视角，对梁启超师范教育领域的具体主张进行系统性的分条缕析，包括师范教育地位、目的、制度、课程、教学、实习六大主题，对其师范教育思想内容进行全面扫描。

第三部分包括第四章，即对梁启超师范教育思想的评价。该部分主要采用客位视角，结合上述分析的内容，对梁启超师范教育思想进行整体把握，总结出其突出特征，分析其历史进步性与局限性。

正文的最后部分包括第五章，即梁启超师范教育思想的当代启示。本章立足师范教育理论，观照当下我国师范教育改革中所面临的困境与机遇，对梁启超师范教育思想的现实启示予以提炼。回答师范教育具有怎样的地位与使命？师范教育应培养什么样的教师？师范教育应构建什么样的课程？师范教育应开展什么样的教学？以及师范教育应组织什么样的实习？五大问题，使梁启超师范教育思想为当下师范教育体系改革贡献珍贵的历史镜鉴。

第 一 章

梁启超师范教育思想的缘起

梁启超师范教育思想产生于“三千年未有之大变局”的时代背景之下，脱胎于“西学东渐”的历史潮流之中。鸦片战争后，洋务教育所暴露出的师资问题，可谓梁启超师范教育思想产生的导火索。在理论渊源上，梁启超师范教育思想是中西文化冲突的结果，它深受以儒家思想为代表的中国传统文化的滋润熏陶，特别是明末清初经世之学的影响和西方政治制度和文明精神的冲击，带有西学与东学文化的烙印。梁启超的师范教育思想与其新民思想相伴而生，新民思想经历了漫长的发展历程，其核心要义是促民智、民力、民德的发展。概言之，梁启超的师范教育思想是为其新民理想的实现服务的。

第一节 梁启超师范教育思想产生的时代背景

一 梁启超师范教育思想形成的国际背景

工业革命推动人类社会、经济、文化的蓬勃发展，加快了政治制度革新的步伐。彼时，以英国为首的西方国家相继建立起代议制民主制度，为教育发展提供了强有力的制度保障。公共教育资源的释放在政党政治制度中得到进一步扩大，执政党建立国民教育制度普及义务教育，促成教育的世俗化。国家对人才的需求促进着学校师范教育的发展，更多的人才需求需要培养更多的教师，师资短缺成为困扰教育发展的主要难题。与此同时，为解决相应问题，西方国家从师范教育制度建立、学生培养、课程实施等方面深入改革，其师范教育体系日趋成熟。

（一）技术革命对高质量劳动力的需求增加

师范教育自产生起即担负着培养师资的重任，承载着社会、民族、国家发展的使命。从师范教育作用来看，师范教育发展的现实境况往往直接决定着各级各类学校教师专业发展的水平。从师范教育的发展而言，工业革命催动了师范教育迅猛发展，工业时代以机器革新和程序化的操作为基础扩大生产，传统的手工业被机器大生产代替，个人掌握的基本操作技能、零星获取简单的知识原理难以适应大机器高效率的生产模式。工业革命对工人需求的猛增呼唤教育发生变革，西方国家为适应时代发展需要，早在 17 世纪末就成立了负责培养师资的小规模教育机构。18—19 世纪，西方国家对师资的培养无论是在内容上还是在形式上都更具有丰富性和多样性。

英国于 18 世纪 60 年代率先发起第一次工业革命，其标志为英国人瓦特改良的蒸汽机。蒸汽机引发了生产方式的质变，为工业革命提供高效的动力支持，从生产效率较低的手工业模式转向生产效率较高的机器大生产模式。人类文明历经千年发展，生活方式不断转变，由狩猎采集到农耕牧业再到手工业进而步入机器大生产的时代，“工业革命使人类从农牧民转变为无生命驱动机器的操纵者”①。新兴棉纺织业作为英国工业革命率先发起的工业，经过机械制造者的不断改良和创造终于在 1730 年实现机械化，其生产效率得到极大提高，之后迅速在轻工业中占据领头羊的位置。钢铁、煤炭、冶金等大型工业在纺织业机械化的推动下发展势头迅猛。彼

① ［意］卡洛·M. 奇波拉主编：《欧洲经济史　工业革命》（第 3 卷），吴良健等译，商务印书馆 1989 年版，第 1 页。

时，无论是重工业抑或轻工业都倒逼研制蒸汽机加速其生产效率。通过不断地试验和改良，1769 年瓦特制造出世界上第一台高效率蒸汽机，为工业发展所亟须的动力问题提供强力支撑，之后将工业革命拓向诸如运输业、印刷业、食品加工业等其他领域。第一次工业革命是人类在历史上的伟大进步，它将英国的生产方式从传统的手工业转向大机器生产的方式，紧接着法、德、意等欧洲国家受其影响相继发生工业革命，到 19 世纪席卷至北美地区。工业革命提高了社会生产的效率，加速了世界发展的进程，科学技术受到世人的尊崇。

毫无疑问，科学技术的进步与革新依靠科学理论知识，传统的以实践经验知识为主的生产方式遭到技术重创，已逝去往日辉煌不再受到重视。因此，科学理论知识开始受到社会各界的广泛关注并逐渐成为技术发展的核心内容。随着欧美国家第一次工业革命的陆续完成，科学技术发展水平得到进一步提升，科学理论知识在推动科学技术发展的同时更具有实用性和技术性。工业技术的革新不再依靠简单的经验、技能，而是依靠更为抽象、复杂、实用、系统的科学理论知识。可以说，工业革命是一种技术的转向，更是一种知识的转向，这种转向改变了社会生产方式和人对待知识的态度。小规模的家庭或作坊式的生产模式被大规模的以机器为主要生产工具的工厂所取代，生产者不再对每一道工序都亲力亲为，因为只要学会操作机器便能轻松完成。整个生产流程由不同的机器流水作业，机器的使用、管理和维修又重新产生新的分工。劳作者学会使用机器便能快速完成生产任务，有了机器之后，传统的需要人力或畜力作为动力的小规模生产就很少出现了。社会再生产从依靠机器开始，意味着只有革新技术才能产生更有效率的机器，与此同时，工业革命所需要的劳动力是能够掌握熟练技艺进行大规模生产的工人。

制造业的迅猛发展意味着："一个有卓越管理能力、经济力量和社会与政治影响的庞大的商人阶级出现了；一个以手艺工匠和各种专业人员为主体的巨大劳动力后备军产生了；同时产生的是较高程度的文化水平和相当雄厚的资本。"① 以传统行业为生计的劳动力成为工业革命所需劳动力的后备军，工业所需要的大量劳动力缺口得以补充。概言之，工业革命为培养合适的劳动力做好了必要的物质准备工作，使教育的普及成为现实。彼时，掌握机器操作技能的新型工人寥寥无几，此矛盾直接促进了教育的发展。基于此，工业革命时期相关部门根据社会发展的实际情况，明确规定教师的质量、数量、专业要求等，扩大了师范学校的数量和规模。早期，欧美各国的教师缺少必要的教育科学理论支撑，只专注于职业训练而非专业培养，专门性师范学校的出现意味着教师培养由非专业的经验性向专业性方向转变，学校设立、教育普及、人才培养助推正规师范教育的产生。

（二）政党政治下公共教育资源的释放扩大

当前世界资本主义国家政党源于西方国家。近代资本主义国家政党通过获取公共资源、建立制度、掌握政权巩固自身组织。政党政治作为人类特殊的政治共同体，不仅是现代民主制度重要的组成部分，更是现代性得以拓展和延伸的一个领域，其自身包含的内容与特征是随着时代的发展而体现出的与时俱进的特点。② 政党政治是通过建立政治制度的方式将"现代性"这一概念推向更全面、更系统、更深入人心的一个重要支点，人类为推进现代性发展一直在不懈地努力奋斗。随着政治共同体内部成员现代性意识的觉醒，其内部矛盾愈发明显，共同体内部的利益产生差异并导致分化，政党

---

① ［意］卡洛·M. 奇波拉主编：《欧洲经济史　工业革命》（第3卷），吴良健等译，商务印书馆1989年版，第4页。

② 谢方意：《党的现代化研究》，浙江工商大学出版社2012年版，第2页。

政治开始形成。因此，“西方政党政治”是指西方国家以实施资本主义政治制度为前提，各政党依据宪法、法律条文、管理条例等要求和准则展开竞争，经过一系列竞争程序后，获赢一方政党执掌政权的这种政治类型。

工业革命打破了近代工业社会和团体组织的等级制度，等级观念被经济效益所消解，等级社会被平民社会所代替。制度观念的改变重塑了民众的生活方式并激发民众通过扩大选举权、实行普选等方式获取参政议政机会权利的热情，扩大选举权、实行普选俨然成为一种社会政治发展的必然趋势。获得普选权会增多民众参与政治的机会，普选制度推动了以议会制和政党制为主体的政党体制民主政治体系的完善，间接加速了近代社会政治民主化进程。从某种程度上说，政党政治是近代政治民主化的加速器。政党政治是西方国家通过政党治理国家的形式，具有地方性和全国性的特点。全国组织和地方组织通过定期交流协商解决复杂问题，增强自身具有影响力，保证其基本的决策权能够顺利施行。政党通过自身对政治的影响能够获得选举者的支持，提升自身被选举成功的概率，进而巩固自身的决策权。随着选举权的扩大和普及，个体受教育的需求愈发强烈。这缘于文化水平直接决定是否能够参加政治生活，参加政治生活意味着能够提高自身的生活水平和社会地位。与此同时，各国自由主义政党全力落实教育世俗化与国家世俗化，加速了劳动运动和政治政党的发展。

各政党在选举竞争中会将自己提出的教育政策作为竞选筹码，争取更多选民的关注、认同和支持。其中，以美国著名教育家和政治活动家托马斯·杰斐逊为例，他一再强调民主国家中教育的关键作用，并决心为所有人享有均等机会接受教育的权利而努力。因此，许多历史学家认为杰斐逊的理论成果为公共教育提供诸多参考价值，并称其为美国公立学校体制的奠基者。与此同时，劳工联合会在劳工运动蓬勃发展后实力逐渐强大，并妥善解决彼时公共学校办学条件差、经费不足、师资短缺等问题，当地公共教育事业条件得到改善。教育部门认为师范教育是教育发展的核心内容，教师的质量直接决定着人才培养的质量。各国政府纷纷就培养师资作出新的部署，例如，有的国家颁布一系列政策法令保障师范教育的发展，甚至建立并实施了师范教育免费制。综上，政党政治在公共教育制度建设中发挥了至关重要的作用。政党政治的目的性、复杂性、博弈性使社会公民教育资源成为政党获取选举胜果的不可或缺的重要筹码。易言之，随着西方代议制民主的发展，政党政治下公共教育资源释放扩大，国家政府机构、社会团体组织逐渐重视建立师范学校以培养合格教师，从根本上推动了师范教育事业的迅猛发展。

（三）西方国家师范教育体系日趋成熟

师范教育作为一种社会现象和社会活动，不是孤立的，它与整个社会及其他社会现象、其他社会活动存在着密切的联系。[①] 师范教育在西方国家教育体系中占据重要地位，肩负着师资培养的重任。事实上，自人类社会产生之初，便有了教育实践活动，由最开始的口耳相传到建立正规学校教育制度，时间的跨度不可谓不长。从古希腊正规学校教育算起至今已有两千余年，在整个教育史中所占的时间并不长，但作为培养教师的师范教育却产生于近代。究其缘由，主要有两方面的原因：其一，近代西方国民教育的概念在正式形成之前，学校教育具有严格的等级性，受教育权是少数人的专有特权。就需求上而言，近代社会学校数量少并不需要专门师资就能满足自身的需要，所以培养师资的机构也就无从发展。其二，就当时的社会条件而言，只要提供合适的学习内容便可以教学，至于

---

① 宋嗣廉、韩力学主编：《中国师范教育通览》，东北师范大学出版社 1998 年版，第 11 页。

教师需要哪些知识、掌握什么教学方法以及如何才能教会学生等问题，并没有引发过多关注，教师也就没有受专业训练的必要。考察西方教育史的发展历程，师范教育产生的原因大体上分为三个方面：一则，政治因素，国家政党为获得民众支持，推行利民教育政策，其中师范教育便是关键一环；二则，宗教因素，宗教团体为宣传宗教思想、争夺信徒、加强统治而办教育，大量师资的缺口就此产生；三则，教育家因素，教育家为推行教育理念和完善教育方法、实现教育价值而训练教师。

对师范教育在公立学校系统中的地位予以正式确认，以普鲁士为最早。1747 年，黑克尔在柏林设立教师研习所，颇为普王所注意。1753 年，普王开始为教师研习所提供大量津贴，并把研习所改为王家机关。后来，这种办法从柏林推行到普邦各地，再由普鲁士推行到德族其他各邦，这便是国家用公款来培养师资的先河。1806 年，普鲁士遭受拿破仑铁军蹂躏后，一方面有菲处特等爱国哲学家鼓吹通过教育谋国族复兴；另一方面又有洪姆伯尔特等将菲氏的理想见诸实行，于是师范教育又重获一番生机。他们首先派遣 17 名富有经验的小学教师，到瑞士学习彼时名播欧美的教育家裴斯泰洛齐的教育理论和方法，于 1809 年约请他到普鲁士办师范学校。留瑞的 17 个教师回国后，多数成为师范学校校长，师范学校制度由此确立。普鲁士师范教育对于德意志未来的命运产生莫大影响，直接刺激英法美等国公立师范学校制度的建立。英国政府参与教育治理的时间则相对较晚，1833 年国会才通过拨款补助当地所办的学校。1840 年，沙图华兹任枢密院教育委员会首任主席时，就以个人名义在伦敦郊外建立了英国最早的师范学校——巴特西师范学校。1844 年，学校的管辖权交由国会，由国会负责组织管理，建立的巴特西师范学校不仅适应当时社会发展需要，更对之后英国的师范学校发展起到引领作用，其他各地纷纷以它为标样，陆续建立了师范学校。1846 年，英国政府倡行教生制，弥补训练学院教师数量上的不足。这种制度的要点是将有志从事教学的青年分派给富有经验的教师当学徒，一方面充当教师教学上的助手，另一方面向他学习教学方法和各种中学程度的普通科目。至于完全公立的教师训练学院的发展，则为 19 世纪初地方教育行政制度确立以后的事。

法国国家教育理论的产生远在第一次革命之前。自第一次革命确立国家教育制度后，师范学校逐渐成为国家学校系统中的一个重要部门。法国政府于 1794 年就师范教育的相关问题公布了第一部法令，法令指出在巴黎由国家承办建立一所师范学校，学生由各地负责推荐。巴黎师范学校作为当时法国最早的师范学校，因受政治因素影响，被迫于同年 5 月关闭。巴黎师范学校在历史上存续时间是短暂的，却是法国师范教育的开端，为后来建立师范学校提供良多借鉴经验。

大洋西岸的美国，在 19 世纪 20 年代兴起公立学校运动，随着公立学校数量增多，师资短缺就成了令人头疼的问题，师范教育在这种背景下才开始慢慢发展。于是被誉为“美国师范教育之父”的马萨诸塞州州议员卡特，在 1825 年倡议建立公立性质的师范教育体系。1839 年，埃德蒙·德怀特向马萨诸塞州教育厅捐款 1 万美元作为培养合格教师的经费。作为彼时教育厅厅长的霍拉斯·曼在接受私人捐款后，组织专业人员起草建立师范学校的文件，经州议会立法批准后，以德国培养师资的模式为范本创建了美国第一所培养初等学校师资的公立师范学校。此后，马萨诸塞州于 1839—1840 年间又创办 2 所公立师范学校。其他各州效仿马萨诸塞州师范学校建立的模式，在当地陆续建立数所师范学校。时至 1860 年，已有八州共设立 11 所公立师范学校。随着欧美国家公立师范学校的产生与发展，师范教育体系也日趋成熟。

（四）日本师范教育思想与体系的建制发展

明治维新后期，日本在“脱亚入欧”后，相继品尝了甲午战争与日俄战争的战利品，实现了经济快速发展与科技迅猛腾飞，国际地位逐渐提高。战争的胜利使民众真切、确切地感受到国民教育的现实价值。随后，明治政府践行“国家主义思想”，坚持践行殖产兴业和文明开化政策，举国家之力兴办教育。为适应资本主义经济的发展，培养大工业机器生产及产业革命所急需的高素质劳动力迫在眉睫。在义务教育阶段，日本延长教育年限，努力实现义务教育经费完全由国家与地方财政拨款，逐步提升小学入学率，完善初等教育领域的管理制度。为健全中等教育制度，日本政府出台并修订《中学校令》《实业学校令》《高等女子校令》等法案。值得注意的是，他们意识到义务教育中的师资问题是影响整个国家基础教育质量的关键因素。对此，日本颁布《师范教育令》，以法律的形式允许招收师范自费生，并在国家范围内建立临时教员养成所，采取多种途径为全国各级各类学校培养优秀师资，以此提高教育质量。

1892 年 7 月，根据义务教育总体发展的需求和适龄学子报考的意愿，在国家政策允许“临时增加师范生名额”的背景下，出于改善小学教师总数中没有正当资格者不足其半数现状的考量，明治政府在师范学校内广泛设置简易科与预备科（为中等教育阶段教育相连接）培养小学教员。此外，小学教师讲习科也逐步担负起“补充缺欠”的重要使命。1894 年，国家规定在高等师范学校设专修科，弥补寻常师范学校和寻常中等学校教员师资的缺口。1897 年后，伴随着义务教育普及化程度的提高，原有的教师培养模式已无法适应教育发展的变化，尤其是小学教师中的正教员数量还不及 2 万人，偶尔有大学毕业后做教师的人，也被怀疑是否真心愿意从事面向少年学子的教育工作。然而，高等师范学校培养的教师仅仅能满足寻常师范学校教师的日常需求，面向县视学或寻常中学校提供的教员数量严重不足。1897 年，文部省出台《师范教育令》，法令指出将在短时间内于高等教育机构附设 6 所临时教员养成所，补充相应数量的教师。这在原有《师范学校令》基础上完善了师范学校、高等师范学校和女子师范学校等管理制度，进一步优化了师范指导章程。

《师范教育令》与《师范学校章程》颁布实施后，日本师范教育初具规模，师范学校数量增加，在校师范生人数显著增长。1897年，日本有师范学校47所，到1907年69所，增加了22所。[①] 明治维新后期，经历了从器物到制度的整备与改良，国民教育整体结构升级，全民受教育人口增加，基本实现了教育体制的近代化改革。相较之下，隔海相望的清政府，也在思忖与考察日本富国强兵的关窍，不少有识之士发觉：教育的近代化是日本经济与军事快速发展的重要因素。1895年，甲午战争以清政府战败告终，经此一役，清政府往时心态发生质的转变。战败屈辱、国家危难以及民族未来走向的彷徨都在促使国人改变彼时“以学蛮夷为耻”的文化心态，这为体制变革带来难得契机，朝野上下掀起一股长达十数年的赴日考察和留学热潮。

为革除弊端、奋发图强，以康梁为首的改良派先声夺人。康有为以为：“吾中国地合欧洲，民众倍之，可谓庞大魁巨矣，而吞割于日本，盖散而不群、愚而不学之过也。”[②]“愚”的原因并非天生如此，而是“学校则教及词章诗字，寡能将求圣道，用非所学，学非所用”[③]。同治初进士、历任学政、刑部侍郎的李端棻于1896年上奏的《请推广学校折》中开宗明义地指出“学非所用”的弊病：“夫以中国民众数万万，其为士者十数万，而人才乏绝，至于如是。非天之不生才也，教之之道未尽也。”[④] 为变此现状，“今宜改武科

① 刘山：《日本近代普及义务教育研究》，河北教育出版社2016年版，第158页。

② 《上海强学会后序》，汤志钧：《康有为政论集》，中华书局1981年版，第172页。

③ 《上清帝第二书》，汤志钧：《康有为政论集》，中华书局1981年版，第122页。

④ 陈元晖主编：《中国近代教育史资料汇编（戊戌时期教育）》，上海教育出版社2007年版，第219页。

为艺科，令各省、州、县遍开艺学书院。凡天文、地矿、医律、光重、化电、机器、武备、驾驶，分立学堂，而测量、图绘、语言、文学皆学之。选学童十五岁以上入堂学习，仍专一经，以为根本；延师教习，各有专门”①。同年，康有为在其代杨深秀所拟的《请派游学日本折》中提道：“欲变法而章程为具，诸学无人，虽欲举事，无由措理，非派才俊出洋游学，不足以供变政之用。特泰西语言文字不同，程功之期既远，重洋舟车，饮食昂贵，虚糜之费殊多，故郑重兹事，迟迟未举。臣以为日本变法立学，却有成效，中华欲游学易成，必自日本始。政俗文字同则学之易，舟车饮食贱则费无多。”② 明治维新之时，日本常派遣留学生远渡重洋，吸取洋人经验，学习政治、经济、教育、交通、农工、矿物等领域知识，以求富国强兵与文明开化。梁启超在《上南皮张尚书论改书院课程书》中言：“故日本变法，以学校为最先，而日本学校，以政治为最重；采泰西之理法而合之以日本之情形，讲求既熟，授之以政，是以未及十年而兴浡焉。”③ 由此可见，梁启超在总结日本教育现状时对其教育变革的方式给予了肯定与称赞。他及时指出国家亟待变革的现实，而变法需要新式人才，唯有向外派遣留学生方能解开头之难。无奈泰西各国路途遥远、物价实贵，故决定通过学习同属东亚文化圈的日本以求西法。

二 梁启超师范教育思想形成的国内背景

维新派通过著书立说鼓吹西方政治理论，旨在使广大群众思想觉醒，特别是对知识分子的思想启蒙做出巨大努力，但是当资产阶级民主革命真正到来之时，各阶层的人民群众不论是在政治上还是

---

① 《公车上书记》，汤志钧：《康有为政论集》，中华书局 1981 年版，第 99 页。

② 《请派游学日本折》，汤志钧：《康有为政论集》，中华书局 1981 年版，第 250 页。

③ 陈学恂：《中国近代教育文选》，人民教育出版社 1983 年版，第 153 页。

在思想上都远远没有做好准备。历经几千年中央集权式专制统治，世世代代受封建道德教育的影响，因此，世人并不能真正理解和接受资产阶级民主，也不能真正支持改革派的政治主张。为解决这些问题，改革者认识到，只有在全国范围内建立现代学校，形成完整的从小学到中学的教育体系，使国民最大限度地接受现代教育，其政治主张才有望实现。但是，建立现代学校需要一大批具有专业教育和专业知识的教师。因此，建立师范学校成为教育改革第一要务。

（一）“三千年未有之大变局”

梁启超师范教育思想是近代社会政治、经济、文化变革的产物。在西方资本主义的冲击下，中国出现“三千年未有之大变局”。《南京条约》的签署，使得中国开始沦为半殖民地半封建社会，统治阶级内部成员在沉疴未解、新症丛生、内忧外患的夹局之中出现分化。可幸的是，仍有诸多思想开明的贵族官僚、富商买办、知识分子纷纷建言献策，主张采取“师夷长技以制夷”的策略挽救民族危机。19 世纪 60 年代，以“自强”“求富”为主题的洋务运动开启。洋务运动倡导引进西方先进的科学技术，促进国家军事与科技近代化。在改良的过程中，为培养大批精通洋文的新式学子，新式学堂（洋文馆）的教学内容以“西文”“西艺”为主。但洋务学堂的数量少、规模小、分布亦不均衡，且未与科举制度相挂钩，故其始终为游离于传统教育之外的附属品。随着洋务运动的管理不善、贪污腐化、效益低下等问题的层出不穷，郑观应、薛福成、王韬等极具反思意识的知识分子，开始揭露洋务运动的弊端，并提出相对切实可行的器物与制度同步进行的改革方案，反映了有志之士对于彼时中国社会环境的深层次思考。康梁相识于 19 世纪 80 年代，也是洋务运动弊端丛生逐步走向破产的年代。这一时期，资产阶级改良派涉足政治舞台，冷静地分析洋务运动未能成效显著的根源，呼吁清政府积极开展政治改革，引进西方的制度。

以康有为、梁启超为代表的一批富有爱国情怀且学识渊博、思想前卫、意图革新的知识分子，吸收并发扬龚自珍、郑观应等人的改良主义思想，于1898年发起举世震惊的“维新运动”。维新派试图参照西方政治体制以“自上而下”的模式，改革政治、经济、文化和教育体制，走资本主义宪政道路，以达救亡图存之目的。对此，改良派通过著书立说鼓吹西方政治理论以使广大群众思想觉醒。然而，当资产阶级的改良主张真正到来之时，社会各阶层在思想上却远远没有做好准备，民众并不能真正理解和接受资产阶级民主与宪政思想。

基于此，改良派逐渐意识到，只有在全国范围内建立新式学校，宣传改革主张，建立从小学到中学的教育体系，提高全民的教育程度与科学文化素质，方能为改良奠定认识基础。此外，他们也认识到，现代学校的建立需要一大批具有专业知识的教师；西方国家的强盛不在于军事，而在于教育的普及。如梁启超所言，“尝考泰西之所以富强，不在炮械军兵，而在穷理劝学”①，“日本胜我，亦非其将相兵士胜我也，其国遍设各学，才艺足用，实能胜我”②。教育改革应向西方国家、日本学习经验，改革科举，废除八股。“中国之割地败兵也，非他为之，而八股致之也”③，此外，“彼时科举制度弊端丛生，于国无利。自明至今，行之已五百余年。文胜而实衰，法久而弊起，主司取便以藏拙，举子因陋以侥幸，遂有三场实止一场之弊”④。由此观之，改革须符合时代发展需要，梁启超认为救亡图存的改革方案是：废除科举，移除旧俗；建立师范学校，培养新型师资。

---

① 陈学恂主编：《中国近代教育文选》，人民教育出版社1983年版，第97页。
② 陈学恂主编：《中国近代教育文选》，人民教育出版社1983年版，第109页。
③ 陈学恂主编：《中国近代教育文选》，人民教育出版社1983年版，第104页。
④ 陈学恂主编：《中国近代教育文选》，人民教育出版社1983年版，第251页。

西方列强为扩大生产，在世界范围内争夺殖民，同时议会政治制度与自由民权观念随之传至世界各地。康有为、梁启超等一批学识渊博、思想前卫、意图维新、具有爱国情怀的知识分子在光绪和维新派的支持下，于1898年发起举世震惊的“维新变法”。维新派试图参照西方政治体制以自上而下的模式改革政治，达到救亡图强的目的。紧接着，经严复译介，卢梭的《社会契约论》及孟德斯鸠的《法意》等相继传入中国，到梁启超时已集其大成。维新派主张运用教育普及西方近代理论学说，以资产阶级民主和西方科学技术知识启蒙大众。维新派认为“西方国家的强盛不在于军事，而在于教育的普及，尝考泰西之所以富强，不在炮械军兵，而在穷理劝学”[①]。甲午战争失败后，维新派通过对日本的深入研究进一步证实了这一观点。“近者日本胜我，亦非将相兵士能胜我也。其国遍设各学，才艺足用，实能胜我也。”[②] 因此，维新派认为中国教育的改革要向西方学习经验，改革科举，废除八股。而科举制度弊端丛生，于国无利，“自明至今，行之已五百余年。文胜而实衰，法久而弊起，主司取便以藏拙，举子因陋以侥幸，遂有三场实止一场之弊”[③]。维新派认为科举制度的弊病、师范教育的缺失，与洋务运动的失败有直接关系。其病之根有科举之制不改、师范学堂不立、专门之业不分。据此，改革须符合社会发展的需要，欲救亡图存就要废除科举，移除旧俗，建立师范学校以培养新型师资，为建立现代新教育提高全民族素质做准备。

梁启超是活跃于19世纪末20世纪初的政坛新星，他亲眼看见西方列强依仗富国强兵对东亚诸国的武力叩关。可以说，正是清末的政治危机激发了爱国知识分子启蒙救国的情怀，推进制度革新是

① 陈学恂主编：《中国近代教育文选》，人民教育出版社1983年版，第97页。
② 陈学恂主编：《中国近代教育文选》，人民教育出版社1983年版，第109页。
③ 陈学恂主编：《中国近代教育文选》，人民教育出版社1983年版，第251页。

他们必然的诉求。政治体制改革需要革除腐朽守旧的观念，正如梁启超所言："献身甘作万矢的，著论求为百世师；誓起民权移旧俗，更研哲理牖新知。"[①] 为实现制度革新，政治改革须教育与之配合，传统的教育制度改革势在必行。可见，大力发展师范教育培养"新民"，乃是实现其改革目标的新路径。

（二）民族资本主义的初兴

两次鸦片战争失败，清政府被迫与西方列强签订了一系列不平等条约，随后西方列强通过开辟通商口岸打开了清政府的经济大门，清政府迅速变为资本主义的原材料供应基地，经济遭到严重创伤。特别在甲午战争以后，帝国主义在加紧对中国实行殖民地政治侵犯的同时，开始大规模的资本输出和经济掠夺。[②] 从开始控制交通运输和对外贸易，紧接着控制金融业、工业、矿业并且掠夺大量的生产材料，以求达到掌握国家发展的命脉的目的。

随着资本主义的侵入，原有的经济结构被破坏，延续数千年的自给自足的封建经济体制被迅速瓦解，民族资本主义出现。清政府逐渐从一个独立的封建社会沦为半殖民地半封建社会。东方巨龙在颤抖，社会形态在变化，经济结构在调整，各行各业在动荡的社会中发生着翻天覆地的变化。西方列强一方面与封建势力勾结输出经济，逼迫清政府发展资本主义经济；另一方面与地方商会紧密联系通过贷款、提供技术等方式促进城乡商品经济发展。可以说，西方列强破坏中国原有的自产自足经济结构的同时，又为发展清政府封建社会资本主义经济提供了一定的条件。

自近代始，清政府屡签败约割地赔款，民族危机日益加重。维新派主张以技术和工业振兴实业，发展资本主义国民经济。总体上来看，维新派的目标是"建立新制度，实施新法律"，实现资本主

---

① 丁文江、赵丰田编：《梁启超年谱长编》，上海人民出版社 2019 年版，第 174 页。

② 吴定初等编著：《中国师范教育简论》，四川教育出版社 1990 年版，第 3 页。

义物质和精神文明，摆脱封建旧体制的束缚。治国以“富国为先”，以“劝工”“惠商”为养民之法。[①] 新兴的民族资产阶级力量随着民族资本主义的发展而逐渐壮大，特别是中上层阶级的力量成长速度迅速最为明显。甲午战争后改革思想基本形成，民族资本主义日益发展，它既为维新运动兴起打好了思想基础，又为维新运动的发展打好了物质和民众基础。新兴资产阶级迫切要求发展中国民族资本主义以摆脱帝国主义和封建主义两座大山的压迫。资产阶级实业者在各类行业中实行雇佣劳动制，引进西方先进科学技术，开发国内资源，中国的手工业、运输业等有了新的发展，大型机械工业也在中国出现。据统计，从1895年到1900年仅5年时间，中国新设工矿企业共计122家，其中商办107家，官办、官督商办15家，官商合办2家。总资本额不包括两家官商合办企业在内，共24327千元。其中商办企业的资本额为20265千元，占总资本额的83.3%。[②] 数据有力地表明，从甲午战争到20世纪初，商办企业的资本总额在总资本中所占的份额要比官办企业在总资本中所占的份额大得多，产业规模也在不断扩大，在工业领域，运输业、纺织业发展迅速。这种现象导致人的思想观念发生变化，从最开始对机器生产的怀疑和反对，到接受和认同，再到后面的肯定和支持。传统观念的转变激发了国人了解、学习西方科学技术与政治制度的热情。

谭嗣同强烈反对帝国主义的经济侵略，呼吁发展民族工商业维护本国经济利益。维新派的经济改革主张作为发起维新运动的动力和基础，得到部分开明官僚、民族资本家、进步人士、商人的支持。引进国外先进设备发展国内实业等措施，在一定程度上促进了

① 吴洪成等：《晚清教师史研究》，河北大学出版社2012年版，第163页。

② 杜恂诚：《民族资本主义与旧中国政府（1840—1937）》，上海社会科学院出版社1991年版，第33页。

民族资本的发展。然而，这种发展不仅受到守旧官僚的制约，还受到工人文化水平低、工厂与西方工厂相比缺乏竞争力等因素的影响，发展质效并不明显。此时，西方国家的工业已进入机器大生产阶段，当手工劳动被机器代替后，技术的革新催动高效率的生产，资本家发现若想满足市场发展的需求，仅靠剥削工人工资是不够的。他们深知，工人掌握更多的知识和技能才能创造更多的剩余价值，于是，西方国家开始在全国范围组织实施覆盖全民的义务教育。

在教育的主张上，维新派不再偏重实业技术教育，只注重专门人才的培养。相反，他们提倡效仿西方建立资本主义教育制度，兴办学校普及教育、开发民智。对于具体的学习内容，维新派主张学习西方自然科学和政治理论。康有为在《大同书》和《请开学校折》中两次提出改革学校教育体制、教学内容、教学方法。他建议把学校分为三个等级：小学、中学和大学。此外，康有为还建议建立京师大学堂，倡导开设现代自然科学课程，提倡实科教育，注重对学生多方面教育。谭嗣同主张实行西方教育制度，建立初学院、中学院、上学院三级学校，并在教育实施过程中注重实验性和实践性。此外，为提高工人文化水平，维新派要求政府废除八股取士制，改变科举制度，建立师范学堂普及教育。

梁启超作为维新运动背离传统思想的改良家，无论是他提出的国家政治体制设想抑或发展资本主义经济的形式均受到西方政治经济理论的影响，维新派的改革维护了民族资产阶级的利益。此外，梁启超还积极呼吁政府按照日本的教育制度实施的蓝图改革本土教育，他主张把教育分为四个阶段：小学期、儿童期、少年期、成人期，对应接受的教育是家庭或幼儿园教育、小学教育、中学教育、大学教育。大学应分为文学、法律、医学、理学、工学、农学、商科、师范教育等类型。

（三）“西学东渐”之历史潮流

学者任继愈曾提出文化发展势差理论，他认为：“两种不同的文化相接触，总是文化层次高的一方影响文化层次低的一方，文化层次低的一方则处于受影响、被改造的地位，而不能逆转。”[①] 第一次鸦片战争开启了近代中国的隐逸之门。如容闳所言：“以西方之学术，灌输于中国，使中国日趋于文明富强之境。”[②] “借西方文明之学术以改良东方之文化，必可使此老大帝国，一变而为少年新中国。”[③] “中体西用”最初由冯桂芬提出，即“中学为体，西学为用”；后来，张之洞在《劝学篇》作系统阐述，他主张以中国伦常经史之学为原本，以西方科技之术为应用。这成为清末洋务派的教育改革指导思想，对我国学校文化的形成产生深远影响。以梁启超师范教育思想为代表的中国近代教育思想，亦在“西学东渐”的社会潮流中生发。

晚清以传统儒家思想为架构的价值体系和伦理道德在整个社会运行体系中仍处于主导地位，任何“逾矩”的思想观念和社会言行都会受到社会各界的猛烈责难和抨击。然而，随着社会危机的加剧和资本主义工商业在国内的蓬勃发展，国人的思想发生转变，这种“逾矩言行”越来越被世人所接受。一方面，社会观念悄然改变。中国对西方文化认识的加深，为资本主义经济在国内的发展以及中国本土工商业的萌生为中国大众社会观念的改变提供了客观基础。另一方面，在经济伦理领域，由洋务运动开始，从传统的重义轻利、重本抑末、崇俭黜奢的义利观转向重商轻农、自强求富的经济观，“以商为本”“求富”“求强”的观念得到社会的肯定。鸦片战

① 任继愈：《中国哲学的过去与未来》，《中国哲学史》1993 年第 3 期。

② （清）容闳：《西学东渐记》，徐凤石、恽铁樵译，湖南人民出版社 1981 年版，第 23 页。

③ （清）容闳：《西学东渐记》，徐凤石、恽铁樵译，湖南人民出版社 1981 年版，第 88 页。

争后，国人第一次感受到西方科学技术的“力量”。随着通商口岸的开设，西方科技文化加速传入，国人对西方文化认识逐渐加深。面对传统教育的弊端，知识分子开始重新审视自己的学术观念与价值体系。越来越多的社会进步人士在内外交加、东西碰撞中“开眼看世界”。

随着社会危机的加深和西方资本主义经济的深入影响，教育促进社会经济发展的功能日益凸显。于彼时的社会而言，以多种方式培养社会所需的实用人才是一项紧迫而又繁重的任务。工商业领域中实用人才所发挥的作用以及产生的效用已增强各行各业培养“实用人才”的意识和决心。19 世纪 60 年代后，随着洋务运动的发展，洋务教育也是如火如荼地兴办着，旧学校予以改善，新书院逐步建立。如：1892 年，四川重庆设立洋务学堂，公开招考 16 岁以下的聪颖子弟入学。[①] 彼时，整个四川地区经济贫穷、思想落后程度与湖南不相上下，但意想不到的是，前来报名者竟达 500 余人之多，传至上海，舆论界大为惊讶。与此同时，国人对西方文明认识的加深，更多的人开始意识到启发民智、改良风俗的重要性。然而，当他们把改良风俗、开办学校和设立议院联系起来时，传统教育维护社会稳定的功效反而大不如从前。1888 年，科举考试增设算科，此举措是选拔人才制度的大胆突破，但并没有得到民众的热烈回应。恰恰相反，人民大众对科举制度的批评仍然层出不穷。与此同时，西方在课程目标的制定、内容编写、组织实施、评价方法等方面具有的创新性和实践性受到国内进步人士的认可。1888 年至 1889 年不到两年时间，《申报》就如何改革科举制度，如何选用西学等问题先后发表近十篇文章。可以说，打破传统的教育模式建立新教育体系已是时代发展的必然趋势。虽然传统教育向现代教育转

① 刘志琴主编：《近代中国社会文化变迁录（第 1 卷）》，浙江人民出版社 1998 年版，第 652 页。

变是顺应时代发展潮流，但其过程是困惑的、痛苦的、漫长的和曲折的。新式学堂大部分由传统书院改造而成，虽然变更了学堂的章程和管理方式，但教学制度、教学内容、教学方法和教学形式等并未得到实质改良。部分学堂的教师不懂西学的基本知识，有些甚至不懂六艺，不读四史。因此，如果新学堂的混乱局面无法得以妥善解决，那么其造成的后果将比传统教育更为严重。故而，师范教育开始进入有识之士的视野之中。

新形成的文化观念不仅是对原有文化的承继，也是对其创新性的发展。当国家或民族文明在历史上分裂时，分裂的痛苦无法抹去民族顽强的毅力、创造的勇气和永不言败的精神。正如英国学者汤因比（Toynbee，A. J.）所言："再生的美好之处不仅体现在它是先前分裂的痛苦的补偿，而且也是分裂的结果。"[①] 这些品质具有超越民族文化和时代局限的特点，为文明的"再生"提供了可能。随着中西文化交流的发展，西学的引进不再流于表面，以严复、黄遵宪等为代表的知识分子，纷纷引进西学与东学教育制度，其中以日本的教育体制尤甚。他们向日本学习，努力求变，力图拯救日益衰落的国家。他们意识到只有改革传统的学校教育制度，废除科举考试，才能培养出具有相当于西学造诣的实用型人才振兴国家。

"开眼看世界"知识分子的教育主张，极大地鼓舞了士人。梁启超认为国家的强弱取决于其文化和教育是否发达，中国之所以弱，是因为人才缺乏，人才缺乏的原因是教育不发达，如他所言："今日中国之弊，人才乏也。人才之乏，不讲学也。"[②] 如欲力挽狂澜，挽将倾之大厦于不倒，则亟须兴办新式学堂，培养新式人才，而新式学堂之要旨，则在于师资。故而，梁启超明确提出通过发展

① 刘远航编译：《汤因比历史哲学》，九州出版社 2010 年版，第 30 页。
② 《万木草堂小学学记》，梁启超：《梁启超全集》，北京出版社 1999 年版，第 114 页。

师范教育以兴学校，推动社会变革，达到强国新民的目的。

（四）洋务教育暴露的师资危机

洋务教育加速了传统教育向新式教育转变的进程。1861 年，清政府成立总理衙门，拉开了以“自强”“求富”为目的的洋务运动的序幕。身处“三千年未有之大变局”的危机之中，洋务派认为，欲挽救晚清动乱局面，亟须“开眼看世界”，摆脱闭关锁国、自给自足的状态，积极引进西方先进技术。1862 年，清政府为满足日益频繁的中外交涉需要，在北京开办京师同文馆，培养了大批“舌人”（翻译人才）。1867 年，清政府创设福建船政学堂，培养能够熟练运用新型武器的军事人才。此后，陆续建立了外语学堂、军事学堂、技术学堂三大类新式学堂共计 30 余所。从翻译、军事等方面入手新开办各类外语学堂和军事学堂，力争短时间内缩小与西方的差距。是故，“洋务教育是中国教育从传统走向近代的第一步”①。

洋务派提倡以西学变革旧制，培养实用人才。新式学堂纷纷效仿西方学校教育制度办学。彼时，中国教习对西方教育制度知之甚少，但能有资格胜任教师职位的教习凤毛麟角，所以学堂直接聘用大量的西方教习扩充师资。随着新式学堂陆续建立，问题也日益增多，西方教习教授的内容仅停留在“通商”“练兵”“采矿”“制械”等方面，教学方法也较为单一。西方列强之所以“船坚”“炮利”，是因为天文、算学等西方科学技术发达的缘故。如果不研习天文、算学，不从根本上下功夫，仍属徒习皮毛，无裨实用。鉴于此，梁启超提出西方教习普遍存在的五个问题。一是西方教习不懂汉语，经翻译后的内容大不如原意；二是西方教习所接受的教育与本土教育不甚相关，用汉语很难理解其采用的教学方法；三是西方

① 崔运武主编：《中国师范教育史》，山西教育出版社 2006 年版，第 11 页。

教习专教西学，对中学知之甚少，不能将其融会贯通，传统的中国文化被抛弃；四是西方教习来自英、法、美等国家，教习所用语言不一，讲授过程与学员难免会有语言沟通障碍，中国学员无法适应教习的讲授；五是聘请西方教习薪酬过高。除以上五方面问题外，梁启超进一步论述了西方教习的弊端，“则为之师者，固不知圣教之为何物，六籍之为何言”[①]。“今中国之为洋学者，其能识华字，联缀书成俗语者，十而四五焉。其能通华文文法者，百而四五焉。其能言中国舆地、史志、教宗、性理者，殆几绝也。”[②] 梁启超认为，“其聘用西人者，半属无赖之工匠，不学之教士”[③]，进而感叹道：“是欲开民智而适以愚之，欲使民强而适以弱之也。”[④] 那么，为什么学堂教学质量每况愈下？追寻其根本原因，大凡在于本土师资的短缺。

彼时洋务派所兴办的学堂收效甚微，却耗费巨大，正如梁启超所言：“不此之务，则虽糜巨万之资，竭数十年之力，仅为洋人广蓄买办之才，靡救于国，靡造于民。”[⑤] 其未能使中国走上富民强国之路，故不能再沿用学堂的旧制聘请无真才实学的西方教习，更不妄于将发展国家教育的重任寄托于西方教习身上。梁启超认为应在京城、省、府、州、县普遍设立学堂，恢复传统教法，采用西方教育制度培养教师。在教习的选择上，他明确指出“耆学名宿”不能作为教习，唯有培养数以百计乃至数以千计的教习方能解决师资问题。此外，学堂在教学方法、课程内容、学生管理等方面仍存在诸多问题。在梁启超看来，学中学、不学西学不会产生实际效用，而学西学、不学中学则缺乏根本，因此废除旧洋务教育制度对四万万

---

① 《论师范》，梁启超：《梁启超全集》，北京出版社 1999 年版，第 29 页。
② 《学校余论》，梁启超：《梁启超全集》，北京出版社 1999 年版，第 43 页。
③ 《学校余论》，梁启超：《梁启超全集》，北京出版社 1999 年版，第 42 页。
④ 《论师范》，梁启超：《梁启超全集》，北京出版社 1999 年版，第 29 页。
⑤ 《学校余论》，梁启超：《梁启超全集》，北京出版社 1999 年版，第 44 页。

国人而言意义重大。彼时，洋务派尚未形成建立中国本土师范教育的意识，意图通过高薪聘请西方教习的方式仅是饮鸩止渴，师资问题并没有得到根本的解决。故而，梁启超把失败的原因归结为“师范学堂不立，教习非人也”①。

洋务运动的失败标志着在中国沿用西方制度是行不通的，越来越多的有识之士意识到新学堂培养的人并不能改变彼时教育师资短缺的窘迫现状。通过教育开发人民的智慧启蒙大众，普及现代科学知识，提高全民族素质是扭转中国落后局面的重要举措。甲午战败后，维新派逐渐形成自身的维新思想，在政治、经济领域的主张得到新兴资产阶级的支持。政治上主张取消封建制度转而建立资产阶级民主制度；经济上主张以民族资本主义工商业代替小农经济；教育上主张以日本教育制度为模本建立初等、中等、高等教育，取代洋务教育的新式学堂。维新派教育的主张较洋务教育学制设置更加合理，专科性质的学校上有继续深造的高等教育与之承接，下初、中等教育与之对应。所以，为实现“开民智”普及教育惠及大众，仅仅依靠高薪聘请西方教习是不现实的。培养本土师资，建立新式师范教育是顺应时代需要的一项紧迫任务。对此，梁启超提议在京城、省、府、州、县普遍设立师范学堂，采纳西方教学内容与方法，结合传统文化精髓，培养本土教习。综上，针对洋务教育师资存在诸多弊端，梁启超认为兴办师范教育已成为一个必然趋势，独立自主培养本国教师的任务亟须启动。

第二节　梁启超师范教育产生的思想渊源

一　传统文化的熏陶：“仁爱通达”与“知行诚一”

中国历史悠久，文化灿烂，享有五千年华夏文明的美誉。文明

① 《学校总论》，梁启超：《梁启超全集》，北京出版社1999年版，第20页。

的塑造与传承自然离不开教育的发展与贡献，但是现代意义上的专门教育活动出现的时间较晚。培养师资的机构或组织，更是在近代随着西方教育的传入才开始出现的。中国古籍中，所谓“师范”，意为可以师法的模范即学习的榜样，对教师职业的概括。西汉扬雄在《法言·学行》中说：“务学不如务求师。师者，人之模范也”[①]，意在强调教师在教育教学中的模范表率作用。“师范”一词，最早见于《后汉书·文苑传下》所谓的“君学成师范，缙绅归慕”[②]。后来，随着世人对教师内涵的深入理解，人们将“学高为人师，身正为人范”作为教师职业典型的特征。古代教师中有的是退休的官吏，其身心仍健康，学养、人格、经验皆可为典范。他们将其一生之经验与修为传授于年轻学子。可以说，古代教师在数千年的教育理论探索、切身教育实践以及不断反思自身的情况下，业已形成较为系统全面的教师观。

早在春秋末年战国初期，《学记》就已总结出一套具有普适意义的教育规律和理论，如适用至今的多种教学方法、教学原则等。在中国历史上，可被称为名师的大凡有两类：一为帝王之师，知悉天地万物变化之理，学问甚是渊博，甚或多有机会施展政治抱负；二为一代宗师，满腹经纶但苦无施展抱负之地，其大多著书于田园、寄情于教育。当然，此二类师者并不能完全反映古代教师地位的真相。此外，一般的教书先生多是秀才出身，传授“四书五经”，懂天、地、君、亲、师之理，授三纲五常伦理之法，善于解释古典章句。中国古代实施政教合一的政策，享有被教育权也意味着享有政治资源权。通常，治国理政要文武兼施；抑或说，武力靠军事，教化则靠教育。通常所谓的“观乎人文，以化成天下”[③]，大凡盖

---

① 孟宪承编：《中国古代教育文选》，人民教育出版社 1979 年版，第 169 页。

② 陈戍国撰：《礼记校注》，岳麓书社 2004 年版，第 264 页。

③ （春秋）孔丘等：《四书五经（上册）》，陈戍国点校，岳麓书社 2023 年版，第 133 页。

有此意。

儒家文化素有尊师重教、士志于道和安贫乐教的教育思想和传统。可以说，“仁爱通达”是对传统教师理想目标的最好诠释，即教师要有仁爱之心和通达智慧。这在中国早期文献中可以佐证。例如，《尚书》中就有“天佑下民，作之君，作之师”之说，将君师并立。《论语·学而》有载：“子曰：‘弟子，入则孝，出则悌，谨而信，泛爱众，而亲仁。”孔子的仁爱观，以尊重和敬畏之心待生命，以关怀与同情之心待他人，将仁爱发扬为一种普世的人文情怀和高尚的道德情感，此等高尚品质正是仁师所应具备的。

从德行本质而言，师之仁爱乃“实在的善”。从德行实践而言，孔子认为智、仁、勇是为君子的三大品质，具备以上三点方能不惑、不忧、不惧，且能够于生活中践行“善”的理念，远离或去除“恶”的困扰。教师德行实践以“实在的善”作为教者信念和使命，以成为“好人”为最终目的。好人必然是有根源可循的，即仁爱之心和通达之知。可见，教师要立己达人，不断追寻“仁爱通达”的境界，这与君子德行实践的目标基本一致。

对于传统的教师而言，无论是修身还是教育都是以知为根底、以行为目的。可以说，君子“知行诚一”正是完善修身、发展教育的最佳途径，也被作为教师本身所应具备的一种重要修养。《礼记·中庸》关于“诚”多有论述，其观点虽不是孔子本人提出，但可作为佐证孔子对知行修身观的论据。从修身角度而言，君子诚之为贵，“诚者，天之道也；诚之者，人之道也”；“诚”既是正心的修身品质，也是一种学习知识的行动，这有力地诠释了“好学近乎知，力行近乎仁”的“知与行”的君子修身观。此修身的“知行”理念于教育而言，具有重要借鉴价值，正如《礼记·中庸》所谓的“自诚明，谓之性；自明诚，谓之教”。人的天赋有差距，天赋异禀之人生而知之，但并不是所有人都如此。就学而知之者和困而学之者而言，则需要通过“自明诚”之“教”。所谓“诚”之道既是提升教育者专业知识和自身修养的“成己”之道，亦是指导教育者育人的“成人”之道。此外，孔子“知行合一”的教育理念亦在“我非生而知之者，好古，敏以求之者也”中有所反映。而“敏于行”之学及“自明诚”之教被视为古代教育者应遵守的教育信条。

自幼年始，梁启超便接受“四书五经”的传统儒学教育。“五岁续就王父及母赵读《四子书》《诗经》”①，“十三岁始知有戴段王训诂之学，大好之”②，渐渐有了放弃帖括的想法。之后，梁启超就读学海堂时，又为“菊坡、粤秀、粤华之院外生”③，习各家之长扩充知识和德行。严格的书院教育为梁启超打下深厚坚实的经学功底，孔孟儒学于梁启超而言已有特殊感情。及至万木草堂师从长素之后，对孔子的崇拜之情已是难以言表。在维新失败逃亡日本后，他反思自身思想体系，对儒家圣哲孔子的态度发生转变，这标志着梁启超的思想渐趋成熟。由此可知，梁启超尊孔在于孔子对后世教育事业所作出的贡献。孔子提出的“有教无类、启发诱导、子以四教”等教学观，以及“学而不厌、诲人不倦”的教学精神，对梁启超影响颇深。由孔子“生知”与“学知”萌生学习论，经孟轲、荀况至朱熹、王阳明等继承与发扬，一部分学习论强调学、思、行相结合；另一部分则主张立志、存养、省察。梁启超详细阐述立志的方法与步骤，强调立志的重要性，并提出如何确立和坚持正确的志向。他主张，一个人要形成正确的自我认知和人生导向，需要明确自己的大方向和大原则，而不是受到外界环境和物欲的干扰。从梁启超早年担任时务学堂总教习，到晚期著书立说等教学实践的经

---

① 吴天任：《梁启超年谱（第1册）》，广东人民出版社2018年版，第16页。

② 吴天任：《梁启超年谱（第1册）》，广东人民出版社2018年版，第22页。

③ 吴天任：《梁启超年谱（第1册）》，广东人民出版社2018年版，第25页。

验来看，他将孔子的教育教学思想予以继承和发扬。先贤们关于教师的论述，可谓梁启超师范教育的理论基础。

二　清末改良的思潮："经世致用"与"师夷长技"

梁启超道："吾于清初大师，最尊顾炎武、黄宗羲、王夫之、颜元，皆明学反动所产也。"[①] 经世致用的思想，最早生发于明末清初。明清之际，以顾炎武、黄宗羲、王夫之、颜元等为代表的启蒙思想家从批判理学入手，主张为学的目的在于"明道救世"和"经世致用"。因此，研究社会现状、明晰社会问题要以深入了解历史为基础，注重实用之学。他们批判汉代经学和宋明理学的僵化藩篱，抨击专制统治制度的弊端。在教育方面，以王夫之为例，为培养经世致用的社会人才，他要求教师躬行为陶冶之本，身教为起化之原；唯有言传身教、为人师表，方能"正道为渐摹之益""欲正天下之人心须顺天下之师受"[②]。在教育方法与师生关系方面，他以"实学"为根本，提出教育是一种有目的、有计划、有组织的活动。教师既要传授学生文化、思想、知识、技能，又要根据时代发展、社会进步学习新知识、更新已有知识体系。

晚清时期，伴随着内忧外患的紧张情势，中国文化教育领域中空谈心性的宋学、烦琐支离的汉学弊端逐渐凸显。同时，经世致用的思想大有活跃之势。梁启超教育思想深受明末清初学者"经世致用"之风影响，其曾在《中国近三百年学术史》中回顾经世之学带给清末维新派的震撼。清初顾炎武、黄宗羲、王夫之、颜元等针砭时弊、著书立说，解放诸多学者被束缚的思想，令学者大胆独求其是。他们曾痛批科举制度选拔人才的弊端，提出新式的教学思想与方法，呼吁重振师道以兴教育。同年，梁启超又撰《颜李学派与

① 梁启超：《清代学术概论》，岳麓书社 2010 年版，第 17 页。
② 祝德纯：《论中国传统教育思想》，《有色金属高教研究》1987 年第 3 期。

现代教育思潮》一文，极力呼吁现代学堂的读书人，从迷蒙中赶快苏醒，转变旧的学习风气，注重实用之学。他认为道德上的实践、事业上的实用，“都不是纸上看看、口头说说、心里想想所能交代过去”①。在经世致用教育思潮的理论建构中，士人开始探究如何在坚守“中学”的基础上做到会通中外，即在“明体达用”的前提下尽收他国长技。早在鸦片战争之前，“留心经世之务”的阮元，就对后世所言的“中学”“西学”有过一番辩言，指出二者皆有其长，不应存有偏见：“然则中之与西，不同者其名，而同者其实。乃强生畛域，安所习而毁所不见，何其陋欤?”② 因此，求学之人，应学贯中西，会通两家之长，不主一偏之见。经世致用的“斥偏见，师夷长技”思想，对梁启超产生深远影响。梁启超断言：“今日之中国欲自强，第一策，当以译书为第一事。”③

林则徐与魏源作为中国近代历史上开眼看世界的先驱，对西方文化制度作了较为系统的引介，包括近代的科学技术、工业技术、练兵之法、政治制度、文化教育等。魏源将战败的原因归结为政治腐败、思想守旧和人才匮乏。他主张实行兴利除弊的变法去除“人心之寐”和“人才之虚”两种祸患。魏源在林则徐译编的《四洲志》基础上编纂《海国图志》，他认为“知夷情”的主要目的是“制夷”。而欲“制夷”，就必须以开放的心态去“师夷”。对此，魏源系统地提出“师夷长技”的理论。魏源关于“师夷长技制夷”的主张，无疑是受西方观念的影响。梁启超曾在《中国近三百年学术史》中写道：“清初几位大师……总而言之，最近三十年思想界之变迁……而最初的原动力，我敢用一句

① 《颜李学派与现代教育思潮》，梁启超：《梁启超全集》，北京出版社 1999 年版，第 4230 页。

② 李成良：《阮元思想研究》，四川人民出版社 1997 年版，第 72 页。

③ 李向平：《文化正当性的冲突》，百家出版社 2006 年版，第 227 页。

话来包举它，是残明遗献思想之复活。”[①] 林则徐、龚自珍、魏源“师夷”的思想是近代中国向西方寻求真理潮流的先导，他们批判传统文化取得的学术成果，成为梁启超变科举、兴学校、立师范、育人才的思想基础。

三　东学内核的引入：“和魂洋才”与“文明开化”

一个国家和民族文化气质的形成会经历传统文化与新式文化、固有文化与外来文化相冲突、融合的过程。1868 年开启的明治维新是日本历史上具有划时代意义的重大变革，明治维新的方针是“富国强兵”与“文明开化”，培养目标乃“和魂洋才”。所谓“和魂洋才”，即在保存自身传统的前提下，最大限度地吸收西方文化，力求日本民族精神与西方文明的充分结合。作为一种文化思想与模式，“和魂洋才”是日本在教育领域推行“文明开化”理念与政策的重要抓手。

日本放弃“锁国”政策，从哲学思想、政治、经济、文化、军事、教育等方面全盘接受西方文化。在中西体制与文化碰撞交锋之际，日本“国学派”与“洋学派”持有迥然不同的立场，最终“洋学派”获得新政府全力支持。其在政治、经济、文化、教育等领域展开全面改革，并将“文明开化”“和魂洋才”“富国强兵”“兴产殖业”等作为指导策略。尤其是“和魂洋才”，与中国近代提出的“中体西用”有诸多相似之处。“和魂洋才”作为一个魅人的口号，流行于明治维新前后，但作为一种思想、观念，则是伴随“兰学”的发展而获得其特殊含义的。[②] 日本学者通常认为，这一观念起于德川幕府的儒学家、政治家新井白石。之后“和魂洋才”的观念又以一种新的形式呈现，这就是幕府末期享有盛名的思想家

① 梁启超：《梁启超讲中国近三百年学术史》，河海大学出版社 2019 年版，第 33—34 页。
② 罗荣渠主编：《各国现代化比较研究》，陕西人民出版社 1993 年版，第 121 页。

佐久间象山提倡的“西洋艺术，东洋道德”。以佐久间象山为代表的日本学者，以形而上学的观点解释宋儒的穷理精神，他们认为洋学与儒学是两套不同的价值体系。但是，崇儒学排洋学是不合理的，因为洋学的精髓也是儒学。从根本上说，日本学者既重视洋学也学习儒学，洋学与儒学于日本而言属于共生关系。一方面，他们从西洋国家引进的科学、技术、文化等吸收需要的成分后，抛弃其糟粕；另一方面，他们以儒家学说作为统一思想的工具，并将儒学作为建立世界观、人生观、价值观的根基。

思想的成熟与完善需要一个不断自我更新的历程。早在明治维新初期，日本学者开始强调培养“洋才”，即能够精通西洋技艺之人。加之洋学家的大力吹捧、宣传西欧近代文明，学校教育中崇尚“破除旧来陋习”“求知识于世界”的口号，一时间西洋之风吹遍日本列岛。随着“文明开化”进程的加快，以佐久间象山为代表的学者所提出的“和魂洋才”思想原则对待东西方文化并无偏颇之言。对于东、西文明二者的重要性，佐久间象山既主张对西方先进科学技术持积极态度，又倡导坚持日本民族精神的基本立场。于他而言，日本新式文化须以“和魂”为经、“洋才”为纬，在摄取西洋技术时，其意图并非用西洋科学技术代替传统，而是很好地将程朱格物穷理理论运用于技术中。“和魂洋才”思想萌发于幕末，其作为日本文化领域的一条主线贯穿日本近代化的全过程，除上述提到的佐久间象山对其作过系统诠释外，还有不少学者也涉猎其中心思想。如横井小楠提出：“明尧舜孔子之道，尽西洋器械之术，何止富国，何止强兵，四海布大义。”[1] 上述观点既强调“洋才”的重要性，也认为要传承“和魂”。在它的指引下，明治维新运动蓬勃兴起。可以说，“和魂洋才”的指导思想贯穿日本近代化的全过程。

---

① 关松林：《日本学习借鉴外国教育之研究——“和魂洋才”的建构与嬗变》，人民教育出版社2010年版，第284页。

此外，明治政府推行“文明开化”政策，改变落后的局面，“颁发的‘五条誓文’中即有‘破除旧来陋习’与‘求知识于世界’之语”[①]。日本以教育为立国之本，积极变革教育制度。1871年7月，根据太政官的布告，日本成立中央教育主管部门——文部省。作为总揽教育事务，掌管大、中、小学的行政机关，文部省将教育促进国家发展作为指导思想，以教育的普及来改善国家落后的局面，开展一系列的教育活动。1872年4月，文部省发布名为《建立小学教师培训场所的呈文》的条例。该条例指出：“为了适应新时代对教育的要求，当务之急必须设立‘师表学校’，应在东京设立师范学校。”[②] 1872年6月，在回答太政官质疑时，文部省呈报的“关于实施学制的当前计划”，明确指出“迅速兴建师范学校一事”仅次于“大力发展小学”。1872年8月，颁布《学制》，日本近代国民教育制度由此建立。《学制》第39章规定：“小学之外，要有师范学校，在此种学校教授小学教学原则与教学方法，实乃当务之急。”[③]《学制》第40章规定：“小学校教员，不论男女，必须是年龄20岁以上、具有师范学校毕业证书者。”[④]《学制》颁布后，文部省又根据国情制定《学制实施顺序》，规定第一要务为发展小学教育，第二要务为兴办师范学校，第三要务为男女平等接受教育。在此后的《学制实施顺序》中，兴办师范学校紧随在发展小学教育之后，这是保障《学制》实施的重点。以上政策推动了师范教育的发展，紧接着日本兴起创建师范学校的热潮。师范学校以发展国民教育为基础，培养新式师资以提高国民素质为目的，师范

① 贾华编：《双重结构的日本文化》，中山大学出版社2010年版，第53页。

② 单中惠等：《西方师范教育机构转型——以美国、英国、日本为例》，山东教育出版社2012年版，第249页。

③ 单中惠等：《西方师范教育机构转型——以美国、英国、日本为例》，山东教育出版社2012年版，第249页。

④ 单中惠等：《西方师范教育机构转型——以美国、英国、日本为例》，山东教育出版社2012年版，第249页。

学校包括官立师范学校和府县师范学校。据统计，《学制》颁布后的1878年，日本全国师范学校已发展到101所，每一个府、县有2所以上的师范学校。①

教育改革和师范学校的建立提高了国民素质，推动了国家繁荣富强。“查西洋各国（数十年来，讲求轮船之制）互相师法，制作日新。东洋日本，近亦遣人赴英国学其文字，究其象数，（为仿造轮船张本，不数年亦必有成。西洋各国雄长海邦，各不相下者无论矣。）若夫日本蕞尔国耳，尚知发愤为雄，独中国狃于因循积习，不思振作，耻孰甚焉。”② 日本的教育改革采用西方教育制度，下起幼稚园，上迄大学，是一脉相承的。除了日本的兵士，教师也为国家发展贡献了力量。反观我国，洋务学堂随着甲午战败宣告失败。梁启超认为，问题的根源主要有三个方面：“其一，科举之制不改，就学乏才也；其二，师范学堂不立，教习非人也；其三，专门之业不分，致精无自也。”③ 梁启超在读完黄子公撰《日本国志》后，感叹道：“乃今知日本，乃今知日本所以强，赖黄子也。又懑愤责黄子曰，乃今知中国，乃今知中国所以弱，在黄子成书十年，久谦让不流通，今中国人寡知日本，不鉴不备，不患不悚，以至今日也。”④《日本国志》的学术志一章中以大量的篇幅介绍日本明治维新时期学习西方兴办师范教育的经验。故梁启超在维新变法之教育变革中，亟推效仿日本的师范教育经验。

四 西学思想的影响：“西学中用”与“教育救国”

纵观整个19世纪特别是第一次鸦片战争后，西方国家在中国的活动势力越来越大，影响日益广泛，逐渐渗透到政治制度、社会

① 成有信编：《十国师范教育和教师》，人民教育出版社1990年版，第163页。
② 傅任敢：《同文馆记》，《教育杂志》1937年第27卷第4期。
③《学校总论》，梁启超：《梁启超全集》，北京出版社1999年版，第20页。
④ 黄遵宪：《日本国志》，上海古籍出版社2001年版，第433页。

生活、学术思想等各个方面，最终使国人的生活方式发生彻底的变化。第二次鸦片战争后，西学之风愈发盛行，其传播的速度、广度、内容、形式等都与日俱新。翻译图书方面，江南制造局翻译馆开业13年来，共翻译西方图书143种，总计359种。通过翻译书籍、宣传教义、开办报刊、建立学堂等形式将西方的军事、文化、科技、经济等方面的知识传入中国。随着西学广泛传播，国人不再以“奇技淫巧”形容西方技术，西学的范围也从“西艺”逐渐扩展到“西政”。

梁启超曾生动地描述“西学中用”观念在历史转折中的复苏，他认为这是不可抗拒的历史潮流。梁启超曾言：“如果知识分子生活在黑暗的环境中不愿了解外界事物，那么就像西方已经发生翻天覆地的变化，我们假装没有看见一样。”① 他18岁时初次接触西学，是年科举考完回乡，途经上海时购得《瀛环志略》，读后始知五大洲各国。《瀛环志略》系徐继畬所著，它介绍西方国家地理知识、近代政治制度和风土人情，是一部极具启蒙意义的宣言书。回广东后不久，梁启超求知若渴地师从南海先生学习西学知识，阅读了大量由江南制造局和传教士翻译的西学著作。“不管懂与不懂，都挪来硬读一顿，虽然不能消化，可是新生命和新血液，就此开始灌注入梁氏的体中了。”②

鸦片战争爆发前，居住在中国的西方传教士并不多，其在南部沿海地区兴办了少量学校，广传新教教义和西方科学知识。鸦片战争后，西方国家在华兴办的教会学校逐年增多，至1866年，西方天主学校在华学校达12所，基督学校在华63所，合计总数为75所。③ 到1889年，天主教和基督教会在中国办的学校数量已经激增

① 梁启超：《清代学术概论》，中国人民大学出版社2004年版，第194页。

② 吴其昌：《梁启超传》，东方出版社2009年版，第47页。

③ 李华兴：《民国教育史》，上海教育出版社1997年版，第29页。

到2000所，学生约4万人，其中基督教在华学生人数为16836人。[①] 教会学校创建之初，以小学堂为主，传教士除了讲授《圣经》课外，有时也会教授一些算术和地理方面的知识，授课方法与教授内容与中国蒙学、私塾并无太大差异。彼时学校数量少，对师资并无太大需求。洋务运动后，教会学校数量猛增，师资短缺问题日益凸显。教会学校向西方国家请求派遣信教师资，此外，亦聘请中国儒生担任教员，师资问题得到缓解。其后不久，西方传教士意识到将西方师范教育引入中国，才是从源头上解决师资短缺问题的关键。

1877年召开宣教士第一次大会，登州文会馆创办者狄考文认为，教会学校的任务“不仅仅是培养布道人才，而且还要培养学校的师资，使他们能介绍西方学术于国人”[②]。1879—1883年，德国传教士花之安的《自西徂东》在《万国公报》上连载，陆续介绍了“师道院”。1890年召开基督教传教士第二次大会，为满足能聘用到具有真才实学的本地教员的需求，专门建立培养基督教师资的学校显得尤为重要。受客观条件限制，相邻的教会可以在中心地区合力建立一所设备条件良好的此类学校，大家互相得益。1892年，“中华教育会”召开首届年会，提出在中国创办教会师范学校、培养教会教师的议案。教会师范学校的创立，推动了我国师范教育的发展。

西方教育制度传入我国的过程中，对梁启超影响较深的是花之安撰写的《德国学校论略》，亦是国内最早介绍西方教育制度的著作。该书较为系统地论述了德国普通教育和专门教育，普通教育包含初等、中等和高等教育，介绍了西方近代普及义务教育、三级学

---

① 李华兴：《民国教育史》，上海教育出版社1997年版，第29页。

② 朱有瓛、高时良：《中国近代学制史料（第四辑）》，华东师范大学出版社1993年版，第160页。

校教育体制、高等教育发展现状和具体实施情况。德国设立的学校类型较为广泛，如通商院、师道院、女学院、宜道院等。梁启超曾言："有《德国学校论略》一书，分门别类，规模略具。"[①]《德国学校论略》不仅是中西文化教育交流史上的一部重要书籍，也是戊戌变法时期康、梁提出"远法德国，近采日本"教育改革方针的思想来源。

另外，美国传教士林乐知与其中国助手任廷旭，于1896年合译出版的《文学兴国策》，被广泛传阅于中国的知识阶层。1896年5月，《万国公报》第88册中登载林乐知所译的《文学兴国策序》[②]，为更多国人进一步了解《文学兴国策》提供了可能。林乐知在《文学兴国策》序中探讨在中国建立近代教育制度的相关问题，介绍美国初等、中等、高等三级教育制度，论述有关美国师范教育和技术教育等方面的问题。工业革命后，诸行业的迅猛发展对技术人才产生大量需求。为此，美国专门创办培养各类专业技术人才的职业技术学校，目的在于培养实用技术学员，比如，善于制造、熟于驾驶、精于机器、工于造船、明于五金、巧于建屋等皆为国家建设的有用人才。故而，国家振兴发展教育事业，既应设立初、中、高等各类学堂，使国人接受教育，又应设立专门技术学堂能学习各类专业技能。欧理德（Euclid）则在给《文学兴国策》的复函中，从师资、教法等方面论述了创立近代师范教育的必要。关于师资，既然设立学堂就需延请教习，首先应倡导访请西方国家教习，继而在本国建立师范学堂培养师资，短时间内就会培养大量的本国优秀教习。

梁启超通读《文学兴国策》后，于《变法通议》上发表《论师范》一文，系统、全面、深入地阐述其在师范教育改革方面的主

---

① 张硕：《汉学家花之安思想研究》，知识产权出版社2013年版，第14页。

② 林乐知：《文学兴国策序》，《万国公报》1896年第88册。

张。同年，梁启超将《文学兴国策》列入《西学书目表》中并向世人推荐，为救国、兴国、强国提供了新的改革路径。

第三节 梁启超师范教育思想的逻辑生成点——“新民”

一 “新民”之源流

梁启超是近代史上第一位系统提出“新民”思想的学者，但新民并非他首提，古代学人对新民的论述早已有之，并各赋新义。诸如，《诗经·大雅·文王》言，“周虽旧邦，其命惟新”[①]，意为周朝虽是旧城邦，此“新”之使命在于革新，自我摆脱旧的局面，开创新的天地，顾“新”指“自新”之意。“新民”一词最早见于《尚书·康诰》“亦惟助王宅天命，作新民”[②]，意为辅助周王敬奉天道，安定民心。此“新”意指“新他”，新作用于客体。此处的新民，有教化之意。

时至宋代，儒学大家“二程”有感于《大学》所提出的成贤之路，自发地在《小戴·礼记》中诠释与改编，并使其独立成篇。程颐将《大学》中“在亲民”的“亲”，注解为“新”。由此，“亲民”即为“新民”。程颐认为，新民即人的自新，使民众自发自愿地改掉旧习。大学之道在明明德，明德内涵即“在新民”，指在明晰内涵基础上革新自我。在止于至善，“止者，必至于是而不迁之意；至善，则事理当然之极也”[③]。意指达到至善状态后亦要努力维持。朱熹在程颐注解基础之上又作注曰：“新者，革其旧之谓也。”[④] 新民有革除百姓旧思想之意。接着，朱熹又注：“言既自明

① （宋）朱熹：《四书章句集注》，浙江古籍出版社2014年版，第6页。
② （汉）孔安国撰：《尚书传》，商务印书馆2023年版，第203页。
③ （宋）朱熹：《四书章句集注》，浙江古籍出版社2014年版，第5页。
④ （宋）朱熹：《四书章句集注》，浙江古籍出版社2014年版，第5页。

其明德，又当推以及人。”[①] 其意为自身的道德修养达成一定境界后，还要推己及人，帮助他人摒除旧习、更新思想，使其得明德。对朱熹而言，“新民”不仅是自新，也含有教化之意。由此，朱子的“新民”针对的是如何破旧革新，革新之后如何复归明德之本性，以达至善之目的等议题。综上，“新民”无论是明明德的自然延伸，还是达至善之境界的途径，“新民”和教化总是分不开的。

《大学》文辞简约简洁、内涵深刻，所以就如何解读《大学》，探求古之圣人本义，是彼时以朱熹为代表的理学家的历史使命。朱熹对其加工、编排与注释，使其成为与《中庸》《论语》《孟子》并称的儒学经典。其中，作为三纲领之核心的“新民”之意尤为重要。朱子言：“言明明德、新民，皆当至于至善之地而不迁。盖必其有以尽夫天理之极，而无一毫人欲之私也。此三者，大学之纲领也。”[②] 作为朱熹哲学体系的最高范畴，天理是集明德、新民、止于至善三纲领之上的存在，亦是抽象化了的封建伦理纲常规范。所谓“明明德”，是发扬和彰显人天生的道德品质。新民，则是展示天生道德品质，践行天理的重要表征。可以说，新民所具有的基本特质乃天理赋予个体的道德使命。朱熹的“新民”指的是除却人欲之私，秉持天理的道德品性，具有崇高理想境界之人。为营造人人皆为“新民”的社会，朱熹重新诠释《大学》中的格物、致知、诚意、正心等。在《答黄道夫》中，朱子言：“所谓致知在格物者，言欲致吾之知，在即物而穷其理也。盖人心之灵莫不有知，而天下之物，莫不有理，惟于理有未穷，故其知有不尽也。是以《大学》始教，必使学者即凡天下之物，莫不因其已知之理而益穷之，以求至乎其极。至于用力之久，而一旦豁然贯通焉，则众物之表里精粗

① （宋）朱熹：《四书章句集注》，浙江古籍出版社 2014 年版，第 5 页。
② （宋）朱熹：《四书章句集注》，浙江古籍出版社 2014 年版，第 5 页。

无不到，而吾心之全体大用无不明矣。”① 其中体现了朱子的新民途径，即通过穷理而致知，“知”乃承袭以天理、明德的仁义礼智为主的人心中的先天知识。它是新民的前提和基础。

王阳明并不认同朱子对新民的注解，他参照《大学》古本，结合自己对儒家学说的理解，在批判朱子基础上将“亲民”释义为“亲民”。他认为，亲民有两层含义：一指“亲民、爱民”“亲民犹孟子亲亲仁民之谓，亲之即仁之也”。②“亲”有对百姓亲近仁爱之意，百姓如果不亲近友爱，就要采取教化养民之策。可见，这种解释继承并延续了对儒家传统“仁”的表达。二指“使民亲和”。“百姓不亲，舜使契为司徒，敬敷五教，所以亲之也。”③ 当年舜在位之时，蛮夷洪荒，民生凋敝，百姓不能友好相处，缺乏教化。舜励精图治，派遣契担任司徒，教导百姓，明晰事理，使百姓彼此亲近。综上，他解释的“亲民”含教养之意，与朱熹注解“新民”不同。王阳明认为，“亲民”既要教化民众，又要养民、安民、爱民。

严复承继宋明理学家对新民辨析性的释义。他认为，“新民”就是使民众“自新”，严复心中的“民”主要是指“社会中上层的多读古书之人”。严复继承传统文化又兼收西方自由、民主之理念，站在民族危亡的历史结点批判国民之劣根性，如其所言：“是故贫民无富国，弱民无强国，乱民无治国。”④ 以此提出“新民”之思想以救民、救国。严复曾言：“秦以来之为君，正所谓大盗窃国者耳。国谁窃，转相窃之于民而已。”⑤ 他进而提出抑君权，兴民权的主张。1895 年 3 月，严复在天津《直报》上发表《原强》，论述他

① （宋）朱熹：《四书章句集注》，浙江古籍出版社 2014 年版，第 7—8 页。

② （明）王阳明：《传习录集评》，梁启超点校，九州出版社 2015 年版，第 3 页。

③ （明）王阳明：《传习录集评》，梁启超点校，九州出版社 2015 年版，第 3 页。

④ 王栻主编：《严复集》，中华书局 1986 年版，第 25 页。

⑤ 王栻主编：《严复集》，中华书局 1986 年版，第 35 页。

的新民思想。其中，“鼓民力”“开民智”“新民德”是严复新民思想的重要组成部分，也是他在面对内忧外患的民族危机之际提出的救国途径。严复认为，中华民族自步入近代以来，脆弱不堪，积重难返，饱受西方列国的侵略和欺压。究其原因，并非军事、科技、经济的落后，而是国人整体素质的低劣。他进一步论述道，在鸦片战争后，国民体力、智力、道德等方面已经严重落后于西方国家，难以与其抗衡。毋庸置疑，民力、民智、民德是衡量一个社会文明开化、国家力量强弱、国人素质优劣的标志。严复认为，学习西方的要旨不仅仅在于学习其先进的科学技术，培养和营造内隐在其中的自由、民主、科学的精神和开放、包容的社会氛围乃是关键。对此，他提出根据群体的不同特征建立与之匹配的群德，通过建立一种新的伦理道德体系使社会成员成为具有新道德的民众，更好地凝聚在一起。因此，严复极力主张培养“新民”。具体而言，就是要“鼓民力”“开民智”“新民德”。严复认为，需要彻底批判专制文化和旧学的弊端，学习西方先进的科学知识与制度文化。

首先，是“鼓民力”。封建社会时期儒家思想重视道德教化和伦理秩序的建构，造成整个社会“尚文”而“轻力”的风气。严复言：“今者论一国富强之效，而以其民之手足体力为之基。”① 由此观之，国人的身体素质于国家富强而言意义重大。“鼓民力”就是重塑先秦时代“崇力尚武”的精神，改变“重文轻武”的社会风貌，倡导国人改掉破坏身体健康的恶习，加强锻炼身体，提高国民的竞争力。比如，禁止国人吸食鸦片、禁止妇女缠足、加强卫生保健、重视女子身心健康、科学生育、注意养生之道等。其次，是“开民智”。严复批判传统文化重视“仁”和“义”而轻“智”，揭露专制统治下束缚民众智力发展的弊端。他认为，实现救亡图存

① 王栻主编：《严复集》，中华书局 1986 年版，第 27 页。

就要学习西方先进的科学技术、文化知识。西方之所以强大，主要在于西方重视民智的开发，社会各个阶层都追求真理、追求科学。而“中国之教育，仅仅是识字读书；识字读书不过为修饰文词之用；而其修饰文词，又不过一朝为禽犊之兽，以猎取富贵功名”[①]。此外，民智不开，民众愚昧无知，严复叹息“民智之开，固不巫乎”[②]。故而，欲开民智就要对民众施以教育，启发民众追求真理，养成科学精神。主要措施为废除科举制度、兴办学堂、提倡西学等。最后，是“新民德”。严复认为，“此中大半，皆西洋以富以强之基，而自吾人行之，则淮橘为枳，若存若亡，不能实收其效”[③]。因此，他希冀以一种新的道德伦理规范凝聚不同群体成员，去除各私其私、各利其利的旧观念，养成言行信果的新观念，提升国民道德素养，使国家走向富强之路。正如其所言，“故必凝道德为国性，乃有以系国基于苞桑”[④]。具体的措施为：创立议院、提倡公民选举、建立公共道德等。可以说，严复的新民教育思想对梁启超新民思想产生莫大影响。

伴随着“西学东渐”进程的加快，中、西方文化的交流与碰撞已是大势所趋。实际上，自龚自珍、魏源后，许多知识分子都在不断探求文化冲突中的平衡点，汲取西方文化中的有益成分创造性地改造传统文化。例如，魏源的“师夷之长技以制夷”与清士人所称道的“西学中源”之论，皆是试图在传统文化的基础上，为西学的引入寻找合理化根基。在此意义上，晚清采用“中体西用”的主导模式。19世纪60年代初，冯桂芬在《校邠庐抗议》中不仅响应了魏源的建议，而且归纳了“以中国之伦常名教为原本，辅以诸国富

① 王栻主编：《严复集》，中华书局1986年版，第281页。

② 王栻主编：《严复集》，中华书局1986年版，第897页。

③ 王栻主编：《严复集》，中华书局1986年版，第26页。

④ 王栻主编：《严复集》，中华书局1986年版，第342页。

强之术”的指导思想。[①] 该观念也是后续“中体西用”表述的原型。此后，晚清大臣张之洞深入思考如何重建中国文化价值体系，提出“中学为体，西学为用”的倡议，将其视为解决中、西文化冲突的新型文化范式。这种文化范式在洋务运动中内化、积淀为近代国民素质的基本要求，逐步演化为以中国传统伦理道德为本，以西方科学文化素养为辅的新型国民观。

尽管这种新国民观很大程度上融入了西学，但还是难以摆脱上述以伦理道德为本位的传统思维逻辑。此后，梁启超在全面审视旧国民观的基础上，提出摒弃体用而代之“新民”之说。他主张通过积极的道德革命改造国人的文化性格，革新伦理观念，培养现代意义上的“新民”。至此，现代意义上的“新民”思想得以初步建构。

二 “新民”之要旨

著名的英国史学家艾瑞克·霍布斯鲍姆（Eric Hobsbawm）在《断裂的年代：20 世纪的文化与社会》中，最早使用“断裂的年代”这一概念，用它描述了 20 世纪人类文明进程中所遭遇的精神困扰与诸多矛盾。反观梁启超所处的过渡年代，正如他自己所言：“过渡时代者，希望之涌泉也，人间世所最难遇而可贵者也。有进步则有过渡，无过渡亦无进步。”[②] “抑过渡时代，又恐怖时代也。青黄不接，则或受之饥；却曲难行，则惟兹狼狈，风力不得泊，得毋灭顶灭鼻之惧；马逸不能止，实惟踬山踬垤之忧。”[③] 近代有识之士所遭遇的传统与现代、中方与西方、封建与开放之间的文化困扰与冲击，相较霍布斯鲍姆描述的断裂年代更为剧烈。于彼时社会而

① 中国历史研究院主编：《（新编）中国通史纲要（下）》，中国社会科学出版社 2024 年版，第 682 页。

② 《过渡时代论》，梁启超：《梁启超全集》，北京出版社 1999 年版，第 464 页。

③ 《过渡时代论》，梁启超：《梁启超全集》，北京出版社 1999 年版，第 464 页。

言，极端化的思想具体呈现为两种趋向：一种趋向是绝对的西化；另一种趋向则表现为对传统的坚守。然而，在现实中，思想的发展并不以一种形态出现，而是呈现出复杂多变的态势。众多思想家会呈现两种或两种以上思想发展的趋向，如谭嗣同和章太炎。由此可知，如果用“化约主义”的概念把握复杂的历史语境，得到的未必是真正的历史，并不具有完整的现实借鉴意义。反观梁启超这一历史语境中的人物，其思想亦存在这样的内在张力。梁启超在塑造“新民”理想时，难免会遇到历史语境与个人心境的冲突而产生复杂矛盾。勒文森（Levenson，J. R.）在《梁启超与中国近代思想》一书中，将这种矛盾形象描述为理性与情感的对立：“鉴于梁启超对西方文化的认同和支持，因此，他必须选择在理智上疏远自己的文化传统，但是受历史文化以及自身经历的制约，他仍然与本国的文化传统保持着情感上的联系。一个感到这种精神压力的人会希望减轻这种压力，因此梁启超试图缓和历史与价值之间的冲突。”① 19世纪90年代中期至20世纪初，近代中国正处于思想转变的关键时期。面对西方的冲击，儒家经世致用理想受到严重侵蚀，传统的文化价值观和政治原则不再适用。于是，晚清的知识分子开始寻求新的思想和政治方向。梁启超在民族危亡之际狂吼出的“新民”，激励着无数爱国志士在救亡图存的道路上奋发前进。

新民思想作为中国近代化进程中的重要指导思想，不仅因其具有丰富的语义与文化内涵，更因其有着深厚的理论基础。新民思想是在中西文化交汇与融合中逐渐形成与发展的。具体来说，纵观新民之释义，朱熹对《大学》中新民的注释与梁启超所理解的新民内涵较为契合。梁启超在《新民丛报》的章程中开门见山地指出：

① ［美］约瑟夫·阿·勒文森：《梁启超与中国近代思想》，刘伟、刘丽、姜铁军译，四川人民出版社1986年版，第4页。

"本报取《大学》新民之义，以为欲维新吾国，当先维新吾民。"①因此，梁启超的新民理论是在承继前人研究基础之上形成的，尤其是严复的"新民观"对其影响尤甚。梁启超的"新民"与传统观念的"新民"有着相似之处，即他所言之新民继承了前人注解的"自我更新"和"使他人新"之义，颇有儒家关于"先知觉后知"的启蒙传统。"新民"不是新一人，而是在新一人之后又新他人。由一到多，更为强调的是民族整体的自新。由此可见，梁启超所强调的一方面是自我意识的觉醒和革新；另一方面强调国人要形成以己之能力革新他人之旧观念的责任感和历史使命。综合来看，梁启超关于新民的解释，可以从三个方面予以分析。

首先，在民力方面。以儒家文化为代表的传统"尚文"思想极力推崇价值理性、内省精神而"轻力"；注重道德教化，主张在"礼"的规范下建构社会与伦理秩序。早在春秋战国时期，许多思想家便开始讨论"德""力"之事。例如，孔子重德而轻力，子曰："骥不称其力，称其德也"，主张以道德文化为中介捍卫社会秩序，且"故远人不服，则修文德以来之"。孟子亦倡导"以德服人"，鄙弃"以力服人"。当讨论"力"与"心"何为本时，儒家先哲主张圣人之德，唯有劳心，并将"力"与"心"作为衡量社会身份与等级的标准，"劳心者治人，劳力者治于人"，促使形成"君子劳心，小人劳力"的社会文化风气。

先秦时期，社会上曾出现过"尚武崇力"的远古遗风，"以力相高"的"武士风范"。然而，长期以来，"尚力"的价值观念并未处于社会文化的主流地位。尤其是在儒家思想尚柔反力、重德轻武精神的重压下，这一思想火花还未绽放即已凋零。张岱年认为"西洋人有所谓力的崇拜，中国哲学则鲜见其痕迹"②。这一概括映

① 丁文江、赵丰田编：《梁启超年谱长编》，上海人民出版社 2009 年版，第 180 页。
② 张岱年：《中国哲学大纲》，中国社会科学出版社 1982 年版，第 589 页。

射出所谓“力”在中国文化中的缺场。老庄之学也有此描述。老子主张无为、以柔克刚，据此提出“致虚极，守静笃”“无欲以静，天下将自定”等主张。庄子倡导“虚静恬淡，寂寞无为者，天地之平而道德至”，达到“心斋”“坐忘”的至高境界。时至汉朝武帝时代，中国已逐渐形成大一统的局面，实施罢黜百家、独尊儒术政策，定儒学于一尊，强化了崇文轻武、崇智反力的思想。董仲舒“文德为贵，而威武为下”的思想。魏晋南北朝时期，士人更视练武为“不急之末学”。宋朝之后，儒、释、道文化的交流与融合，一举将这种重“德”反“力”、尚“文”轻“武”的文化精神演绎到极致，并一直延续至晚清时期。综上，中国逐渐形成所谓“至柔至弱”的文化氛围。

梁启超承继南海先生的思想，批判中国的文弱之风，弘扬“轻死尚侠”的精神。彼时“重文轻武之习既成，于是武事废堕，民气柔靡”①。梁启超在《新民说·论尚武》中，从“国势之一统、儒教之流失、霸者之催荡、习俗之濡染”② 等方面，着重探讨中华民族尚文轻武的历史根源。梁启超认为国人自古就有“学而优则仕”的观念，在儒家思想影响下，形成重读书入仕轻练武当兵、身体运动的观念。此外，梁启超在日本流亡期间，深受日本“武士道”精神的影响。他认为尚武精神的缺失是中国屡战屡败的主要原因。1904 年，梁启超所著的《中国之武士道》为了弘扬中华民族的尚武精神，以先民的武德民作为子孙后代的模范。选取了 70 多个春秋战国时期的著名人物，通过缅怀他们为了个人名誉或国家利益不惜以命相争的牺牲精神，唤醒和革新国民的精神和思想。在他看来，彼时亟须发展中华民族三千年前尚武的最初天性，弘扬先秦时期的尚武精神，培养国民勇敢、坚毅之精神和健康、强固之体魄。

---

① 《论尚武》，梁启超：《梁启超全集》，北京出版社 1999 年版，第 711 页。

② 《论尚武》，梁启超：《梁启超全集》，北京出版社 1999 年版，第 710—712 页。

其次，民智方面。理性的重建意味着传统“智识”的出场。换言之，重建社会理性需要改变原有的智识观。自古以来，在中国传统文化中，不乏对于“智识”或“智”的阐述，但纵观其出现的语境，可清晰地发现，它并非作为一个独立的观念，而是始终与道德相伴。更准确地说，是作为“知仁”的先决条件。中国传统文化中的“仁智合一”，其价值取向是“以仁统智”。于儒学体系之中，仁义道德的地位高于知识智能。简言之，“以仁统智”就是智随德走，在道德的范围内用事，成为知是非、善恶之良知，智没有独立意义即没有转出知性形态之智。究其原因，传统文化中“仁智合一”与“以仁统智”源于中国哲学所具有的“同真善”品质。正如张岱年所言：“中国哲人认为真理即至善，求真乃即求善，真善非二，至真的道德即是至善的原则。”[①] 在中国人的话语体系中，人不能离开善而求真。善与真的结合，逐渐成为国人的思维模式。中国思想家总认为致知与修养不可分，探求宇宙真谛与达到人生至善是一事之两面。穷理即尽性，崇德亦即致知。在此种思维模式的主导下，理性受道德制约。而道德的过度泛化会直接影响人思考问题的独立性和对真理信仰的认同。长此以往，亦会对科学技术发展产生消极影响，此种情形在西学东渐过程中尤为明显。

时至近代，面临国家与列强对峙中屡战屡败的事实，西方国家科技进步冲击着国人敏感的神经，并唤起国人对“智”的渴望。自此，国人“智”的意识开始觉醒。最早对如何“兴智”进行系统论述的学者是康有为。作为一位以社会改革家著称的知识分子，其在巨著《内外》篇《理气》篇《仁智》篇中系统论述“兴智”的重要性与急迫性，这既是对中国传统文化中“仁智合一”“以智统仁”思想的反叛，也昭示着理性精神的萌芽。

---

① 张岱年：《中国哲学大纲》，中国社会科学出版社 1982 年版，第 7 页。

梁启超认为晚清国人愚陋的主要原因：一方面是两千年专制文化束缚禁锢民众的思想；另一方面是空洞、无用的考据词章，摧残有识之士的思想。为解放和发展民众智力，梁启超主张废除科举制度，效法西方教育制度。他提出的“效法西方”不同于洋务派采取的军事训练、开办矿产、通商贸易等“器物”或“技艺”举措。他最为关注的是“政教文化”，应以“西方政学为主，以艺学为次”的方式安排学习内容。这源于在彼时条件下，政学较为容易学成，而艺学较难学成；政学应用范围较为广泛，艺学适用范围较窄。有学者认为：“梁启超是西政教育的积极倡导者，他的老师康有为在广州万木草堂讲学时也非常重视‘政学’教育……梁启超既继承了万木草堂‘政学’教育传统，又在其基础上有所发展。”[①]早在梁启超所著的《西学书录表》中，西学被分为三大类：学、政、教。“政学”指法律、官制、商政、学制、兵政等内容。在梁启超看来，“政学”不仅是救国的利器，亦为启迪民众智慧的手段。维新变法前，他在湖南时务学堂任中学总教习时，就强调“政学”的重要性。维新变法后，梁启超在办《清议报》《新民丛报》时提出“述近世政学大原”和“广罗政学理论”，凸显政学的教育价值。

最后，民德方面。正如学者樊浩所提出关于民德的假设，中国社会环境中的民德应至少包含以下三种含义：一为人伦，也称客观伦理。它是建立在血缘关系基础上缔造的以宗法等级为主体的伦理关系；二为人伦之理，也称主观伦理。它是在社会生活中分析与处理人伦关系的原则与规范；三为现实伦理，即我们所谓的道德。因而，传统“伦理”内在的具有三方面特征。首先，从本质上来说，划分区别与保持秩序乃是伦理的第一要义。我们可以将这种以区分

① 丁平一：《谭嗣同与维新派师友》，湖南大学出版社2004年版，第204页。

为内涵、和谐为境界的秩序，用“礼”予以概括；其次，从先决条件上讲，伦理以人性，更多的是上天赋予人的本性，确切地说以善之人性为前提条件；最后，从适用范围上来说，伦理是处理人际关系的法则与原理。

然而，随着时间的推移与社会环境的变化，在西学东渐的影响下，进化论的引入逐渐改变着传统伦理所构建的礼的秩序，取而代之的是力的竞争，人性恶亦取代了人性善成为新的指导思想。传统伦理遭到挑战，而作为中国伦理精神内涵中的“人伦实现，人格圆满，人性完善”①，似乎也不再那么完美。自此，中国传统的伦理精神逐渐让位于以竞争、求真、尚力为特征的近代西方价值观念。学者们试图从思想和价值领域探索西方富强的根源，进而将改造传统精神家园视作器物改革的前提与保障时，“新民德”的提出便水到渠成。新民德是要建立新的社会与个人伦理价值观。是故，以自由为根基，以构建国民意识为主题的近代伦理精神重建已然启动。

此时，梁启超也深刻地认识到传统伦理观念对民众自由、平等观念的剥夺以及对他们社会责任感的抹杀。对此，他发出感慨：“吾国之大患，由国家视其民为奴隶，积之既久，民之自视亦如奴隶焉。”② 在此，他将自由划分为“自由之俗”与“自由之德”。所谓“自由之俗”，是指人自发形成的，不受外力干涉的自由，如“交通自由”“居住自由”等。生活中仅有“自由之俗”而无“自由之德”并非真正的自由。“自由之德”具有先验性，它是具有主观能动性的个体所拥有的思想意志上的自由，是个人经过审慎选择后形成的意识与观念。正如梁启超所言：“自由之德者，非他人所能予夺，乃我自得之而自享之者也”③，而梁启超认为“自由之德”

① 樊浩：《中国伦理精神的历史建构》，江苏人民出版社 1992 年版，第 23 页。

② 《改革起源》，梁启超：《梁启超全集》，北京出版社 1999 年版，第 234 页。

③ 《十种德性相反相成义》，梁启超：《梁启超全集》，北京出版社 1999 年版，第 429 页。

才是自由的真谛。“在中国两千年的历史上，民众自幼罹毒，早已失去了‘自由之德’，甚至在骨子里就抵触‘自由之德’。”然而，“自由之德”的缺失也导致权利意识的缺乏，因为“自由者，权利之表证也。凡人所以为人者有二大要件，一曰生命，二曰权利。二者缺一，时乃非人。故自由者亦精神界之生命也”①。人倘若失去能够主宰自我精神的自由与能力，那么，权利意识也就不复存在。正如梁启超所作的深刻论述：“有语之曰：‘尔固有尔听自有之权，则且瞿然若惊，蹴然不安，掩耳而却走，是直吾向者所谓有奴隶性有奴隶行者，又不惟自居奴隶而已。见他人之不奴隶者，反从而非笑之。”② 这描述的正是权利意识的缺失导致人在面临选择时呈现的精神状态，以及听闻“权利”一词后的真实写照。

在对“自由”的内涵诠释方面，梁启超将自由意识比作人的精神生命，并划分“积极自由”与“消极自由”。事实上，对“自由”一词的区分始于法国思想家亚当·斯密（Adam Smith）。而以当代英国思想家以赛亚·伯林（Isaiah Berlin）的论述更为系统，他在《两种自由概念》中，列举“消极自由”与“积极自由”的案例，并清晰地界定了这两种自由。他认为两种自由是共生关系、相互依存。所谓“消极自由”，就是指个体在行动的过程中，按其自己的意愿不受任何外力的强加限制。简言之，就是人“可以免于什么”的自由；而“积极自由”则是个体“可以做什么”而不是“应当做什么”的自由。“消极自由”是底线，“积极自由”则更多地体现了人的自由意志。“积极自由”与梁启超所谓的“自由之德”有异曲同工之妙，它能够充分体现个体生命的价值与人之为人的本质，这与传统纲常伦理下的价值观有着本质的区别。

“夫言群治者，必曰德，曰智，曰力，然智与力之成就甚易，

---

① 《十种德性相反相成义》，梁启超：《梁启超全集》，北京出版社 1999 年版，第 429 页。
② 《爱国论》，梁启超：《梁启超全集》，北京出版社 1999 年版，第 275 页。

惟德最难。”[①] 即在民德、民智、民力三者中，最为重要也是最难养成的当数民德。严复在《原强修订稿》中所表达与之契合：“至于新民德之事，尤为三者之最难。”[②] 所以，对于众多仁人志士而言，甚少有人愿意参与新民德之事。1905 年，严复与孙中山在伦敦就民德问题进行探讨，他认为中国国民品性之劣，民智之卑，即使加以改革，将甲者身上消除但是又会在乙者身上出现，在丙者身上消失但是又会在丁者身上发现。孙中山用“俟河之清，人寿几何”回复。由此观之，改变难度极大，希望甚是渺茫，当务之急则是从教育入手逐渐改变现状。甲午战败后，中华民族首受外强内乱之扰，这种境遇的根本原因在于国人的民德不立，在被迫打开大门之后，情势愈发严重。这集中体现在：其一，薄弱的爱国心；其二，柔脆的独立性；其三，缺乏公共心；其四，欠缺自治力。为此，梁启超提出要培养能够改良社会，荡涤其昏敝之性习的国民，即具有自治心与自尊心，公德心与私德心，权利与义务思想，独立与自由意识等思想。

梁启超并非思想激进之人，这从他的《新民说·释新民之义》中可见端倪，所谓的新民既不能沉醉于西方的文明，污蔑丢弃本国数千年来形成的道德、学风和习俗，以求取与他人为伍，也不能墨守成规，怀抱着数千年来的道德、学风、风俗，才感觉足以屹立于世。因此，他既不赞同新文化运动对中国传统文化的全盘否定，也不赞同因循守旧，固守中国的传统文化，而是主张中西文化有机结合以促进中国社会的进步。可以说，“民力、民智、民德”贯穿梁启超所从事的思想启蒙、文化运动、政治革新、教育改革等各项工作之中。概言之，梁启超所阐释的“新民”思想主要是在严复 1895 年提出的“鼓民力、开民智、新民德”的基础之上推进和深

① 《论私德》，梁启超：《梁启超全集》，北京出版社 1999 年版，第 719 页。
② 王栻主编：《严复集》，中华书局 1986 年版，第 30 页。

化的，并逐渐成为近代史上最具启发性和震撼力的思潮。

三 “新民”与师范教育思想

人类的文明、社会的进步、国家的兴衰与教育休戚相关。教育是一项异常复杂的活动，须秉持正确的目的。如梁启超所言，“耳目所接触，脑筋所濡染，圣哲所训示，祖宗所遗传，皆使之有可以为一个人之资格，有可以为一家人之资格，有可以为一乡一族人之资格，有可以为天下人之资格，而独无可以为一国国民之资格”[①]。对此，他将“开民智”“伸民权”的新民思想联系起来，揭露民主与专制、科学与愚昧之间的内在矛盾。为提高国民素质，培养“新民”，提倡开办师范学堂，兴办师范教育。

详述之，在民智方面，梁启超在《学校总论》中提出：“世界之连，由乱而进于平；胜败之原，由力而趋于智。故言自强于今日，以开民智为第一义。”[②] 开民智是最为重要的事务。那么如何开民智呢？条理万端，皆归本于学校。“《大学》一篇，言大学堂之事也；《弟子职》一篇，言小学堂之事也；《内则》一篇，言女学堂之事也，《学记》一篇，言师范学堂之事也。”[③] 梁启超批判清末学堂为应对科举考试而设置以《四书》《五经》为主的课程，同时他指出，洋务运动时期所开办学堂并未起到多大效用，“中国开学堂数十年，同文、方言之馆，所在有之，而其为学也，不出于翻译通事，是以弱也”[④]。洋务教育之所以只学到西洋之皮毛未得其精髓，其主要原因在于课程设置不当。因此，师范教育的课程设置是整个师范教育发展的关键。鉴于我国近代师范教育的办学经验不足，梁启超主张积极借鉴国外师范教育的办学经验。他的师范教育

① 《新民说》，梁启超：《梁启超全集》，北京出版社 1999 年版，第 657 页。
② 《学校总论》，梁启超：《梁启超全集》，北京出版社 1999 年版，第 17 页。
③ 《学校总论》，梁启超：《梁启超全集》，北京出版社 1999 年版，第 17 页。
④ 《复刘古愚山长书》，梁启超：《梁启超全集》，北京出版社 1999 年版，第 153 页。

课程观主要来自两个方面：一是对国外师范教育课程的认识；二是通过亲身实践所总结的教育经验。维新变法后，日本的师范教育的课程内容日益丰富，包含学科知识、实用技术、教学方法、师德修养等几十门课程。梁启超遵循“今请略依其制而损益之”[①] 的原则，拟定师范学堂课程纲目，增加相当的实用课程，减少与中国国情无关的内容。其内容分为六经大义、历朝掌故、文字源流、列国情状、格致专门、诸国言语六类。师范教育课程纲目从整体上呈现了梁启超师范教育课程立足传统教育、借鉴日本经验的特点。

民德方面，新民思想作为梁启超思考如何改造近代国民性的产物，它是近代中国知识分子在经历社会制度变革的痛苦之后，渴望摆脱专制思想束缚与西方列强压迫的利器。它激发了民众对具有独立、自由人格国民的向往之情，反映了中国社会思潮的变化趋势、思想重心的转变。梁启超在其所著的《新民说》叙论中指出新民于国家的重要性：“欲其国之安富尊荣，则新民之道不可不讲。”[②] 后又专章论述新民所应具有的品质。他所认为的新民，具有“公德”“私德”“自由”“合群”“自尊”“自治”“进步”“国家思想”“有义务思想”“进取冒险精神”“有政治能力”等品德。其中，梁启超认为，“自由者，天下之公理，人生之要具，无往而不适用者也”[③]。人人向往自由，追求着自由。具体而言，梁启超认为“自由者，奴隶之对待也”[④]。那么，应该如何达到真正的自由呢？他认为自除心中之奴隶始，勿要做古人之奴隶、世俗之奴隶、境遇之奴隶和欲望之奴隶。在《新民说》中，他将“论公德”作为新民的首要品质进行专章论述，探究二者之间的联系，并界定公德与私德的概念。公德和私德本是一体，只是表现的形式不同，私德针对个

① 《论师范》，梁启超：《梁启超全集》，北京出版社1999年版，第30页。
② 《新民说》，梁启超：《梁启超全集》，北京出版社1999年版，第655页。
③ 《论自由》，梁启超：《梁启超全集》，北京出版社1999年版，第675页。
④ 《论自由》，梁启超：《梁启超全集》，北京出版社1999年版，第675页。

体，而公德针对群体。如梁启超所言：“人人独善其身者谓之私德，人人相善其群者谓之公德。”① 无论是公德还是私德都是不可缺少的品德，私德有助于养成个体的德性，如慎独、廉耻等，公德有利于养成群体的德性，如爱国、利群等。“故自修养者务发挥自己之本能，教人者务发挥人之本能，为国民教育者务发挥国民之本能，如斯而已矣。”② 教师要从两个方面加强个人修养：一是养成能力，即磨炼个人能力，塑成良好习惯；二是陶行冶德，即从行为与道德加强锻炼，以成德行兼备之人，不论是作学问还是做事都有其重要意义。从这个意义上来说，师者应具备广博的学识和高尚的品德。因此，师范教育应着重培养教师的道德风尚。师范生要养成伟大的人格，具备良好的德行，培养优秀的人才，能够改善社会风气，促进国家进步与富强。

梁启超一生严于律己，修身养性，汲取中外知识，普惠众人。关于道德修养方面，他提出多种改善教师道德修养的途径，其中存养、省察、克治三种方法的作用较为突出。存养，指人在生活中无事之时保存本心，培养善的德行；省察，指人在生活中只有经常反思自己的不足和检讨自己的过错，才能知道自己如何进步；克治，即为克制。孩童出生后，从一个生物人到一个社会人会接触到各式各样的人，难以保证纯洁的自然天性不会遭到外界污秽之物的干扰或影响。是故，人应时刻克制自己，避免形成坏的习惯。

此外，梁启超吸收了“《论语》所‘克己复礼、忠信笃行、寡尤寡悔、刚毅木讷、知命知言’，《大学》所谓‘知止、慎独、戒欺、求谦’，《中庸》所谓‘好学、力行、知耻’，《孟子》所谓‘存其心，养其性’‘反身强恕’”③ 等诸多经典思想，提出主敬、

① 《论公德》，梁启超：《梁启超全集》，北京出版社 1999 年版，第 660 页。

② 吕滨：《新民伦理与新国家——梁启超伦理思想研究》，江西教育出版社 2000 年版，第 142 页。

③ 《新民说》，梁启超：《梁启超全集》，北京出版社 1999 年版，第 661 页。

主静和主观三种存养之法。主敬，要求人在生活中存以恭顺敬重之心；主静，要求人在生活中有固定时间反省自身；主观，要求人在生活中存以观察之心，既能观察自然天象又能观察风土人情。此三法相互联系、相互配合，缺一不可，对提升人的道德修养具有事半功倍的效用。梁启超强调道德并非一种外在的强制性规范，而是每个人内心深处的良知和善念。梁启超特别推崇王阳明的“致良知”理念，认为其揭示了道德的本质和起源，并对如何实现道德完善提供了深刻的见解。此外，梁启超认为教育目的即培养具有爱国之心、有民族性格、有新道德、有新思想的国民。梁启超曾言：“教育家之责任尤重，然切不可因责重而退缩不前，只须认定方针，必可达到目的，所谓求则得之是也。”① 因此，师范生要树立“天下兴亡，匹夫有责”的志向从事教育事业，要认识到教师职业的崇高，要坚定开民智，促民德，育新民的教育方针。教师要肩负培养爱国、自尊、进步、合群等具有新道德的新民之重任，绝不能因为责任重大而退缩。

① 舒新城编：《中国近代教育史资料（下）》，人民教育出版社1981年版，第951页。

第二章

梁启超师范教育思想的发展轨迹

在近代中国“数千年未有之大变局”之下，梁启超可谓一位镌刻着时代印记的风云人物。他接受资产阶级改良主义的教育思想，却并未放弃中国传统的教育理念。作为我国师范教育研究的先驱者，梁启超师范教育思想经历了“新会”尊师重教之风尚，“家有师者”之言传身教，“学海堂”求学经历之熏陶在内的教师形象与师道观念的奠基阶段；“万木草堂”之师从长素，日本师范教育制度之传入在内的“师范”思想萌芽的孕育阶段；《变法通议》与《论师范》的提出，“时务学堂”之实践探索，“京师大学堂章程”之拟定在内的师范教育体制的确立阶段，以及流亡日本时期的办学活动，推动北京高等师范学校的发展，书斋中耕耘“教育家的自家田地”在内的从“论师范”到“论教育家”的深化阶段。

第一节　奠基阶段：教师形象与师道观念的形成

一　“新会”尊师重教之风尚

新会，又称冈州，乃南粤历史文化名城，拥有古冈独松、黄云樵笛、紫水渔舟、崖门炮台等名胜古迹。新会在历史上一直是四邑地区的政治、经济、文化和交通中心。梁启超便出生于这个美丽而富有传奇色彩的地方。

梁启超，字卓如，号任公，又号饮冰室主人、饮冰子、自由斋主人。他在哲学、政治、美学、史学、文学、伦理、教育等领域皆有诸多建树，是中国近代著名的政治家、思想家、教育家。1873 年 2 月 23 日，梁启超出生于广东省新会县熊子乡茶坑村。他在《三十自述》中曾言："余生同治癸酉正月二十六日，实太平国亡于金陵后十年，清大学士曾国藩卒后一年，普法战争后三年，而意大利建国罗马之岁也。"① 郑振铎先生曾这样描述梁启超所处的时代背景："他生于同治十二年癸酉正月二十六日，正是中国受外患最危急的一个时代，也正是西欧的科学、文艺以排山倒海之势输入中国的时代；一切旧的东西，自日常用品以至社会政治的组织，自圣经旧典以至思想、生活，都渐渐地崩解了，被破坏了，代之而起的是一种崭新的外来的东西。梁启超恰恰诞生于这一个伟大的时代，为这一个伟大时代的主动角之一。"②

近代文化名门之中，新会梁家属于传统的书香门第、耕读之家。自古，中国社会之中士、农、工、商职业分途，文化熏染、行为方式和社会心理迥异，相伴的社会地位更是相去霄壤。其中，绅士阶层是一个特殊的群体，它是中国古代王朝的政治主体，分享着国家的政治权力，体现在影响国家决策，传播社会主流意识与价值观念，主导学术文化。同时，他们也被赋予相应的社会职责，管理地方事务，如排纷解难、兴办公益、维护治安等。然而，士、民两社会阶层之间并无不可逾越的鸿沟，农民可通过自身努力与把握机遇跻身绅士阶层，尤其是隋唐以后，科举制度的建立与完善使得"学而优则仕"这一历代知识分子的社会理想与人生抱负得以实现。科举制度与宗法社会的共生共荣，强化了人的宗族意识与家庭观

---

① 《三十自述》，梁启超：《梁启超全集》，北京出版社 1999 年版，第 957 页。

② 郑振铎：《郑振铎文集（第 6 卷）》，人民文学出版社 1985 年版，第 361—362 页。

念，新会梁家就是这样一个典型。

从梁启超将中外重大历史事件与自身成长经历联系起来可以看出，时代于他而言意义非凡。梁启超师范教育思想的形成，除了时代这一大环境的作用之外，其家乡的文化氛围也是一个不容忽视的因素。新会有着独特的人文环境。“新会县城于北宋庆历四年（1044）始建学校，不久，被元朝军兵所毁。至明朝洪武三年（1370）才重建学校，以后经清朝多次重修，集学校、学宫一体，规模巨大，为新会尊师重教的圣地。以县学为核心，还有社学、义学和书院。道光年间，城内著名的书院有冈州书院、禹门书院两个，县内其他地方还有观澜、礼乐、富山、养正、天河、云汉、萃华、龙光等八大书院。县城和乡村墟市有社学15所以上，此外，还有义学、私塾等。社学、义学为初级学校（小学），进行启蒙教育，以养成品格道德为主，讲孝悌忠信礼义廉耻，背诵大量经书。书院相当于高等教育，培养举人，进士之类。私塾的教学水平不一，有条件者可从蒙学到高等教育兼而有之。”[①] 陈白沙是“新会”有史以来第一位文化宗师，他穷尽儒经典籍，著书立说，在乡里收徒讲学，深受家乡后人推崇。新会独有的地理人文环境潜移默化地影响着他的行为习惯，同时也形塑着其思维方式与社会心理。新会士子们深受传统文化中忠、孝、礼、节、义、信等伦理规范的影响。长期生活在新会一带的乡民，具有勤劳、勇敢、俭朴、务实、自治、爱乡的品质。正如《新会县志》中记载：“其风俗，则士人尊师务学问，不逐虚名。仕者以恬退为乐，竞进为耻。尚门第，矜气节，慷慨好义，无所诌屈。”[②] 梁启超深受家乡浓郁的文化氛围的影响，认为教师应具有清心寡欲、勤奋好学、矜气节、重礼仪等品质。

---

① 董方奎：《梁启超家族百年纵横》，崇文书局2012年版，第1—2页。

② 丁文江、赵丰田编：《梁启超年谱长编》，上海人民出版社2009年版，第9页。

二　“家有师者”之言传身教

据新会梁氏族谱所载：梁启超的高祖梁谷隐，字光恒，1755年生人。梁启超的曾祖名炳昆，字饶裕，1782年生人。梁炳昆有八子，次子名维清，字延后，号镜泉先生，1815年生人，卒于1892年。梁维清就是梁启超的祖父，也是对梁启超的一生产生重要影响的人。梁启超出生于三千年未有之大变局的历史时期。伴随着西学东渐的进程，西方思想文化输入中国，最先接受新式文化的是以薛福成、马建忠、王韬为代表的通商口岸的少数仁人志士。然而，生于19世纪70年代的绝大多数士人群体仍然接受的是以“四书五经”为主体的传统教育，他们往往就读于私塾，少年梁启超也不例外。他早年浸染于家族文化氛围中，积淀了一定的乡土观念和家族思想，秉承着学而优则仕的仕进抱负，科举道路，投身于“科举仕途”。

一个人的学识涵养与性格养成深受童年家庭环境与教育的熏陶。梁启超出生于一个勤俭务实、艰苦朴素、家教严谨的书香门第。他从4岁起开始读“四书”“诗经”，6岁跟随父亲接受中国略史、“五经”，8岁学作八股文，9岁能写上千言的文章。他在《哀启》中曾言：“不孝启超启勋及群从昆弟，自幼皆未尝出就外傅。学业根柢，立身藩篱，一铢一黍，咸禀先君子之训也。”[①] 由此观之，梁启超学业之基、立身之本受祖父、父亲影响颇深，他身处“尊师务学问”的社会环境中，家庭中祖父与父亲“为师”的经历，也潜移默化地影响着他教师观。

梁启超的祖父梁维清，虽出身贫苦，母亲早逝，但笃学好问。梁维清深受儒学的影响，注重宋明理学家所主张的“以宋明儒义理名节之教”[②]，并将其作为教育子孙为人处世的根本。据梁启超在

---

① 《哀启》，梁启超：《梁启超全集》，北京出版社1999年版，第2920页。
② 《哀启》，梁启超：《梁启超全集》，北京出版社1999年版，第2920页。

《三十自述》中回忆，从记事起，祖父梁维清便“日与言古豪杰哲人嘉言懿行，而尤喜举亡宋、亡明国难之事，津津道之”①。梁维清自幼立志通过参加科举考试在仕途上赢得名望，自幼蒙学学习内容除《三字经》《千字文》《幼学琼林》外，另有《四书》《诗经》等儒家经典。他用功习得书法，以柳公权体为好，字迹清秀却刚健婀娜，正如其人率真、刚直、仁厚的秉性一般。他虽十数年如一日地勤学苦读，但科举之路并不顺利，只考取了秀才，成为府学生员。生于贫寒乡村的梁维清，尚不能踏入清代学术主流。此时正值清朝由盛而衰的历史阶段，以吴派、皖派为代表的乾嘉汉学曾占据主流地位，而中原盛炽的汉学，于岭南这一沃土上不过是一抹余晖。事实上，在汉学风行的清前期，江浙一带学术文化气息浓厚，人才辈出，而广东学者寥若晨星。

嘉道之际，社会危机加深，有识之士不满烦琐的汉学，转而探讨儒经的微言大义，讲求学问经世致用。随着士林风气的变化，岭南文化荒漠中出现一片绿洲，涌现出邹伯奇、陈澧、朱次琦等学者。与江浙学者相较，广东学者并不精于经学考据，而是更青睐于深究宋明理学，表现出较强的经世致用倾向。明末清初，岭南学术始终不居正统，读书士子也较少获得晋升机会，僻居海边的茶坑村人亦是。梁维清自幼未受汉学训练，又不擅长八股，登科及第自然难上加难。最终，获得八品教谕一职，专门负责管理一个县的文化教育事业。梁维清虽未在仕途上进阶，但在家乡茶坑村积极投身教育，采购图书，促进了当地教育的发展。

梁启超自幼聪慧过人，颇受祖父梁维清的疼爱，为学、为人多获祖父提携教诲。梁启超在《三十自述》中曾记载，其“四五岁就王父及母膝下授四子书、《诗经》，夜则就睡王父榻”②。祖父梁

① 《三十自述》，梁启超：《梁启超全集》，北京出版社 1999 年版，第 957 页。
② 《三十自述》，梁启超：《梁启超全集》，北京出版社 1999 年版，第 957 页。

维清为给年幼的梁启超提供更好的读书环境，特意在屋后建了一间小书斋，取名“留余”，祖孙同住，形影不离，共同生活十数年。于梁启超而言，从祖父那里获得的不只有“四书”“五经”的文化知识，还有祖父的言传身教。梁维清是一位富有爱国情怀、节俭、勤勉、自律、宽容、受人尊敬的乡绅。他为人正义，热心教育。他认为教师不仅要树立自己的教育观，而且还要用自己高尚的人格与实际行动影响和激励他人，发挥为人师表的作用。此外，在学堂之外，梁维清提倡学以致用，注重学德并行。他通晓医术，每遇学生看病，从不计较费用。若遇穷人家生病，除免医治费用外，还馈赠药品。祖父身体力行，教化乡里，为人示范的形象对梁启超产生莫大影响。

梁启超的父亲梁宝瑛，字祥徽，号莲涧先生，生于1849年，卒于1916年，乃梁维清第三子。梁维清对梁宝瑛家教甚严，教导他立志读书，对其抱有很高的期望，将其未实现的科举之志寄托于宝瑛身上，望有朝一日能学有所成，光耀门庭。然而，梁宝瑛屡考不中，未能取得一官半职。后来，在乡间任教书先生，于茶坑村的私塾之中教导学生，依照儒家伦理道德的标准要求自己，严格遵守梁维清开创的家风。经过梁维清、梁宝瑛两代人前后相承之努力，梁氏“田可耕兮书可读”的生活方式日趋稳固。同时，梁宝瑛也是一位开明、仁慈、正直并热心乡里事务的地方绅士。于他而言，“淑身”与“济物”在其修身治学之时至关重要，“先君子常以为所贵乎学者，淑身与济物而汉语已。淑身之道，在严其格以自绳；济物之道，在随所遇以为施”①。“淑身”，指以善为追求，提升自身修养。故梁宝瑛终身克己修身，不苟言笑，所言所行皆合于礼；“济物”指济人，随所遇以为施，根据实际情况尽力帮助他人，颇

① 《哀启》，梁启超：《梁启超全集》，北京出版社1999年版，第2920页。

有穷则独善其身，达则兼济天下之意。

梁启超的母亲赵夫人一直以知书达理、贤良淑德，谨守家风和贤孝无双闻名乡里。赵夫人在教育孩子时注重宽严并济，她虽十分疼爱孩子，但又不乏严格要求，她教育梁启超要时刻坚守仁、义、礼、智、信为立身之道。犹记梁启超6岁之时，曾因某一件小事说谎，被母亲发觉后，被训斥并鞭打十余下。她教育儿子说："汝若再说谎，汝将来便成窃盗，便成乞丐!"[①] 这番朴素却饱含哲理的话深深地印在梁启超的脑海中，铭记终生，乃至在他日后的家书中也曾有所提及。可以说，这番教育既彰显梁家以诚为本的家风，也体现中国古人传统的"意诚""心正"的修身之道。无论是其日后参与到政治活动还是学术生活中，梁启超所体现的不敷衍、不说谎、厚重少文、表里如一的品格，自然是源自母教的熏陶。

梁启超两三岁时便开始识字，在他5岁时，在祖父和母亲的教导下，开始接触《四书》和《诗经》。六岁就与父亲研读"中国史略"以至《五经》卒业，并拜表叔张乙星先生为启蒙老师。九岁已经可以写出洋洋千言的文令。由于梁启超祖父与父亲在读书时并未完全固守宋明儒家的道德观念，对于传统的"三纲"观点有所扬弃。他们怀有着宋、明亡国之痛的情结，又具有华夷之辨的观念。同样，作为乡绅家族，梁家深受心性之学的熏陶，注重道德内省，始终传承着"仁""义""孝"等伦理原则。在良好的家庭教育熏陶下，梁启超自小聪明好学，被人称为"新会神童"。他在私塾中学经学、史学、文学等学问，并不像许多人一样读死书、死读书，而是习惯于独立思考、不拘一格、敢于质疑。

彼时，广东赌博之风日盛，蔓延至家乡新会。梁宝瑛认为，赌博乃时下盗贼猖獗之源头，欲解决盗贼问题，就要禁止乡民赌博。

---

① 《我之为童子时》，梁启超：《梁启超全集》，北京出版社1999年版，第959页。

于是，他马上号召全乡禁赌，赌博之风有所改善，但仍有嗜赌成瘾者难以劝阻，依旧我行我素，梁宝瑛便“诲以利害，至于流涕，彻旦不息”[①]。及至最后，难以劝阻者终因感动而戒赌。梁启超深受父亲淑身、济物思想的影响，使其产生身为师者应将修身与救世、治国结合起来的思想。这既是知识分子家国情怀最好的诠释，也是身为人师的终极夙愿。此即“随所遇以为施”——师者在面对所处时代棘手的社会问题时，要提出与之相对应的解救之道。

三　“学海堂”求学经历之熏习

对于中国传统的知识分子而言，接受正统的学堂教育是他们学术人生中非常重要的一站。科举选士中，考中秀才即具有进入官立学校深造的资格。因此，1887 年，梁启超开启求学生涯，来到广州著名的学海堂。正如同时代的学子一样，梁启超也经历了从家学到塾馆，自初应童子试到考中举人的仕途之路。少年梁启超走出家乡开阔眼界，逐渐接触到西方近代思想文化，这对他日后接触外国的教育思想奠定了基础。梁启超在《变法通议》中谈道，他 10 岁时出就外傅，从邑城周惺吾先生学习书法和算学。在这之后，他参加童试，虽然未能有所斩获，但增长了阅历。值得一提的是，他曾在坊市买到时任四川学政张之洞编撰的《輶轩语》和《书目答问》，接触到国家养士，尤宜讨论本朝掌故，明悉当时事势，方为切实经济等观点，激发了他思考士子应读什么书、怎样做学问以及修养品德的问题。

梁启超天资聪颖，自少年起就攻举业，1884 年应试学院，补博士弟子员。梁启超所受的家庭教育较为严格，梁启超记道：“父慈而严，督课之外，使之劳作。言语举动稍不谨，辄呵斥不少假借。

---

① 《哀启》，梁启超：《梁启超全集》，北京出版社 1999 年版，第 2921 页。

常训之曰：'汝自视乃如常儿乎？'至今诵此语不敢忘。"[①] 梁启超6岁就外傅，启蒙师乃张乙星先生，先王父仲姊之子也。在家庭与私塾双重教育之下，少年梁启超饱受儒家经典文化的熏陶，不由自主地对儒家文化中诲人不倦、身为正义、范示群伦、师垂典则的教师形象产生认同与尊崇之情。

1885年，梁启超13岁，据其自述中言："十三岁始知有段、王训诂之学，大好之，渐有弃帖括之志。"[②] 1886年，梁启超，"十四学于佛山陈梅坪先生"[③]。彼时，陈梅坪任学海堂学长，学长乃学堂主持学习事务者。梁启超和学海堂的缘分，便从这一年开始。学海堂由颇有文名的前两广总督阮元设立，他于广州城西的文澜书院开讲，手书"学海堂"匾悬挂书院之上。阮元规定学海堂不设山长，根据书院所需设学长八人，各展所长轮流负责校务，共司课事之章程。学海堂考试与其他考试不同，实行季课的模式，由阮元、临时聘请的教习以及其他书院的掌教根据实学内容出题，批改考卷，重点考核学生对知识掌握的广度和学术研究的能力。教学内容方面，学海堂以经史考据之学为主，与盛行八股文和举子业的其他书院风格大有不同，反对八股文风和理学的空谈之气，提倡笃实之学风，注重引导学子从事切实学问之研究。此外，增设专课肄业生的制度，学生可依其学业兴趣，择一学长为其导师。学海堂注重激发学生对实学的兴趣，培养众多经世之才，开启近代教育家治学之先河。

1887年，梁启超15岁，"时肄业于省会之学海堂，堂为嘉庆间前总督阮元所立，以训诂词章课粤人者也，至是乃决舍帖括以从事于此。不知天地间于训诂词章之外，更有所谓学也"[④]。对少年启

① 丁文江、赵丰田编：《梁启超年谱长编》，上海人民出版社2009年版，第7页。
② 《三十自述》，梁启超：《梁启超全集》，北京出版社1999年版，第957页。
③ 丁文江、赵丰田编：《梁启超年谱长编》，上海人民出版社2009年版，第13页。
④ 丁文江、赵丰田编：《梁启超年谱长编》，上海人民出版社2009年版，第13页。

超而言，学海堂的学习经历开阔了他的视野，打破了其原有的知识结构和思维方式。梁启超对知识的渴求点燃了他那颗本来就不愿局限在“帖括”领域的求知之心，他决定放弃帖括之学转攻汉学之研究。彼时，1887 年，时任两广总督张之洞创建的广州广雅书院盛名在外。书院未设八股，只教杂学，崇尚经世致用，在教学中注重格致方面的内容。书院学习气息浓厚，专设藏书楼，专供院生阅读。学生一律住院，随时可向院长质疑问难。书院的山长是颇有文名的梁鼎芬和著名理学大师朱一新。据查，梁启超进入学海堂不久，对广雅书院颇为心动，曾和两位同学一道，预备入广雅书院继续深造，却因书院的烦琐日常，便打消了转校的念头。

1888 年，梁启超 16 岁，成为学海堂正班生。在梁启勋《曼殊室戊辰笔记》中记载道：“十六岁入学海堂为正班生。同时又为菊坡、粤秀、粤华之院外生。”① 梁启超在学海堂肄业前后 4 年时间（1887—1890），和学海堂其他学生一样，学习训诂词章、典章制度，以及以考据为中心的汉学等知识。此外，他日常也研习辨伪、辑佚、补正等方面的学问，对八股文的学习不甚重视，也无兴趣。教习日常虽注重对生员文字学的基本训练，但内容较为枯燥。从知识的效用而言，所学内容确实可以称之为实用的真本领。梁启超从学的先生，如吕拔湖等人，皆可谓学识渊博、师德高尚，汉学根基深厚，对梁启超的影响颇大。

学海堂初期的教学活动，要求生徒“或习经传，寻疏义于宋齐；或解文字，考故训于《仓》（仓颉篇）《雅》（尔雅）；或析道理，守晦庵朱熹之正传；或讨史志，求深宁王应麟之家法”②，注重兼收并蓄，不主一家。阮元的继任者为两广总督卢坤，他继承阮元注重经史考据之学的教学特色，所教授内容相较阮元时期更为系

---

① 丁文江、赵丰田编：《梁启超年谱长编》，上海人民出版社 2009 年版，第 14 页。

② 孟宪承等编：《中国古代教育史资料》，人民教育出版社 1961 年版，第 281 页。

统，包含："《十三经注疏》、《史记》、《汉书》、《后汉书》、《三国志》、《文选》、《杜诗》、《昌黎先生集》、《朱子大全集》等书。"[①]郭嵩焘出任广东巡抚后，力图整顿广东学务，颇有建树，他着力恢复学海堂专课肄业生的制度，并规定学习的期限，肄业诸生定以三年为期。关于生员的选拔则相对严格，学海堂根据品行和志趣从平日参加季课的学生中挑选学业优异的生员，规定每届招10—20名生员，最终由八学长共同推荐录取。彼时的学海堂教学内容丰富，教学方式多样，课程安排灵活，颇受学生欢迎。此外，学海堂每逢传统节庆日或书院规定的节日，都会举办各种形式的活动，师生以此交流学习心得，增进彼此间的情谊。

经历长达三年的学习，在1889年的广州乡试中，梁启超一举中的，名列第八，声名大振，使祖父、父母多年的宏愿有了变成现实的可能。其老师石星巢在写给朋友汪康年的信中，曾夸赞"九人之中以梁、谭、梁、赖四子为卓荦之士，经学词章各有所长"[②]。考中举人后，梁启超继续留在学海堂学习。但是，恰在这时，梁启超结识了康有为，使他的人生发生了新的转折。

学海堂为梁启超提供接触各种古经典籍的机会，而且王念孙、王引之父子以及段玉裁等汉学教师注重考据、广征博引、精研古籍的治学方式，激发其对学术研究的浓厚兴趣，也为引导其思索"师道"提供了深厚的文化氛围。据梁启超观察发现，有些退隐躬耕之士纷纷前来倡学，教人以阿谀奉承之术，贪图修脯之利的恶习。他感叹道："师道之弊，极于时矣"[③]。除感叹外，梁启超发现这些现象将导致严重的后果，他认为师道之弊病是造成"风气日以下，学术日以坏，人才日以亡"[④]的主要原因。师道，即尊师重教之道，

① 邓洪波：《中国书院史增订版》，武汉大学出版社2013年版，第531—532页。

② 丁文江、赵丰田编：《梁启超年谱长编》，上海人民出版社2009年版，第16页。

③ 《论师范》，梁启超：《梁启超全集》，北京出版社1999年版，第29页。

④ 《论师范》，梁启超：《梁启超全集》，北京出版社1999年版，第29页。

师道立是兴学术、出人才、强国家的关键。“师道不立，而欲学术之能善，是犹种稂莠而求稻苗，未有能获者也。”[①] 概言之，新式学堂的教学内容与教学方法，使梁启超对传统的教学方法有了新认识，为后来其师范教育思想的产生起到不可或缺的作用。

第二节　孕育阶段：“师范”思想的萌芽

一　“万木草堂”之师从长素

1890年春，梁启超第一次在父亲的陪同下进京参加会试，遗憾的是未能考取。不过17岁的梁启超对于科举落第并无太多失意。于他而言，此次进京之行开阔视野、丰富阅历，了解中国社会的千奇百态。途经上海时，得见上海制造局翻译的各种西书，不过苦于囊中羞涩，只购得一本徐继畬编著的《瀛环志略》，此乃一本辑录中外各国风土人情、史地沿革、西方民主制度及社会变迁的世界地理著作。此书使梁启超第一次了解到中国之外还有众多其他不同的国家，正如他所言：“下第归，道上海，从坊间购得《瀛环志略》读之，始知有五大洲各国，且见上海制造局译出西书若干种，心好之，以无力不能购也。”[②] 此次科举远游之所见所闻，激发了他对新知识的向往和追求。是年8月，梁启超回到学海堂，同学陈千秋向其介绍康有为的学识与思想，他为之所吸引。随即前往康有为居住之地云衢书屋拜晤，聆听康有为讲道，彼此大有相见恨晚之慨。之后，梁启超退出学海堂，拜在彼时仍为秀才的康有为门下，他对康有为的学问甚是尊崇，曾言：“余生平于学界稍有所知，皆先生之赐也。”[③] 由此观之，康有为对梁启超思想的影响极为深远。

---

① 《论师范》，梁启超：《梁启超全集》，北京出版社1999年版，第29页。

② 《三十自述》，梁启超：《梁启超全集》，北京出版社1999年版，第957页。

③ 《修养时代及讲学时代》，梁启超：《梁启超全集》，北京出版社1999年版，第483页。

康有为，名祖治，字广厦，号长素，广东南海人，又称南海先生。他出身于一个官僚地主家庭，自幼熟读“四书五经”、诗词、古文和史学著作，以圣贤自许。康有为读书涉猎广泛，家中藏书众多，时常阅读《海国图志》等明末清初传教士翻译的西书，故比一般士子的学术视野开阔得多，但他对八股、帖括兴趣不高，也没有经受严格的汉学训练，这也使其科举不顺，多年乡试不第。康有为19岁那一年，受教于当时声名赫赫的粤中大儒朱次琦，朱次琦研究中国史学、历代政治沿革得失，颇有心得。

康有为跟随朱次琦学习六年，对于心学的理解与认识愈发深刻，也深受致用学风熏陶。拜别朱次琦后，他入家乡附近的西樵山，专注于史学研究，博览《周礼》《王制》《太平经国书》《读史方舆纪要》等书，俯读仰思。后又醉心于理学和佛学，注重“以智为体，以悲为用”，阐释微一言大义的今文经学，哀物悼世，慨然以经营天下为志。1879年，康有为去往香港，在目睹香港不同的人文环境后，眼界大为开阔，深羡于西方政治法度。之后，他游京师，过上海，深感于中国的社会危机和由列强侵略所产生的民族危机，益增其救世拯民、经营天下之想。对此，他提倡融合中西文化，挖掘有益于国强民富、改善民生的思想。他反对拘泥文字考据的古文经学，而崇尚龚自珍、魏源等人讲求“微言大义”的今文经学。这也成为其变法主张的重要思想来源。

1884年，康有为开馆授徒，宣传他的改良思想，并着手著《人类公理》和《诸天讲》两书。1888年，康有为奔赴北京参加乡试，落第，又感于中法战争后，边疆吃紧，外侮频仍，康有为第一次上书变法失败，一时被国人视为怪杰，但他的变法热情有增无减，心想若有弟子三千，每天为维新大业奔走呼号，岂有不成之理？深感国家人才之匮乏以及舆论的重要，而此二者却又都关乎教育，康有为认识到，“欲任天下之事，开中国之新世界，莫亟于教育”[①]。1890 年春，康有为从南海迁居广州，全面开启讲学活动，致力于培养人才。梁启超接触到他的学问、思想，深受感染，遂到云物书屋去拜晤。梁启超聆听康有为的教诲后，深感相见恨晚，故毅然决然舍弃旧学，退出学海堂，拜于康有为门下。

在此认识基础之上，康有为对教育改革的需求异常迫切，积极从现实政治斗争中转向教育，并专心于教育，意欲培养维新运动所需的理论人才和改革人才。1891 年春，康有为在其学生梁启超等人的建议和帮助下，租赁邱氏书室于长兴里，开始设立学堂招收学员，称长兴学社；一年后，因求学者人数骤加，学堂难以解决生员日益增加的数量与办学旧址过于狭小之间的矛盾，经商议将学堂移至卫边街面积稍广的卫边街邝氏祠；未经多久，1893 年冬，康有为将学堂迁于广府学宫文昌殿后的仰高祠；至此，学堂的办学地址未再更换，“万木草堂”（“以树人如树木，寓培植万木，为国栋梁之意”）这一具有历史韵味的名字正式形成。[②] 其旨在培养数以万计的国家栋梁人才，既表达培养人才犹种树之意，也效法古代圣贤之士忧国忧民之情。康有为办学的宗旨在于培养变法人才，群策群力以救中国。“学堂连年三迁，标志着迅速扩大和兴旺发达。”[③] 万木草堂的教学既吸收中国传统的教学方法长处，又引介西方国家的先进教学经验，由此形成独具特色的办学制度和教学理念。在教学内容上，康有为在万木草堂不仅向学生传授中国传统知识，而且还讲授西学，学生在学习文化知识之外，还谈论国事。

同时，为即将展开的维新变法运动培养和储备人才，康有为极其重视培养学生的批判精神。就学堂教学而言，无论是在内容上还是在形式上，万木草堂都与彼时广州五大书院大不相同。万木草堂

① 《修养时代及讲学时代》，梁启超：《梁启超全集》，北京出版社 1999 年版，第 483 页。
② 张启祯、周小辉编：《万木草堂集》，青岛出版社 2017 年版，第 352 页。
③ 张启祯、周小辉编：《万木草堂集》，青岛出版社 2017 年版，第 352 页。

以康有为“激励气节，发扬精神，广求智慧”为教旨，注意生徒德、智、体等方面发展。在课程内容设置上，重视采纳西学，如义理之科有西方哲学；文学之科，有外国语言文字学；经世之科有政治原理：考据之科，有万国史学、格致学、数学等。据梁启超《长兴学记》的记载：南海先生教学内容之中“德育居十之七，智育居十之三，而体育亦特重焉”①。梁启超对此评论曰：“中国数千年无学校，至长兴学舍，虽其组织之完备，万不逮泰西之一，而其精神，则未多让之。”② 由此观之，万木草堂已开启彼时思想启蒙之风气。

梁启超于《康有为传》中言：“先生不徒有教育家之精神而已，又具备教育家之资格。”③ 康有为无论是在教授学生还是在演讲中所采用的方法，都考虑到学生和听众的感受。概言之，其教学方法主要分为：第一，系统论证和比较的方法。在教学活动中，康有为援引大量国内外史实作为论证自己观点的依据，从不谈无根据之学，“出其思想之所穷及，悬一至善之格，以进退古今中外”④。康有为反复论证比较的方法能够拓宽学生的研究视野，激发学生对学习内容的再思考。此教学方法不仅能使学生有效地掌握知识和技能，而且能有效地促进学生智力发展。第二，教学过程依照“循循善诱”的规律进行。康有为认为，教师要关心爱护学生，教学中要循着次序一步步加以引导，解答学生的疑惑，只有这样才能使学生“怡然理顺，心悦而诚服”⑤。同时，康有为甚是鄙弃旧教学之法。第三，研学结合的方法。在万木草堂，康有为在教学中教授古今中外知识。比如，中国各家学术渊源以及历代政治演变得失，西方国

---

① 《教育家之康南海》，梁启超：《梁启超全集》，北京出版社 1999 年版，第 485 页。
② 《修养时代及讲学时代》，梁启超：《梁启超全集》，北京出版社 1999 年版，第 483 页。
③ 《教育家之康南海》，梁启超：《梁启超全集》，北京出版社 1999 年版，第 484 页。
④ 吴洪成等：《晚清教师史研究》，河北大学出版社 2012 年版，第 201 页。
⑤ 《教育家康之南海》，梁启超：《梁启超全集》，北京出版社 1999 年版，第 485 页。

家历史、文化、政治、风土人情等。康有为分析学术源流、指明读书次第，对梁启超读书起到相当重要的指导作用，事实上康有为讲学之日课亦偏重总结学术源流，如《宋元明儒学案》《二十四史》《文献通考》等。梁启超常用此法，或用以教授学生；或用以读书治学，如分析先秦学术、清代学术等。此外，康有为请成绩优异的学生收集整理文献资料，1891 年康有为著《新学伪经考》，梁启超相助从事校勘工作；1892 年康有为著《孔子改制考》，梁启超从事分纂，通过此方式加强其研究能力的培养。第四，注重培养学生的管理能力。康有为主张教师要合理分配学生时间，激发学生组织工作的自主性和能动性，以此敦促学生积极参与管理学堂。例如，从学生中选拔三人或六人为学长，负责书藏和仪器室等方面的工作，培养学生的管理能力。第五，充分了解学生学情。按康有为要求，学生必须每日把待人接物、修身养性和读书心得等写成札记，且需要每月呈交教师批阅，以此方式使教师更加深入地了解学生的日常学习、生活、言行等情况。第六，重视培养学生的语言表达。康有为认为，无论是生活抑或语言习得表达都甚为重要，他反对传统教育只是培养学生的书写能力，忽略训练学生的表达能力的教学方式。他认为培养改革的人才，应当训练学生演讲的才能。在教学中，他十分注重激发学生主动表达意识。按照万木草堂规定，每月举行一次师生参与的讲演会。此等活动对提升学生表达能力起到很大作用，为其日后教书育人和维新变法奠定了基础。

康有为认为，中国衰弱的根本原因在于教育不良、管理不善、学术落后。因此，救亡之道应首先从改良教育、提倡西学入手，他多次奏称："变法之道万千，而莫急于得人才；得才之道多端，而莫先于改科举。"① 又言："吾今自救之图，岂有异术哉？亦亟变

① 郑力民：《康有为集》，广东人民出版社 2018 年版，第 211 页。

法，亟派游学，以学欧美之政治、工艺、文学、知识，大译其书以善其治。”[①] 由此观之，他极为重视借鉴国外文化政策与教育改革的经验。此外，他对日本教育改革所取得的成效尤为认可。康有为曾在《请开学校折》中主张各级各类学校将“西学”列入教学内容之中，西方国家之所以强大，是因人才所发挥之作用，而人才出自学校。日本明治维新改革之时注意到此点，他们聘请西方国家教习数十人，兴建小学堂五万余所，其他各学堂亦教授西方各国的知识，同时派遣国内有识之士游学西方，学成归国后重用之，数年之后，改革成效显著。“至师范学校，尤为小学之根，我更未能立，如之何而得人才也?”[②] 他认为此举措能使“诸学并立，大学岿然，人才不可胜用”[③]。由于彼时接触新式教育的官员和校务管理人员，无奈国家此领域人才急缺，短时间内培养不出足以指导新教育的管理人员。康有为把目光转向海外的日本，向光绪建言：“大臣执守旧法，习为因循，宜选令游历三年，讲明诸学，归能著书，始授政事。其余分遣品官，激励士庶，出洋学习，或资游历，并给凭照，能著新书，皆予优奖，归授教习，庶开新学，上之可以赞圣聪，下之可以开风气矣。”[④] 这体现出，他希望借助日本的教育经验改造中国的旧式教育。

受日本师范教育成功的经验与康有为“兴学校”的影响，梁启超提出师范教育的重要性并认为师范学校乃小学发展之根本。此外，他认为中国应加强学习和研究西方国家与日本教育改革的成就，中国各级各类学校的课程要包括科学、技术等实用科目，增设

① 郑力民：《康有为集》，广东人民出版社2018年版，第332页。

② 汤志钧等编：《中国近代教育史资料汇编（戊戌时期教育）》，上海教育出版社2007年版，第118页。

③ 汤志钧等编：《中国近代教育史资料汇编（戊戌时期教育）》，上海教育出版社2007年版，第111页。

④ 《上清帝第三书》，汤志钧：《康有为政论集（上册）》，中华书局1981年版，第141页。

教学的图书和实验仪器，增加学生的知识，同时延聘知识渊博的名家作为教习以指导学生。梁启超受教于康有为门下，在万木草堂读书生活四年。万木草堂环境幽雅，树木茂密。于他而言，乃是获取知识的一个理想读书场所，是其一生不厌于学习、不倦于诲人的源泉所在。梁启超认为，教师既应采取古代传统儒家书院严谨的办学风气，也应借鉴吸收西方国家和日本师范教育的办学理念。可以说，在万木草堂求学与师从长素之经历，对梁启超师范教育思想的形成产生深远影响，另外，受康有为关于教学方法、教育原则、为师之道的影响，梁启超对师范的重要性产生深刻认识，逐渐由感性认识上升到理性认识，为其师范教育思想的形成提供了丰富的思想养分。

二　晚清改革派论中西教育差异

14—17 世纪，世界格局发生巨大变化。在欧美资产阶级革命的一百多年里，工业革命带来工业文明，促进了资本主义社会的经济实力。欧亚大陆的西端，新兴的英国资产阶级率先推行土地税收、国际贸易政策，为工业革命奠定了物质基础。1640 年，英国资产阶级发动革命，新制度取代旧制度，机器生产代替手工劳动，新经济环境下产生的精细分工为主要形式的大工业机器生产使社会面貌发生翻天覆地的变化。从 17—18 世纪，欧美一些国家纷纷效仿英国，相继完成资产阶级革命和社会生产改革。与社会政治变革和产业革命相呼应，教育格局发生改变，管理教育事业的权力逐渐交由国家。在此期间，各国完善国民教育体系。例如：18 世纪法国、英国等开办实科中学；德国普鲁士分别于 1763 年和 1794 年颁布《义务教育法令》；美国马萨诸塞州在 1852 年颁布《义务教育法令》。

“教育思潮指在一定历史时期内，集中反映社会群体教育意愿、教育要求和教育思想，流传较广、影响较大的一种思想倾向或思想潮流。”[①] 教育作为一种社会事业，它通过培养人的规格反映社会发展的趋势和要求。与同时期中国传统教育相比，西方国家的教育已经迈入近代化行列，这表现在学校人才培养目标、课程内容、教学方法方面产生新的理念，由此引发时人的研究和评价，形成了特定的教育思潮。明中叶以后，资本主义生产关系的萌芽与西学的输入，中国社会在思想意识、学术思想和教育领域出现实学实用的思潮。这期间涌现出的众多学者开始论证发展学校教育的益处。例如，启蒙思想家黄宗羲先生痛斥科举制度的弊端，从反对封建专制和特权出发，提出改革学校教育制度的主张。其在《明夷待访·学校》中提出学校教育改革的诸多措施，包括以大学（太学）、中学（郡县学）、小学（蒙学）和书院为主体的学校体系，这也渗透了其追求教育机会平等的民主思想。

鸦片战争前后，以龚自珍、魏源、冯桂芬为代表的思想家提出改良社会的主张。知名爱国者、实业家、教育家郑观应在《盛世危言》“考试”篇中陈词：“查各国京师，具有大学堂，各精一艺，各专一业者，非比我国同文馆教习，只通算学、天文、地理、各国语言文字而已。或谓同文馆如外国小中学塾，非大学堂也。尝考日本自其王公大臣出洋游历返国后，即广设大小学堂。据日报云，现计其能当管驾轮船机器武备各员者，每业约有数千人，通化学矿学制造机器者，每业亦有数百人。我中国人民土地十倍于日本，而所设西学堂，所育人材，尚未及其半，恐他日海军有事，人材不足耳。”[②] 郑观应视野广阔、满腹经纶，对政治、外交、社会经济、教育等方面也有着自己独特的见解。他基于对东亚邻国日本改革经验的认识提出改良教育的主张。应引进西方教育制度，广设小、中、大学堂，培养各行各业的人才，尤其是军事人才，抵御外侮，实现

① 柳海民：《教育原理》，东北师范大学出版社2000年版，第30页。

② （清）郑观应：《盛世危言》，曹冈译，内蒙古人民出版社1996年版，第36页。

国家富强。

办新式学堂的主张得到曾国藩、李鸿章、冯桂芬、郭嵩焘等地方洋务派的大力支持。比如，1862 年在北京设立了京师同文馆，这是中国政府自行创办的第一所近代新式学堂，它的创办，标志着中国近代新式学堂的诞生。此后，新式学堂纷纷问世，1863 年在上海创办了上海广方言馆、1864 年在广州创办了广州同文馆、1887 年在新疆创办了新疆俄文馆、1888 年在台湾创办了台湾西学馆、1889 年在珲春创办俄文书院、1893 年在湖北创立湖北自强学堂等。以上是学习外国语的新式学校。此外，学习军事的武备学堂有：1866 年的福建船政学堂、1874 年的上海江南制造局操炮学堂、1880 年的广东实学馆、1880 年的天津水师学堂、1885 年的天津武备学堂、1886 年的广东黄埔鱼雷学堂、1887 年的广东水陆师学堂、1888 年的北京昆明湖水师学堂、1889 年的山东威海水师学堂、1890 年的江南水师学堂、1890 年的旅顺口鱼雷学堂、1896 年的湖北武备学堂等。学习科技的学堂有：1876 年的福州电报学堂、1880 年的天津电报学堂、1882 年的上海电报学堂、1891 年的湖北算术学堂、1893 年的天津医学堂、1895 年的山海关铁路学堂、1896 年的南京铁路学堂、1896 年的江南储才学堂、1898 年的湖北农务学堂等。[①]曾国藩在实践中认识到，办洋务最棘手的事情莫过于人才匮乏。他曾在日记中写道："欲求自强之道，总以修政事、求贤才为急务，以学作炸炮、学造轮舟等具为下手功夫。"[②] 正是在这一思想指导下，洋务派先后聘请外文教师与李善兰、徐寿等人筹建翻译馆、印书处，引进西方科学技术，积极选派人员赴外国留学，培养了许多外交和科技方面的人才，为挽救民族危亡，抵御外国侵略，积聚了力量。19 世纪 70 年代后，中日外交活动日益频繁。1871 年，中日

① 王凌皓：《中国教育史论》，吉林人民出版社 2000 年版，第 423 页。

② （清）曾国藩：《曾国藩全集·日记二》，岳麓书社 1987 年版，第 748 页。

签订《中日修好条规》，建立邦交关系。1877 年，何如璋出使日本、有外交官常驻日本之后，中国官员、文人才开始关注日本，前往日本游历和考察。他们感叹于日本明治维新后的巨大变化，尤以新式教育为甚。彼时，日本学制不仅引进欧美物理、法政、农学商务等诸多实用学科，还不忘学习传统儒家文化，注重对学生“正心修身”，这引起包括梁启超在内的国内学人的广泛关注。

直到 19 世纪末，中国的新式学堂仍属于初创时期，学堂的特点是：教育计划尚不完备，更谈不上有统一的学制；学校一般均为一级制，上无可以继续深造的教学或研究机构，下无作为基础的预备学校；教学内容重视西文、西艺的学习，忽视引进西方先进的政治思想及科学技术、民主与科学的教育；封建的旧教育根深蒂固，重视人文教育，忽视军事体育教育；军事学校皆设于通商口岸，难达到军事训练之效果；教育对象，多属于贡举生员，仍未脱离旧教育的束缚，治术气息浓重。师资、教学设备严重缺乏，难达成近代学校之目标。

三 日本师范教育制度之传入

所谓的“东学”，是指日本所固有的传统哲学、政治学、历史学等内容。“东学之渐”的说法来自孙宝瑄的《忘山庐日记》，它十分恰当地概括了甲午战争过后在中国出现的学习日本的热潮。晚清，学术界曾较普遍地使用“东学”一词，以作为指称日本的思想学术的标识。自近代明治维新伊始，日本政治、经济、文化、教育等方面均取得长足的进步和发展，“东学”也日渐成为日本思想学术的代名词。

甲午战争前，众多前往日本考察的官绅、士大夫亲身接触日本明治维新的教育改革成果，见证了近代化教育带来的新观念、新方法、新技能，从而对日本的新式教育有了较为全面的了解。梁启超求学期间，西方国家师范教育思想也经由东学逐渐被引入国内。中国近代早期资产阶级改良派思想家郑观应，“以‘师道院’为名介绍和分析了西方近代的师范教育”，可谓中国倡导发展近代师范教育的第一人。在其19世纪80年代初就以“师道院”为名介绍和总结西方各国近代的师范教育。[①] 彼时，正值洋务派兴办教育创设学堂，因地方私塾一仍旧贯，延请乡学究，新式学校如同文馆、方言馆等学堂所需教师甚少。后因开设学堂的需要，清政府通过重金聘请众多西方教习。大凡概因，培养教师亦不是社会所亟须的要务，是故不曾培养教师；倡导师范教育，兴办师范学堂，并不为世人所注意和支持。

在19世纪90年代之前，被派遣出国考察的驻外使节和政府官员中，少数人零星地将国外的“师范”“师范教育”“师范学校”等名词引介国内，但并未引起政府的关注和重视。1877年，何如璋出使日本，担任清朝中国第一任驻日公使。何如璋在日先后游历长崎、大阪、横滨、东京等地，详尽地考察日本的政治制度、山川风貌、风土人情和教育文化等。他将这些载入《使东述略》一文中。文章中提及日本京都所设的学校：“都内所设，曰师范，曰开成，曰理法，曰测算，曰海军，曰陆军，曰矿山，曰技艺，曰农，曰商，曰光，曰化，曰各国语，曰女师范，分门别户，节目繁多。全国大学区七，中小之区以万数，学生百数十万人。”[②] 此外，担任驻日副使的张斯桂将自己留日期间的所见所闻汇编成《使东诗录》一书。在教育方面，考察东京师范学校后，张斯桂有感而发，“西域香分一瓣新，生徒四百贡成均……他年六艺精通后，都是高堂绛帐人”[③]。这凸显出师范学校在培养师资、教书育人等方面的重要作用

① 崔运武主编：《中国师范教育史》，山西教育出版社2006年版，第13页。

② 钟叔河主编：《日本日记·甲午以前日本游记五种·扶桑游记·日本杂事诗（广注）》，岳麓书社1985年版，第105页。

③ 程丽珍主编：《江北历代名门望族资料选编》，宁波出版社2018年版，第536页。

和价值。

又如，1887 年时任北洋机器局总办傅云龙，曾参观过日本的普通师范学校。他在《游历日本图经馀记》中，详细记载了日本师范学校已有相当规模，教职人员有“校长、教头、教谕、助教谕、干事、舍监、训导、书记诸目”①。此外，女生也可入校学习并占有一定的比例。此外，黄遵宪任日本参赞期间所著的《日本杂事诗广注》，可谓中国国内第一部注释《日本杂事诗》的著作。这本作为考察日本历史和现状的著作，详细介绍明治维新初期日本的政治、经济、文化和教育等方面的发展情况。在明治十年（1877），文部省统计日本的小学堂总量多于两万五千所，师范学校就有九十二所，而其他学校类型的数量则相对较少。这意味着日本极为重视小学教育，然而，如要大范围普及小学教育，师资必然会产生大量的缺口。因此，培养教师的重担转化为师范教育发展的动力，师范学校的数量随之增长。黄遵宪于日本考察学习期间，参观日本师范学校，并对其进行了深入研究。黄氏曾言：“有师范学校，则所以养成教员，以期广益者也……旧日师长，惟习汉经史，而于近时之地理、历史、物理、算术，知者甚稀，故文部省议以养成教师为急务。美国有师范学校，所以教为人师者，特仿其学制，并聘其国人开师范学校……又于东京设女子师范学校，其后各地慕效，女学校益多。”② 可见，日本受美国师范学校影响较大，虽然效仿美国创办师范教育，但并非完全照搬其制度，而是在本国现有条件的基础上推陈出新。黄遵宪及时地反思自身所处时代的教育改革，在与梁启超论及兴办学堂，改革学务的弊病之时认为：“天下哗然言学校矣，此岂非中国之幸。而所设施、所经营，乃皆与吾意相左：吾以为非

① 钟叔河主编：《日本日记·甲午以前日本游记五种·扶桑游记·日本杂事诗（广注）》，岳麓书社 1985 年版，第 236 页。

② 陈铮编：《黄遵宪全集（下册）》，中华书局 2005 年版，第 1411—1413 页。

有教科书，非有师范学堂为之先，则学校不能兴，而彼辈竟贸然为之，一也。”[①] 黄遵宪一针见血地指出当时中国尚未重视师范教育的现状。在其晚年办教育时，他又重申：“凡兴办学务，必须有师范生，有教科书，有地方，有款项，四者缺一，不能兴学。而师范生非教育不能成。故鄙人之意，必须先开师范学堂。”[②] 可以说，日本新式教育中的课堂氛围与教学方法令黄遵宪耳目一新，并使他深信取法泰西的教育模式能够培养出经世济民的栋梁之才。

1894 年，时任钦差大臣的薛福成在为黄遵宪所著的《日本国志》作的“序言”中谈道：“咸丰、同治以来，日本迫于外患，廓然更张，废群侯，尊一主，斥霸府，联邦交，百务并修，气象一新，慕效西法，罔遗余力，虽其改正朔，易服色，不免为天下讥笑，然富强之机，转移颇捷。循是不辍，当有可与西国争衡之势。”[③] 在这里，薛福成指出日本社会改革的两面性，且预言日本将来能与欧美诸国争雄。19 世纪 70 年代末，著名学者王韬在其所著的《扶桑游记》中赞叹日本的学校教育制度“诚善法也”[④]。倘若没有近代教育，日本就不可能培养出新式人才，科技水平的提升便无从谈起。

在前人的影响下，日本师范教育对国家发展所产生的作用深深地震撼着梁启超。黄遵宪认为，若在中国以教育促国民发展，首先要兴办师范学堂，培养师资。其次，可以借鉴日本师范学校的教学内容。日本师范生需要学习性理学、天文学、地学、史学、数学、文学、商贾学等课程。最后，日本师范学校的教学方法也较为先进。师范生按年级授课，教学方法遵循循序渐进、由浅入深、由约入博的原则，从第七级而至一级，所学内容皆为实用之学，其课程

---

① 陈铮编：《黄遵宪全集（上册）》，中华书局 2005 年版，第 430 页。

② 陈铮编：《黄遵宪全集（上册）》，中华书局 2005 年版，第 548 页。

③ 钟权河、曾德明、杨云辉主编：《黄遵宪日本国志 上册》，岳麓书社 2016 年版，第 2 页。

④ 王晓秋：《近代中日启示录》，北京出版社 1987 年版，第 76 页。

皆有定则。此外，在师范生的选拔方面，明治维新时期，日本极其重视师范生的培养工作，师范生的培养内容以实用之学为主。师范生毕业后，经过层层选拔方能被聘为教师。总体来看，师范教育为日本国家发展贡献了重要的力量。可以说，作为梁启超的好友，黄遵宪对师范教育的引介，在其日后师范教育思想的内容中有不同程度的涉猎与体现，可见梁启超的师范教育思想受东学影响之大。

第三节 确立阶段：师范教育体制的设想

一 《变法通议》与《论师范》的提出

1896年4月，梁启超离开北京，奔赴上海，与黄遵宪、汪康年在共同筹办一份新报刊，将其命名为“时务报”。此报刊以救亡图存和宣传变法为宗旨，以翻译西文和评论时势为主要内容。梁启超因才华横溢，被众人推举为主笔。在主办《时务报》期间，梁启超发表了一系列针砭时弊的文章，据记载：“《时务报》在前55期中（截至1898年3月）共发表梁启超的文章60篇，而《时务报》69期总共也只发表文章133篇。”① 可以说《时务报》是梁启超宣传维新变法和西方资产阶级的进步思想的基地，其中最为著名、影响范围最广的当数《变法通议》。《变法通议》系梁启超1896年至1899年撰写的政论文章的结集，共有14篇。其中，《自序》《论不变法之害》《论变法不知本原之害》《学校总论》《论科举》《论学会》《论师范》《论女学》《论幼学》《学校余论》《论译书》《论金银涨落》12篇，刊于1896年至1898年的《时务报》；《论变法必自平满汉之界始》和《论变法后安置守旧大臣之法》2篇，刊于1898年年底至1899年年初的《清议报》。该文所囊括的内容极为

① 方汉奇主编：《中国新闻事业通史》（第一卷），中国人民大学出版社1992年版，第557页。转引自王心裁《梁启超读书生涯》，长江文艺出版社2000年版，第30页。

丰富，为除旧布新提供了丰富的理论依据。梁启超认为，“或则睹其危险，惟知痛哭，束手待毙，不思拯救”[①]，并指出世界上没有什么是不变的，“凡在天地之间者，莫不变”[②]，如若保持事物的繁荣发展，就要审视和改正自身的缺点。梁启超引用《诗》中“周虽旧邦，其命维新”谈论治国之道和兴国之策。他认为，旧的法度勿要一直限制今人之思想，时下理应依据国情的现实境况、发展形势，使用与之相适应的新法，而不是固守成规。如此，事物的发展才能不受阻塞。只有推陈出新，方能畅通，正所谓“穷则变，变则通，通则久”[③]。此观点与康有为所谓的“天地不变且不能久，而况于人乎……日日维新，治道其在是矣”[④] 所含之意大致相同。而后，他着重从不变法之害与变法不知本原之害两方面，引经据典系统论述关于变法的观点。

首先，梁启超论述不变法之害。如他所言，“印度，大地最古之国也，守旧不变，夷为英藩矣。突厥，地跨三洲，立国历千年，而守旧不变，为六大国执其权分其地矣。非洲广袤三倍欧土，内地除沙漠带外，皆植物饶衍。畜牧繁盛，土人不能开化，拱手以让强敌矣。波兰为欧西名国，政事不修，内讧日起，俄普、奥相约择其肉而食矣。中亚洲回部，素号骁悍，善战斗，而守旧不变，俄人鲸吞蚕食，殆将尽之矣。越南、缅甸、高丽服属中土，渐染习气，因仍弊政，飏靡不变，汉官威仪，今无存矣。今夫俄宅苦寒之地，受蒙古钤辖，前皇残暴，民气凋丧，岌岌不可终日，自大彼得游历诸国，学习工艺，归而变政，后王受其方略，国势日盛，辟地数万里也。今夫德列国分治，无所统纪，为法所役，有若奴隶，普人发愤兴学练兵，遂蹶强法，霸中原也。今夫日本，幕府专政，诸藩力

① 《论不变法之害》，梁启超：《梁启超全集》，北京出版社 1999 年版，第 11 页。
② 《变法通议 · 自序》，梁启超：《梁启超全集》，北京出版社 1999 年版，第 10 页。
③ 《周易 · 系辞下》。
④ 康有为：《康有为散文》，上海科学技术文献出版社 2013 年版，第 21—22 页。

征，受俄、德、美大创，国几不国，自明治维新，改弦更张，不三十年，而夺我琉球，割我台湾也。又如西班牙、荷兰，三百年前属地遍天下，而内治稍弛，遂即陵弱，国度夷为四等。暹罗处缅越之间，同一绵薄，而稍自振厉，则岿然尚存"[①]。梁启超又言："法行十年，或数十年，或百年而必敝，敝而必更求变，天之道也。故一食而求永饱者必死，一劳而求永逸者必亡。"[②] 梁启超认为应尽早实施变法，"及今早图，示万国以更新之端，作十年保太平之约，亡羊补牢，未为迟也"[③]。其次，梁启超认为，清政府在中兴以后开展洋务运动三十余年，但"屡见败衄，莫克振救"[④]，中国不是不变法，而是在变法改革中不知变法所变之本原。他指出中国人与日本人都游学欧洲的区别，"日人之游欧洲者，讨论学业，讲求官制，归而行之；中人之游欧洲者，询某厂船炮之利，某厂价值之廉，购而用之"[⑤]。虽然中日两国都效法学习西方，但所获得之物大有不同。中国早期的变革只是学到西方工业、矿业、商业等行业的皮毛，尚未深入制度层面的改革，如文化、教育、科举等方面。梁启超从理论层面到现实层面，从国外改革的经验到国内存在的问题，明确论述改革的重要性和必要性，并深入剖析改革要解决的根本问题、改革的方向、改革的原则、改革的要点、改革的着力点等。变，乃天之道也，至于如何变，则是人要行之事，所以要抓住问题的根本和要领，改变之前存在的弊端。正如梁启超所言，"自然之变，天之道也，或变则善，或变则敝，有人道焉，则智者之所审也"[⑥]。

---

① 《论不变法之害》，梁启超：《梁启超全集》，北京出版社 1999 年版，第 11 页。
② 《论不变法之害》，梁启超：《梁启超全集》，北京出版社 1999 年版，第 14 页。
③ 《论不变法之害》，梁启超：《梁启超全集》，北京出版社 1999 年版，第 13 页。
④ 《论变法不知本原之害》，梁启超：《梁启超全集》，北京出版社 1999 年版，第 14 页。
⑤ 《论变法不知本原之害》，梁启超：《梁启超全集》，北京出版社 1999 年版，第 14 页。
⑥ 《自序》，梁启超：《梁启超全集》，北京出版社 1999 年版，第 10 页。

那么，改革的本质是什么？或者说从哪一方面开始改革？梁启超旗帜鲜明地认为，首先要改革的是教育，人才之兴，在开学校。学校是培育人才的重要场所，培育人才是解决德智力等问题的重要途径，亦是富国强兵的根本之策。如梁启超所言："亡而存之，废而举之，愚而智之，弱而强之，条理万端，皆归本于学校。"[①] 梁启超根据师资的实际情况，提出将发展师范教育作为发展教育的要务。之所以把兴办师范学校作为发展教育的大事，大凡有两个原因：一方面，强调师范教育的重要性，"师范学校立，而群学之基悉定"[②]。师范学校作为培育师资力量最主要的场所，为群学之基础。梁启超进而指出师道的重要性，"师道不立，而欲学术之能善，是犹种稂莠而求稻苗，未有能获者也"[③]。另一方面，彼时师范教育以及师范学校存在诸多问题。府、州、县之教习在学问上滥竽充数，仅是略懂四史、六艺，但不求精进，误人子弟；西学科目教学之中，多用西人，因中西语言差异，翻译过程中知识的原意失真过半。此类问题导致中国数十年的教育改革并无多大成效。因此，今之实务者若要改革旧习，走出教育困境，就必须"兴智学"，把建立师范学校作为改革的第一要务。根据梁启超的构想，近代教育领域的改革应从变革小学堂着手，而小学堂的变革有赖于充足的师资资源。因此，新式小学堂应与师范学堂协同发展，从而取得小学堂与师范学堂互利共赢的效果。如他所言："今日而言变法，其无遽立大学堂而已。其必自小学堂始，自京师以及各省府州县，皆设小学，而辅之以师范学堂，以师范学堂之生徒，为小学之教习，而别设师范学堂之教习，使课之以教术。即以小学堂生徒之成就，验师范学堂生徒之成就。"[④] 梁启超论述了日本师范学校制度及其教学的

---

① 《学校总论》，梁启超：《梁启超全集》，北京出版社 1999 年版，第 19 页。
② 《论师范》，梁启超：《梁启超全集》，北京出版社 1999 年版，第 28 页。
③ 《论师范》，梁启超：《梁启超全集》，北京出版社 1999 年版，第 29 页。
④ 《论师范》，梁启超：《梁启超全集》，北京出版社 1999 年版，第 30 页。

内容，根据具体需要适当增加所要学习的科目。他认为，师范学校要教授六经大义、历朝掌政、文字源流、列国情状、诸国语言等。梁启超关于师范教育的理论构架在实践中得到具体实施，为办好师范教育，清末曾派出多批留学生赴日本学习师范教育。

《论师范》作为《变法通议》的一篇发表在《时务报》上，其影响可见一斑。其后关于师范教育的议论和实践，无不受梁启超的影响，从张之洞、盛宣怀、张謇到汪康年、罗振玉、王国维，都与梁启超和《时务报》有着千丝万缕的联系。1901 年之前，中国人对“师范”的论述从方式到内容都没有突破梁启超的《论师范》。可以说，梁启超的《论师范》给中国士人留下了关于“师范”的深刻印象。《论师范》的发表标志着梁启超师范教育思想的确立，亦开启了中国师范教育理论研究之先河。

二 “时务学堂”之实践探索

湖南时务学堂是我国最早的新式学堂之一。创办之初，蒋德钧赴外考察后，推荐《时务报》的主笔梁启超和译员李维格作为时务学堂的中西教习人选。蒋德钧言：“时务报西文李主笔，中文梁卓如孝廉主笔，天下通儒也。我西教习聘李，中教习遂聘梁何如？虽程度过高，局面稍阔，必能开风气，造人才，有益于湘。”[①] 学政江标认为：“此间时务学堂拟敦请卓公为主讲，官绅士民，同出一心，湘士尤盼之甚切也。弟亦望卓公来，可以学报事交托；惟上海无人，奈何?”[②] 黄遵宪也认为无人比梁启超更适合担任中文总教习，如他所言，“力言总教无足俞于梁卓如者”[③]。故在众人的推荐下，梁启超被聘为中文总教习。梁启超遂于 1897 年年底离开时务报馆，

① 李济琛主编：《戊戌风云录》，金城出版社 2014 年版，第 381 页。
② 汤志钧：《汤志钧史学论文集》，上海社会科学院出版社 2013 年版，第 63 页。
③ 余小波主编：《时务学堂与中国近代高等教育》，湖南大学出版社 2018 年版，第 24 页。

由上海前往湖南。彼时时务学堂人才汇聚，由湖南巡抚陈宝箴亲自批准创办；两任学政江标、徐仁铸，按察使黄遵宪鼎力支持；熊希龄为总提调，也就是校长；谭嗣同为学监，相当于负责管理学生的领导职务；梁启超为中文总教习，等同于今天的中文教务主任；李维格担任西文总教习，即为外语教务主任；谭嗣同、唐才常、韩文举、叶觉迈、欧榘甲、杨毓麟担任中文分教习；王史担任西文分教习；许奎垣担任数学教习；邹代钧担任舆地分教习；杨自超担任测量教习。[①] 时务学堂的兴办标志着湖南维新变法进入新的阶段，其旨在学习西方工艺和制度文化，探求日本攘夷之道，此与梁启超教育救国之志不谋而合。时务学堂任教的经历，进一步丰富与拓展其师范教育思想。

时务学堂创立之初，规模虽不及万木草堂，但学堂章程与教学内容等都相当考究。1897 年，梁启超起草并制定《湖南时务学堂学约》，学约共包括十个方面："一曰立志……志即定之后，必求学问以敷之；二曰养心……此是学者他日受用处，勿以其迂阔而置之也；三曰治身……扫除习气，专务笃实，乃成大器；四曰读书……纵横中外之学，深造有得，旁通发挥，然后开卷之顷，钩元提要，始有所获；五曰穷理……随时触悟，见浅见深，用之既熟，他日创新法制新器辟新学，皆基于是，高材者勉之；六曰学文……当以条理细备，词笔锐达为上，不必求工也；七曰乐群……但相爱，毋相妒。但相敬，毋相慢，集众思，广众益；八曰摄生……藏焉修焉，息焉游焉；九曰经世……以求古人治天下之法，必细察今日天下郡国利病；十曰传教……一一证以近事新理以发明之。"[②] 以上十条体现了儒家的治学精神，但总体目标是变法维新，学以致用，救亡

① 蒋海松主编：《岳麓法学评论（第 13 卷）》，湖南大学出版社 2020 年版，第 142 页。

② 《湖南时务学堂学约》，梁启超：《梁启超全集》，北京出版社 1999 年版，第 107—109 页。

图存。

梁启超在“湖南时务学堂学约十章”中详细地论述了教师的教学方法。如“穷理之功课”。学生每天完成课业内容后，教师要根据所学内容随机提问，其中既有中学知识亦有西学知识，学生须仔细思考再作答，教师则负责解惑。又如，“乐群之功课”。学堂每月都会选择几日作为学生会讲的时间，会讲之时，教习必参与监查。通常而言，学生在学习完新知识数日后，教习会组织学生将其所学习之笔记彼此交换，提出问题、共同讨论、相互解答，各有所得，其意无穷。学堂每日课业内容结束后，教师根据各大报纸中所报道之事随举几例，让学生各抒己见，探寻解决之法，教习答疑。除课堂讲授外，梁启超还要求学生课下撰写读书心得，由各位分教习批阅评定，了解学生学习的实际情况。梁启超严于律己，热爱教师事业，据其在《三十自述》中回忆：“启超每日在讲堂四小时，夜则批答诸生札记；每条或至千言，往往彻夜不寐。”① 第二日将札记发还学生时，就学生的困惑与难处再给予解答。

在课程设置与教学组织方面，梁启超于时务学堂所作《读书分月课程表》较1892年《读书分月课程》列出之书目更为具体，因其对西学极为重视，故他所列西学之书目较为翔实。梁启超言：“今时局变异，外侮交迫，非读万国之书，则不能通一国之书”②，所以，教师要教授西人声、光、化、电、格、算之述作和中国经史之大义。在学习过程中，梁启超指导并要求学生反复研读《孟子》和《公羊传》，使之体悟其所蕴含的民权思想。此外，通过对比中西方政治、法律，增加学生对变法宗旨的理解。学生修习完普通学科后，可根据自身的兴趣和特长选择学习专门的科目以获得专门知识。梁启超还将学生所读之书，根据书目的内容分为“必读之书”

---

① 梁启超：《清代学术概论》，岳麓书社2010年版，第80页。

② 《湖南时务学堂学约》，梁启超：《梁启超全集》，北京出版社1999年版，第108页。

和“选读之书”。必读之书，教师全部讲授，占学生每日学习时间的一半以上；选读之书，学生根据自身的兴趣选择阅读，学习的时间要求少于学习总时间的一半。

此外，时务学堂还采用西方班级授课制度，一期编成一班。每班次所学习的内容分为两个阶段：第一阶段致力于普通学科的教学，包括经学、诸子学、公理学、中外史志等，学生均须学习，为期六个月；第二阶段致力于专门学科的教学，包括掌故学、公法学、格算学等，不同时期入学的学生组成不同班级。从所教授的内容以及班级的组织形式来看，时务学堂已初具西方近代学校的雏形。《湖南时务学堂遗稿》载有学员提问，姓氏可稽者，有李炳寰、蔡艮寅、左景伊、周镇藩、邹代均、董瑞麟、李洞时、黄汝銮、李渭贤、周宏业、唐自杰、戴修礼、汪夔、谭学芹、唐才质、蔡钟沅、徐世琮、李泽澐、方传鸾、黄敦鼐、郑宝坤、杨树达、杨树藩、左景伊、谭国黼、杨树穀、成曜高、杨士辉、沈崇德、陈其殷等。[①] 时务学堂开办仅仅五个多月就培养了一批品学兼优之才。其中，亦有学生后来走上爱国救亡的道路。作为一名教师，梁启超在教学上认真负责，兢兢业业，在生活上关心学生的成长。以身作则、以身示教、爱护学生，成为梁启超身为人师的准则。

三　“京师大学堂章程”之拟定

甲午战败，列强掀起瓜分中国的狂潮，亡国危机日益加深。以康、梁为首的资产阶级改良派试图通过变法维新消弭内忧外患。他们认为，兴学堂、开民智、育人才是挽救国家的重要举措，因此急欲兴建新式学堂。但彼时社会“嫉新学如仇，一言办学，即视同叛

① 汤志钧：《汤志钧史学论文集》，上海社会科学院出版社 2013 年版，第 67 页。

逆，迫害无所不至”[①]，于是，康、梁等人组织建立兼具“学校与政党”性质的强学会和强学书局，其设立的目的在于广布近代科技新知，启迪民智，培育人才。然而，强学会和强学书局不久便遭清政府查禁。强学书局后被改建为官书局，主要负责有关书籍和各国新报的选译以及印售工作。1895 年 11 月，维新志士南下成立上海强学会，讲求西学之法，以求中国自强之学，自此接棒北京强学会，为近代文化社团传播西方文化提供了重要保障。1896 年 6 月，李端棻上奏由梁启超代拟的《请推广学校折》，正式提议筹办京师大学堂。1898 年初，随着维新志士情绪的高涨和维新运动的日益推进，康有为在《应诏统筹全局折》中提出在不同地方建立不同的学堂，“自京师立大学，各省立中学，各府县立小学，及专门各学，若海陆医学、律学、师范学，编译西书，分定课级，非礼部所能办，宜立局而责成焉”[②]。此奏折为京师大学堂的建立奠定了舆论基础。

中国士大夫渐渐意识到西方国家的强大，上奏朝廷献兴国之策，其中以刑部侍郎李端棻所奏之本最为详明，得旨意准允实施。相反，恭亲王、刚毅等言可缓办，与其他大臣商议后，虽表面应允，实则并未执行，束之高阁三年。1898 年 6 月，在康有为、梁启超等人的极力鼓动下，光绪颁布《定国是诏》，决定施行改革，而人才未足，故首开学校，培植人才。诏书中提出，京师大学堂作为其他各省兴办大学堂效仿的对象，应最先开办。光绪更是催促负责管理大学事务的军机大臣和总理衙门迅速复奏，不得迟延，若不依限复奏，定严惩不贷。军机处与总理衙门复议后，诸大臣奉旨速报章程，而中国尚未兴学校之经验，无参考之案例。清政府的军机大

---

① 《莅北京大学欢迎会演说辞》，梁启超：《梁启超全集》，北京出版社 1999 年版，第 2527 页。

② 《改革实情》，梁启超：《梁启超全集》，北京出版社 1999 年版，第 187 页。

臣及总署大臣，皆派人邀请梁启超代为起草。梁启超认为："京师大学堂为各行省之倡，必须规模宏远，始足以隆观听而育人才，现据该王大臣，详拟章程，参用泰西学规，纲举目张，尚属周备。"[①]他略取西方和日本学校制定的规章制度，参照本国实际情况，稍加变通，起草创办京师大学堂的基础性文件《筹议京师大学堂章程》，共计八章五十二条，以"兼容并包、中西并用"为原则，重视师范教育，课程设置严密切实，具体分为普通学科与专门学科两类。

梁启超认为，师范学堂不立是彼时人才缺乏的重要原因，《章程》第一章第四节指出，"西国最重师范学堂，盖必教习得人，然后学生易于成就……今当于堂中别立一师范斋，以养教习之才"[②]。《章程》第三章第八节又指出，"西国师范生之例，即以教授为功课。故师范学堂，每与小学堂并立。即以小学堂生徒，命师范生教之。今绎谕旨，凡大员子弟、八旗世职等皆可来学，且未指明年限。今拟择其年在十六以下十二以上者作为小学生，别立小学堂于堂中，使师范生得以有所考验，实一举两得之道"[③]。因此，京师大学堂应当设立专门培养教师的机构——师范斋。《章程》还规定，"师范斋"招收京师大学堂三年级的高才生，专讲求教授之法，为他日分往各学堂充当教习之用，此被视为高等师范性质教育的萌芽。此外，大学堂应重视课程设置。梁启超所言："功课之完善与否，实学生成就所攸关，故定功课为学堂第一要著。"[④] 京师大学堂之建立是维新变法教育改革的重要举措。据梁启超所言："成效难

---

① 《新政诏书恭跋》，梁启超：《梁启超全集》，北京出版社 1999 年版，第 194 页。

② 汤志钧等编：《中国近代教育史资料汇编（戊戌时期教育）》，上海教育出版社 2007 年版，第 229 页。

③ 汤志钧等编：《中国近代教育史资料汇编（戊戌时期教育）》，上海教育出版社 2007 年版，第 233—234 页。

④ 汤志钧等编：《中国近代教育史资料汇编（戊戌时期教育）》，上海教育出版社 2007 年版，第 231 页。

睹，盖变法而不全变，有法无人之弊也。”① 不过，筹议京师大学堂章程的制定，使梁启超师范教育思想由理想转变为现实，为中国高等师范教育开启新的篇章。

戊戌变法失败后，尤其是庚子事变爆发，京师大学堂不得不停止招生。1902 年，京师大学堂恢复办学，管学大臣张百熙广泛听取熟悉西方和日本学务之人的意见，借鉴梁启超所拟的《奏拟京师大学堂章程》，以师范斋的规章制度为参照设立师范馆。师范馆学员程度与大学预科相同，科举时的举人、贡生、监生以及毕业于中学堂的学生，经考试录取后入学。此外，规定“师范馆”修业年限。修业期满成绩合格者，给予担任中小学堂教师的文凭。师范馆最先招生，首批录取 56 名学生，此为中国近代首批高师学生。师范馆作为京师大学堂的重要组成部分，在其拟议和创设的过程中，梁启超实可谓功不可没。梁启超在推进我国高等师范教育方面迈出了历史性的一步，标志着中国高等师范教育发展进入崭新发展阶段。

第四节　深化阶段：从“论师范”到“论教育家”

一　流亡日本时期的办学活动

至辛亥革命前，梁启超在日本生活已十五年。这期间，他在日本的轨迹以东京和横滨为中心，从事政治活动，宣传自己的政治和学术思想。梁启超的影响力并没有因为其流亡日本而减弱，他仍是当时中国青年眼中的精神导师。同样也是在这十余年中，他的社会改良思想进一步丰富，救国理念也随之发生变化。正如学者张灏在考察 20 世纪初期梁启超思想时提到，日本的经历与生活环境必然

① 《新政诏书恭跋》，梁启超：《梁启超全集》，北京出版社 1999 年版，第 194 页。

会对梁启超的思想产生重要影响。

戊戌变法失败后，梁启超于1898年9月26日在日本公使馆的庇护下搭乘日本军舰大岛号，作《去国行》，开始流亡生活；至1912年10月8日回国登陆塘沽，整整度过十四年又一月的流亡岁月。在日期间，梁启超积极从事救国活动，他坚定地认为“今日为中国前途计，莫亟于教育”①。实际上在梁启超的心目中，早在戊戌变法时期，就把发展学校教育事业看成中国起死回生的良药。他认为，“亡而存之，废而举之，愚而智之，弱而强之，条理万端，皆归本于学校”②。梁启超期望以教育开民智、以西学育人才，使国家富强起来。如他所言：“欲救其敝，当有二端：一曰，开学校以习西文，二曰，将西书译成汉字，二者不可偏废也。”③ 变法失败流亡到日本后，他仍然把办理“完备之教育”、造就“完备之国民”视为己任，其目的是“开民智”“养新民”。

1898—1906年，梁启超学术上取得重大成就，他潜心学习日文，阅读西书，创办了《清议报》《新民丛报》《新小说》等刊物。梁启超是20世纪初期中国舆论界的骄子，其言论影响了数以千计的有为青年。

梁启超流亡日本后，对教育有了进一步的认识，在日本办学是其教育实践的一个新起点。根据彼时中国的国情，梁启超主张通航强兵以增强国家实力，希望以兴办教育为切入点，从根本上变革政治制度。他在日本友人和爱国华侨的帮助下，成立了横滨大同学校、神户同文学校和东京大同高等学校，继续从事教育救国的活动。不仅如此，梁启超还系统地介绍日本向西方学习的经验，撰写关于国民教育的文章，探讨教育的宗旨与功能、中国教育制度建设

① 《教育政策私议》，梁启超：《梁启超全集》，北京出版社1999年版，第754页。

② 《学校总论》，梁启超：《梁启超全集》，北京出版社1999年版，第19页。

③ 《新政诏书恭跋》，梁启超：《梁启超全集》，北京出版社1999年版，第194页。

等问题。1897 年，他创办的横滨大同学校，被称为中国近代史上华人在日本创办的第一所华侨学校，学校学制的制定、教学方法的应用和教学内容的选择等方面，都具有一定的前瞻性和实用性。梁启超主张引入西方先进文明“开民智”，注重开展传统文化教育，培养侨民爱国情怀。他在横滨大同学校期间，带领教师根据日本小学制定教科书的规则和学生身心发展规律制定本校的教科书。此外，梁启超深入地思考“如何设计课堂教学”“如何规划教科书内容”“如何创新教学方法”等方面的问题。在教科书内容方面，学校课程主要由国文、英文、东文、数学、物理、化学、历史、地理、修身、体操等课程组成。学校编撰的教科书，以幼稚园和小学课本为主，此乃中国最早的现代教科书之一。在教学方法方面，诸如国文课中，为了便于学生理解，教师在每几篇课文中间，须穿插一首诗或一首歌。传统德育内容则多以寓言故事为主，以拟人化的自然和直观形象的动植物为基本载体，包括《司马光砸缸》《葡萄是酸的》《龟兔竞走》《鹅生金蛋》《还有农夫救》《犬影》等内容，激发了学生学习的兴趣和积极性。

“1899 年 8 月，梁启超在横滨华侨商人郑席、曾卓轩等人支持下，成立东京大同高等学校。校址在牛达区东 5 轩町，梁自任校长，聘日人柏原文太郎为教务长。学生主要来自原时务学堂。”① 生源来自原时务学堂、横滨大同学校学生及上海南洋公学等三所学堂的高才生，如，蔡艮寅（锷）、秦力山、林锡圭、范源濂、李群、田邦璇、李炳寰等 30 余人。东京大同高等学校具有近代学校的特点，与当时的中国学堂有所不同。由梁启超制定的《湖南时务学堂学约》教学方针为：“立志、养心、治身、读书、穷理、学文、乐

① 董方奎：《梁启超家族百年纵横》，崇文书局 2012 年版，第 51 页。

群、摄生、经世、传教等。”[①] 重点虽为“政学”，但大部分教科书仍为儒家经典。而大同高等学校教学内容则以西学为主。该校所开设的课程为：日本语言文字学、世界文明史、人群发达史、泰西学案、中外哲学、中外近事、政治学、伦理学及日本各学校讲义等。学堂除梁启超和徐勤外，还有六位日本教师。梁启超认为，教育必须打好小学时期的基础，如他所言：“今中国不欲兴学则已，苟欲兴学，则必自以政府干涉之力强行小学制度始。”[②] 教育发展的次序，即是以上文所述人的身心发展阶段为科学依据。抑或说，“夫在教育已兴之国，其就学之级，自能与其年相应”[③]。针对国内当时不建小学、中学设施，而各地却直接建大学的情况，梁启超忧心忡忡，认为“若循此以往，吾决其更越十年而卒无成效者也”[④]，即求学好比上楼一样，必须从下面一级一级地往上走，要想不经下面的阶梯而直接到达顶层，那是一定要摔跟头的。可见，梁启超是我国早期倡导教学方法和教材内容改革的教育家。在课程编排和教学内容选择上，他主张要有一定的难度，以引起学生求知的欲望。由此观之，梁启超的治学思想在办学实践中不断得以发展与升华。

二 推动北京高等师范学校的发展

1911 年辛亥革命爆发，1912 年中华民国成立。1912 年 11 月，梁启超回国，结束流亡生涯。中华民国在武昌起义的烈火中诞生，其后大约七年时间里，梁启超投身于他所热衷的政治洪流中，曾先后担任过袁世凯政府的司法总长和段祺瑞政府的财政总长，还参与

---

① 《湖南时务学堂学约》，梁启超：《梁启超全集》，北京出版社 1999 年版，第 107—109 页。

② 《教育政策私议》，梁启超：《梁启超全集》，北京出版社 1999 年版，第 754 页。

③ 《教育政策私议》，梁启超：《梁启超全集》，北京出版社 1999 年版，第 756 页。

④ 《教育政策私议》，梁启超：《梁启超全集》，北京出版社 1999 年版，第 754 页。

了护国战争，揭露袁世凯帝制自为的野心，号召参加协约国作战。尽管他怀抱着赤诚之心践行着自己的政治抱负，作了多次演讲，宣传政治理念，但他的“贤人政治”观念却没有找到实现的路径。然而，即使深深卷入政治旋涡，梁启超也未曾放弃他的学术教育事业。1914年冬，他假馆清华园，讲述著作内容，受到学生的追捧。梁启超离开政坛，醉心于学术创作时，新文化运动正进入高涨期。与政治的黑暗相比，思想界却迎来百家争鸣、百花齐放的可喜局面。

民国成立后，以蔡元培为代表的教育界人士，力图改革普通大学、专门学校及高等师范学校三系统并立的高等教育制度。蔡氏立意虽在北京大学专办文理科，但对高等师范学校的改造方案却是可改为专科大学，或并入大学。此建议引发高等师范学校的生存危机。“梁启超以其崇高的威望组建了极具声望的董事会，不但为北师大注入了强心剂，对消弭校内纷争，团结各派势力十分有益；而且是对社会上废止高师等否定师范教育之论的有力反驳。”[①] 可以说，北高师的改革得益于梁启超对师范教育的深刻认识和系统思考。早在1902年，梁启超便首倡建立包括师范大学在内的师范教育体系。其在《教育政策私议》（1902年）绘制的师范教育自成体系中，更是突出了高等师范教育和师范教育垂直学制的理念。他以为，师范学校应分寻常师范学校[②]、高等师范学校[③]以及师范大学。其中，师范大学培养方式与大学院相同，讲求“自由研究，不拘年限”，组织上与教育科的高等研究院无异。如今观之，梁启超所讲的“师范大学”与“高等师范学校”的综合体，实质上与蔡元培所主张的“师范大学”若合符契；故而，梁启超虽反对废止高师，

① 刘敏：《再论梁启超与北京师范大学》，《教育学报》2018年第1期。

② 普通师范学校，相当于中学校，学制八年。

③ 相当于大学校，学制三至四年。

但仍支持高师升格为师范大学；这反映在他对北高师及北师大的态度上，梁启超不仅对北高师给予高度评价，还对新改建的国立北京师范大学满怀期待。正如其所言，“比年来教育上之功罪，斯校盖尸其半焉”①。北高师改建师范大学，亦是为了更好地顺应时代潮流，培养才智之士从事教育，因而其对于教育前途之责任益重且大。1924 年，国立北京师范大学获准筹备。梁启超不但亲自担任董事会首任董事长，而且致信于其学生原教育总长范源濂，请他回国担任校长一职，共同组建董事会。缘此，梁启超将改良中国师范教育的希望寄托在北师大身上，在参与校务和教学的实践中，他再次充当了北师大发展的引路人。同年，梁启超与熊希龄、范源濂、张伯苓、李煜瀛、袁希涛、陈宝泉、王祖训、邓萃英 8 人组成北师大董事会，梁启超任董事长。在开学典礼上，他勉励师生道：国家建设需要从教育着手，因而学校是很有希望的事业；国立北京师范大学是专门培养教师的大学，是全国教育的大本营，对于全国教育的责任最大，故而前途是光明的。他提醒并勉励教师，北师大有两重使命，即培育学生和辅助校长。当然，教师的本职是为学生传道、授业、解惑。在组织机构上，北师大的主要权责机构是由校长、教务长、总务长及各系主任组成的评议会，由其领导行政会议和各种事务委员会。各委员会实际上承担了具体校务的处理之责；而以各系主任为代表的教师群体，在处理校务上也有相当的发言权。

在师范教育模式上，梁启超特别强调学生的责任，认为学生的责任比校长和教师更重大。他在鼓励学生认真学习专业知识，研究教育问题的同时，强调不要为政治活动所累。他认为“中国现在并

① 《〈师范大学第一次毕业同学录〉序》，梁启超：《梁启超全集》，北京出版社 1999 年版，第 4287 页。

没有政治，现在凡号称政治活动的人，做的都不是政治活动"[①]。北师大今日之学生，即明日之教师。他不反对学生的政治生活，但明确反对致力于政治生活的学生被军阀党阀利用。鼓励学生努力学习，为日后做合格的现代国民做好准备。他甚至提醒学生，学生与学校非对立的，而是利益共同体。学生要和学校共同努力，共度时艰，维护集体利益。在全体师生的努力下，北师大走入正轨，这与梁启超的办学思路密切相关。这一时期，梁启超师范教育思想在北师大的办学经历中得到进一步深化，尤其集中表现于其"师范教育独立思想"与师范教育办学组织架构的规划方面。

三　书斋中耕耘"教育家的自家田地"

梁启超自 1922 年起受聘于清华学校，1925 年始与王国维、陈寅恪、赵元任三位导师同任教于清华国学研究院，研究领域包括"诸子""中国佛学史""宋元明学术史""清代学术史""史学研究法""中国文学""东西交流史""中国哲学史""儒家哲学""中国史"等。这期间，他著有《中国近三百年学术史》《清代学术概论》《中国历史研究法》《墨子学案》《情圣杜甫》《屈原研究》《先秦政治思想史》《中国文化史》等。在清华的教学生涯中，梁启超将其精深的学术造诣转化成了生动的教学资源。

在讲学过程中，梁启超心系师范教育的发展，他自身对于教师职业的认知也不仅限于教书育人，而是要不断培养教学的艺术，引领教师成为教育家。梁启超认为，教育事业是事关国家存亡绝续的崇高事业，教育家对教育事业的无私奉献精神是教师职业道德的精髓。他感叹彼时教育的一大忧患在于，世人尤其那些有聪明才智的青年"罕于从师"，以致"师范愈隳，而学基愈坏"[②]

---

① 梁启超：《学生的政治活动》，《晨报副镌》1925 年第 99 期。

② 《政府大政方针宣言书》，梁启超：《梁启超全集》，北京出版社 1999 年版，第 2575 页。

的现象。针对这一社会风气，他多次向青年讲解教师的专业特点和敬业精神。梁启超认为，教师的责任尤其重大，在教学中需要有一种专心教职、淡泊明志、乐于奉献的精神。此外，梁启超还认为，卓然自立的教育家应该有一个“哲学理想”，崇高的哲学理想应清楚两点：其一，要懂得人类为何生存；其二，要懂得人在世界上的责任。

梁启超认为，“能够日日与学问相亲，吸受新知来营养自己智识的食胃，也是人生最幸福的生活”[①]。在《教育家的自家田地》中，其就对“快乐”做出过解释，将快乐分为三个方面：“第一，要继续的快乐。若每日捱许多时候苦才得一会儿的乐，便不算继续。第二，要彻底的快乐。若现在快乐伏下将来苦痛根子，便不算彻底。第三，要圆满的快乐。若拿别人的苦痛来换自己的快乐，便不算圆满。教育家特别便宜处：第一，快乐就藏在职业的本身，不必等到做完职业之后找别的事消遣才有快乐，所以能继续。第二，这种快乐任凭你尽量享用不会生出后患，所以能彻底。第三，拿被教育人的快乐来助成自己的快乐，所以能圆满，乐哉教育，乐哉教育。”[②] 因此，教师职业的快乐存在于教师自身的创造性劳动中，在师生的交往与理解中，在学生的尊敬与爱戴中。

对于教育家的专业知识，梁启超认为，“教育家应该向学生们讲解自身所研究的学术成果，注重向学生们传授学术研究之方法。对此，他身体力行，应各学校、各学术团体的邀请做了许多学术演讲”[③]。他的讲学活动独具特色，一是讲学活动的次数极为频繁，二是讲题所涉及的学术领域十分宽广。每次讲学他都力求选题新颖、内容充实，注重科学性、趣味性、学理性，一个讲稿就是一篇绝妙

---

① 《教育家的自家田地》，梁启超：《梁启超全集》，北京出版社 1999 年版，第 4011 页。

② 《教育家的自家田地》，梁启超：《梁启超全集》，北京出版社 1999 年版，第 4011—4012 页。

③ 除在清华讲学外，梁启超还在天津南开大学、东南大学等学校讲学。

的学术佳作。

在教育家的教学方法方面，1922年梁启超在演讲《趣味教育与教育趣味》时曾言："假如有人问我：你信仰的什么主义？我便答道：我信仰的是趣味主义。"① 趣味是一切，一切也都是为了趣味。教育的最大效能，也只是如此。所以，教学方法应灵活多样，尊重学生的身心发展特点和规律，尊重学生发展的需要，激发学生的学习兴趣。对此，梁启超列举多种教学方法，揭示它们蕴含的教育价值。"若夫学童者，脑实未充，干肉未强，操业之时，益当减少……但使教之有方，每日伏案一二时，所学抑已不少，自余暇晷，或游苑囿以观生物，或习体操以强筋骨，或演音乐以调神魂，何事非学，何学非用，其宏多矣，而必立监佐史以莅之，正襟危坐以围之，庭内湫隘，养气不足，圈禁拘管，有如重囚，对卷茫然，更无生趣。以此而求其成学，所以师劳而功半，又从而怨之也。"②

在教育家的教材组织上，梁启超主张编排、选择教育内容应有适当难度。如他在《中国教育之前途与教育家之自觉》中所言："近时教科书之深浅，种类之选择，课程之分配，仅足为中材以下之标准；稍聪颖者则虽倍之不为多，此在编者教者或不欲过费儿童之脑力，然失之过宽，亦实有不宜之处。盖人类之可能性非常之大，教育之目的即在扩张其可能性，愈用愈发达，愈不用亦遂退化，证之生理学中不乏其例。"③ 梁启超晚年退出政坛，醉心于学术与教育事业，秉持着身为人师的坚守与教育家的理想，耕耘着"教育家的自家田地"，提出了教育家型教师的理想，并将之诉诸实践。

---

① 《趣味教育与教育趣味》，梁启超：《梁启超全集》，北京出版社1999年版，第3964页。

② 陈元晖主编，璩鑫圭、童富勇编：《中国近代教育史资料汇编（戊戌时期教育）》，上海教育出版社2007年版，第87页。

③ 陈元晖主编，璩鑫圭、童富勇编：《中国近代教育史资料汇编（教育思想）》，上海教育出版社2007年版，第275—276页。

正如他所言："盖凡为教育家者，必终身以教育为职志，教育之外，无论何事均非所计；又须头脑明净，识见卓越，然后能负此重任。"[①] 伴随着其对教师与师范观念的深化，梁启超师范教育思想得以进一步升华。

① 舒新城编：《中国近代教育史资料（下册）》，人民教育出版社1961年版，第950页。

第三章

梁启超师范教育思想的基本内容

在社会动荡、文化变革、教育更迭的特殊历史时期，梁启超的师范教育思想力求摆脱传统教育封闭僵化的弊端与洋务教育师资不足的困境，注重培养能够成为“新民”的教师，从而拉开了师范强国的序幕。人才乃立国之根本，筑国之根基。育人的关键在于兴学堂，兴学堂的关键在于培养教师。梁启超认为：“人才者，国之所与立也。而师也者，人才之大原也。故救天下之道，莫急于讲学。讲学之道，莫要于得师。”[①] 因此，梁启超提出“故师范学校立，而群学之基悉定”[②]。基于此，他就师范教育的地位、目的、课程、教学及实习等方面，构建了一套相对系统的理论体系。

第一节　群学之基的师范教育地位

一　师范也者，学子之根核也

“师道”，乃中国传统教育中的一个关键词。它聚焦于“教师”的教育价值和社会使命，关涉职业道德、教育目的、教学方法，以及师生关系等。“德行高妙、为人师表”“通达国体、温故知新”

---

① 《复刘古愚山长书》，梁启超：《梁启超全集》，北京出版社 1999 年版，第 152 页。

② 《论师范》，梁启超：《梁启超全集》，北京出版社 1999 年版，第 28 页。

“循循善诱、教亦多术”“尊严而惮、内外兼修”“以爱相济、教学相长”等，皆为古代师道观的核心价值。总体而言，出于对师道的崇敬与期望，古代社会尊师重教的风尚得以传承。梁启超对此深感同受，认为师道之习得，乃师范教育之根本。师者的行为风范与个人修养乃“道”的精神体现，师者则化身“道”之载体，起着立己达人的模范作用，故循道必求师，重道必尊师。

然而，令人痛惜的是，自明朝以来，师道却世风日下。追溯师道式微的根源，尤以“兴文教，崇经术，以开太平”①的文教政策和以科举为中心的学校教育为主要原因。自明朝始，科举制度愈发僵化。科举制度发生大变革，调整了考试内容、形式、方法等，大张旗鼓地开科取士、笼络士人，力图统一思想、整齐人心，学堂亦逐渐沦为统治者控制思想文化的工具。自 1644 年清兵入关至 1840 年鸦片战争，为了稳固统治，清政府在前朝基础之上进一步加强了专制集权的统治，对居于四民之首的“士”阶层采取恩威兼施的怀柔和高压举措。在官学的场所安排、学校规模、学官设置、教学内容、招生权、生徒考核权等方面予以详尽规定。有时也采用怀柔手段笼络汉族知识分子，通过建立书院，赐匾额、书籍、增加经费额度等方法予以褒扬。总体而言，对学生的言行管理愈加严格、考核形式愈加单一、考试内容日益僵化。清朝中后期书院的山长滥竽充数，索取束脩，月课不行，滥用讲席。“往往加居而遥领之，利其廪给，以供糊口，甚至诸生有经年而不得见，见而未尝奉教一言，经史子集诗赋古文之旨，茫无所解。”② 教师职能与形象遭到扭曲与异化。梁启超认为，教习中十之八九是“六艺未卒业，四史未上口，五洲之勿知，八星之勿辨者”③。学堂中的教习大都由科第者担

① 李世宏：《中国传统尊师风俗研究》，山西教育出版社 2015 年版，第 162 页。

② 陈元晖编：《中国古代的书院制度》，上海教育出版社 1981 年版，第 117 页。

③ 《论师范》，梁启超：《梁启超全集》，北京出版社 1999 年版，第 29 页。

任，日常教学内容以科举的制艺为主，均属“四书五经”之列。在师生关系方面，教习具有不容置疑的权威性，学生须服从教习，正如梁启超所言，“方将帝之天之、圭之臬之，以是为学问之极则，相率而踵袭之”①。学生只知“终身盘旋于胯下而不复知有天地之大”②，在此情形下，学生在学堂中并不能掌握更多的新知识。

“故夫师也者，学子之根核也。”③ 为师之威严乃师道传承的前提条件，而教师自身亦应肩负起“传道、授业、解惑”的社会责任，彰显出师者作为“道”的体现者、传播者、护卫者等不同角色。彼时中国因师资人才匮乏导致各方面落后，与清朝兴八股取士，不务实业，不立师范学堂，师道衰落不无关系。故梁启超疾呼：“师道不立，而欲学术之能善，是犹种稂莠而求稻苗，未有能获也。”④ 1913 年，梁启超入阁后，在亲笔起草的《政府大政方针宣言书》中重申：“欲求教育之止于至善，且累世尤且莫惮，今期承进有序，毋托空言，则国民教育，以培养师范为先。”⑤“故师范愈瘰，而学基愈坏，故城乡之自治事业，其什之八九宜集中于教育，而尤以养成单级教授之师范为下手第一着。”⑥ 在梁启超眼中，学为人师，行当立范，此乃教师得以存在之要义，也是师范教育得以建立之根源。

二 师范不立，则民智不开

自洋务运动之始，清政府试图通过政治、军事、经济、教育等方面的自我革新，挽救其岌岌可危的统治。但收效甚微。甲午战争

① 《论师范》，梁启超：《梁启超全集》，北京出版社 1999 年版，第 29 页。
② 《论师范》，梁启超：《梁启超全集》，北京出版社 1999 年版，第 29 页。
③ 《论师范》，梁启超：《梁启超全集》，北京出版社 1999 年版，第 29 页。
④ 《论师范》，梁启超：《梁启超全集》，北京出版社 1999 年版，第 29 页。
⑤ 《政府大政方针宣言书》，梁启超：《梁启超全集》，北京出版社 1999 年版，第 2575 页。
⑥ 《政府大政方针宣言书》，梁启超：《梁启超全集》，北京出版社 1999 年版，第 2575 页。

惨败，震惊朝野，日本以一个“蕞尔小国”击败了历来以“天朝上国”自居的中国，这促使举国上下共商国是，积极寻求战败之因和兴国之策。梁启超沿用其师康有为提出的“春秋三世之义”，为“开民智”这一命题作出颇有说服力的理论铺垫：“吾闻之《春秋》三世之义，据乱世以力胜，升平世智、力相互胜，太平世以智胜。草昧伊始，蹄迹交于中国，鸟兽之害未消，营窟悬巢，乃克相保，力之强也。顾人虽文弱，无羽毛之饰，爪牙之卫，而卒能槛縶兕、虎，驾役驼、象，智之强也。数千年来，蒙古之种，回回之裔，以虏掠为功，以屠杀为乐，屡蹂各国，几一寰宇，力之强也。近百年间，欧罗巴之众，高加索之族，藉制器以灭国，借通商以辟地，于是全球十九，归其统辖，智之强也。世界之连，由乱而进于平；胜败之原，由力而趋于智。故言自强于今日，以开民智为第一义。”① 这里所说的“力”，即蛮力和暴力，所言之“智”，即人的智慧。一部人类的历史，被归结为“智”与“力”不断相搏的历史。开始是“力”胜，最终为“智”胜，“智胜力”成为一种必然的历史发展趋势。是故，对于自强而言，“开民智”就成了最重要的途径。这种推论，以“智”的拓展作为人类社会进步的核心尺度，实质上是对文明必将战胜野蛮这一进化论原理的宣扬和肯定。那么，智慧的开启，依靠的是什么呢？是“学”。而“学”的获得，又依赖于“教”，作为“学”与“教”的保障，则需要形成学校之制。梁启超认为，教育救国的前提是兴办新式学堂，增进民众科学文化知识。于是，他指出：“故欲革旧习，兴智学，必以立师范学堂为第一义。”② 开民智，乃强国之源，欲启迪民智，须学习西学。西学先物理后文词，“重达用而薄藻饰”“贵自得而贱因人，喜善疑而慎

---

① 《学校总论》，梁启超：《梁启超全集》，北京出版社 1999 年版，第 17 页。
② 《论师范》，梁启超：《梁启超全集》，北京出版社 1999 年版，第 29 页。

信古”[①] 的教育理念、内容与方法。鉴于此，梁启超主张废除科举八股和训诂词章之学。此外，彼时清政府办学是本末倒置，不办师范和小学，而是急于办大学堂，其弊端在于：“本之既拔，而日灌溉其枝叶以求华实，时曰下愚。”[②] 因此，欲兴教育，必要重视师范教育这个“本”。否则，教育发展就会停滞不前，变法维新及社会改革也难以奏效。在以康、梁为首的维新派改革家呼吁和宣传下，众多有识之士皆视教育为救国之要义。故而，“教育救国”的呼声此起彼伏，逐渐成为清末以来挽救国家危机，实现民族独立的重要社会思潮。

三　师范学堂不立，教习非人也

在古代中国，教师并非一个独立存在的职业。我国新教育萌芽于同光年间，早期学堂重在实施西言、西艺、西政之学，随着西学东渐与洋务运动的兴起，洋务学堂设置越来越多的西学课程。例如，外语、声电、数学、化学、采矿等。课程陆续设立后，就如何改进教学质效逐步提上日程。由于本土教师大多为思想保守、观念陈旧的传统士人，故教授西学的重任就落在了西方教习身上。学堂中的西方教习多由主办者自行招募，他们大多没有接受过严格的师资训练。在《论师范》中，梁启超提出要重视培养师资。在中国开设的蒙馆、私塾、书院中所聘请的教习，很大一部分是由以“书院山长”“蒙馆学究”为代表的“旧师”组成。在教学内容上，讲授内容多以“四书五经”为主；在教学方法上，强调诵读与记忆，忽视学生的身心发展规律。在梁启超看来，若这些所谓“耆学名宿”任教学校，势必“率天下士面为蠹鱼为文鸟”[③]，长此以往，甚至

① 张岂之主编：《中国思想史》，西北大学出版社 2016 年版，第 573 页。

② 《论师范》，梁启超：《梁启超全集》，北京出版社 1999 年版，第 30 页。

③ 《论师范》，梁启超：《梁启超全集》，北京出版社 1999 年版，第 29 页。

会造成“欲开民智而适以愚之，欲使民强而适以弱之也”[①] 的境况。新式学堂陆续建立，所需教习数量增多，部分学堂出现一些专业不符、水平较低的西方教习。随着时间的推移，此境况愈发严重。同文馆在创办三十年之际，陈其璋在上奏整顿同文馆的奏折中，曾就师资问题提出过疑问。他认为学堂所聘请的西方教习多数并非名望出众之人，且存在诸多弊端。正如其所言：“授受之法，固不甚精，而近年来情弊之多，尤非初设馆时可比……今则洋教师视为具文，并不悉心考校，甚至瞻徇情面，考列等第，不尽足凭，但论情谊之浅深，不论课艺之优劣。”[②]

关于聘请西方教习的问题，梁启超作了详细论述：“聘用西人者，半属无赖之工匠，不学之教士，其用华人者，则皆向者诸馆之学生，学焉而未成，成焉而不适于用者也。其尤下者，香港、宁波之衣食于西人者也。教之之道既如彼，教之之人复如此，以故吾敢量其它日之所成，且或弗逮也。夫所谓教之未得其道者何也？自古未有不通他国之学，而能通本国之学者。亦未有不通本国之学，而能通他国之学者。西人之教也，先学本国文法，乃进求万国文法，先受本国舆地、史志、教宗、性理乃进求万国舆地、史志、教宗、性理，此各国学校之所同也。今中国之为洋学者，其能识华字，联缀书成俗语者，十而四五焉。其能通华文文法者，百而四五焉。其能言中国舆地、史志、教宗、性理者，殆几绝也。”[③] 关于中西文化，梁启超认为它们之间存在很大隔膜，正如其所言，“则为之师者，固不知圣教之为何物，六籍之为何言，是驱人而焚毁诗书，阁束传记，率天下士而为一至粗极陋之西人”[④]。此外，他还指出西方

---

① 《论师范》，梁启超：《梁启超全集》，北京出版社 1999 年版，第 29 页。

② 朱有瓛主编，华东师大《教育科学丛书》编委会编辑：《中国近代学制史料（第一辑·上册）》，华东师范大学出版社 1983 年版，第 590 页。

③ 《学校余论》，梁启超：《梁启超全集》，北京出版社 1999 年版，第 42—43 页。

④ 《论师范》，梁启超：《梁启超全集》，北京出版社 1999 年版，第 29 页。

教习的五大弊端："一切教习，多用西人，西人言语不通，每发一言，必俟翻译展转口述，强半失真，其不相宜一也。西人幼学，异于中土，故教法亦每不同，往往有华文一二语可明，而西人衍至数十言者，亦有西人自以为明晓，而华文犹不能解者，其不相宜二也。西人于中土学问，向无所知，其所以为教者，专在西学。故吾国之就学其间者，亦每拨弃本原。几成左衽。其不相宜三也。所聘西人，不专一国，各用所习，难杂言庞，尝见某水师学堂之教习，其操兵所用口号，英将官教者用英语，法将官教者用法语，德将官教者用德语，徒视其一队，非不号令严肃，步伐整齐也，不知沟而通之，各不相习，且临阵之号令，随时变化，万有不齐者也，今惟寻常操练之数口号，习闻之面习知之，一旦前敌或进退起伏，偶有一二事为平时所未习者，则统帅虽大声疾呼，而士卒且罔闻知，则安往而不事也？其不相宜四也。西人教习，既不适于用，而所领薪俸，又恒倍于华人，其不相宜五也。"① 通过深入分析彼时师资的问题后，梁启超疾呼："师范学堂不立，教习非人也。"② 因聘用西方教习并不能解决现实问题，国内又缺乏胜任教习资格之人，所以他参照日本兴国之策，提出大力兴办师范教育、培养师资的主张。

第二节　新民救国的师范教育目的

一　革旧习，兴智学

梁启超指出国民性存在的缺点时，也较为客观公允，"吾国民性之不良焉者固多，其良焉者抑亦不少"③。梁启超分析道，专制皇权思想下的社会是制造恭顺之民的大工厂，如其所言："兵

① 《论师范》，梁启超：《梁启超全集》，北京出版社 1999 年版，第 29 页。

② 《学校总论》，梁启超：《梁启超全集》，北京出版社 1999 年版，第 20 页。

③ 《中国前途之希望与国民责任》，梁启超：《梁启超全集》，北京出版社 1999 年版，第 2385 页。

而不士，故去岁之役，水师军船，九十六艘，如无一船，榆关防守兵，几三百营，如无一兵……今以有约之国十有六，依西人例，每国命一使；今之周知四国、娴于辞令，能任使才者，几何人矣？欧、美、澳洲，日、印、缅、越、南洋诸岛，其有中国人民侨寓之地，不下四百所，今之熟悉商务，明察土宜，才任领事者，几何人矣？”①

徐勤在《中国除害议·除不学之害》中曾言：“覆吾中国，亡吾中国者，必自愚民矣……愚民之术，莫若令之不学，而惟在上者之操纵，不学而愚之术，莫若使之不通物理，不通掌故，不通古今，不知时务……”② 由此观之，在思想文化上，中国盛行的“功名之学”束缚士人的思想，学堂中教习照本宣科所讲授的知识与学生的实际生活、社会发展所需相脱节。彼时中国正处于民族主义萌生，政权交替的过渡时期。此乃提高国人素质的绝佳时机，故梁启超提出，“革旧习，兴智学”③。

那么，如何兴智学？梁启超提倡革新国民教育，批判国人无自尊、无毅力、无群体的意识。对于新思想，因民众所受教育的程度、周围环境的影响、个体行为倾向的不同，所能接受的程度也不尽相同。梁启超认为，国民思想中缺点应从多方面改进，如其所言：“一一勘之，一一鉴之，一一改之，一一补之，于是乎新国民可以成。”④ 对此，他将眼光投向了师范学堂，进而分析道：“中国之衰弱，由于教之未善……亡而存之，废而举之，愚而智之，弱而强之，条理万端，皆归本于学校。”⑤ 只有广兴学堂，培育人才，国

① 《学校总论》，梁启超：《梁启超全集》，北京出版社 1999 年版，第 18 页。

② 汤志钧等编：《中国近代教育史资料汇编（戊戌时期教育）》，上海教育出版社 2007 年版，第 33 页。

③ 《论师范》，梁启超：《梁启超全集》，北京出版社 1999 年版，第 29 页。

④ 梁启超：《新民说》，商务印书馆 2016 年版，第 16 页。

⑤ 《学校总论》，梁启超：《梁启超全集》，北京出版社 1999 年版，第 19 页。

家方能摆脱危难之际。不过，中国“不复养士”日久，显现出诸多颇为严重的问题，梁启超言：“坐是谬种流传，每下愈况，风气日以下，学术日以坏，人才日以亡。”① 于是，他从普设学堂、开民智入手，全面系统地论述了兴办师范教育的迫切性与重要性，并参照日本明治维新时期设立师范学校所获得的成功经验，制定了师范教育的各项纲目。在设立师范学堂方面，梁启超认为，“自京师以及各省府州县，遍设学校，复古法，采西制以教多士，则其总教习当以数百，分教习当以数千”②。

1902年，梁启超在《教育政策私议》中提出变革主张，宜从重塑教育制度入手，欧美各国在18世纪以前小学制度尚不完整，直至19世纪确定教育宗旨后，教育才得以迅猛发展。梁启超认为，中国的教育宜从设置小学教育制度开始，然后参照日本教育次第表，制定中国教育的次第表。他制定的教育制度表内容翔实，将师范教育分为：寻常师范学校、高等师范学校和师范大学三类；涵盖幼儿园、小学校、中学校、高等师范学校、师范大学的教育体系。

二 以政治人为主义

梁启超作为政治家，其师范教育思想与其政治主张息息相关。他的师范教育思想是在批判传统教育弊端基础上形成的。在维新运动期间，梁启超积极引介西方的政治制度，提出今日学校“当以政学为主义，以艺学为附庸”③ 的观点。教育目的在于培养政治人才，学习西学必须以学习政学为首要。梁启超口中“政学”的构建以“道”为“经”，以“法”为“纬”，以“时事”为“用”，形成了自成一体的话语系统。其中，“道”指根本性的理念和原则；“法”

① 《论师范》，梁启超：《梁启超全集》，北京出版社1999年版，第29页。
② 《论师范》，梁启超：《梁启超全集》，北京出版社1999年版，第29页。
③ 《与林迪臣太守书》，梁启超：《梁启超全集》，北京出版社1999年版，第145页。

指具体化的制度和法规；“用”其实也相当于“法”，不过前之“法”为古法，而后之“用”为今法。经与纬交织，道与法（包括古法和今法）相连，从而具有广泛的涵盖性和集古今中外之大成的意义。

西方诸国与邻国日本富强的根本原因，在于其重视开设议院。对此，梁启超于《古议院考》一文的结尾处提到，开议院之前需要具备条件，“凡国必风气已开，文学已盛，民智已成，乃可设议院。今日而开议院，取乱之道也，故强国以议院为本，议院以学校为本”①。因此，在他的论述中，开议院就须摒弃专制制度，激发民智，培养政治人才，广纳治国之建议。维新变法失败后，他的教育理论进一步深化。他认为，仅仅培养少数的政治人才是不够的，变一法、易一人只能是对原有体制的修修补补，不能从根本上挽救国家之危机，故其希冀于通过师范教育培养出能够参与政治的教师，继而培养政治人才。此外，他对洋务派讲授艺学的做法也提出了疑问，洋务学堂中不探讨国事，并不能称为真正意义上的学校，也不足以担当振衰起弱的重任。

对于各类学问之间的关系，梁启超根据国家的现实需要，提出“今中国而不思自强则已，苟犹思之，其必自兴政学始”②。那么，应如何“兴政学”？西方的政治学院之制，已经提供了一个现成且完善的模式，“宜以六经诸子为经……而以西人公理公法之书辅之，以求治天下之道；以历朝掌故为纬，而以希腊罗马古史辅之，以求古人治天下之法；以按切当今时势为用，而以各国近政近事辅之，以求治今日之天下所当有事。苟由此道，得师而教之，使学者知今日之制度，何者合于古，何者戾于今，何者当复古，何者当变古；古人之制度，何者视今日为善，何者视今日为不善，何者可行之于

① 《古议院考》，梁启超：《梁启超全集》，北京出版社1999年版，第62页。
② 《学校余论》，梁启超：《梁启超全集》，北京出版社1999年版，第43页。

今日，何者不可行于今日，西人之制度，何者可行于中国，何者不可行于中国，何者宜缓，何者宜急，条理万端，烛照数计，成竹在胸，遇事不挠。此学若成，则真今日救时之良才也。”①

梁启超在《教育与政治》中关于如何教学生学过政治生活提出三条建议：其一，如何才能养成今日青年的政治意识；其二，如何才能养成青年的政治习惯；其三，如何才能养成青年的判断政治能力。② 他将培养国民政治素养的愿望寄托于学校教育，其中教师所具备的政治素养尤为重要。此外，最紧要之处在于教师与学生要融为一体，共同生活。教师自身要为学生树立榜样，当学生出现问题时及时纠正，使其养成良好之习惯。他批评洋务学堂“言艺之事多，言政与教之事少。其所谓艺者，又不过语言文字之浅，兵学之末，不务其大，不揣其本，即尽其道，所成已无几矣”③。他认为，真正的教师须教导学生掌握政学知识，具有政学人之精神，做政治人。可以看出，他对教师提出了较高的要求，倘若教师自身的能力和素质不足以教导师范生，那么培养学生做政治人就是无稽之谈。因此，在师范教育阶段，要注重培养未来教师参政议政的素养，为未来的教学和改良社会做准备。

三　教人学做现代人

梁启超可谓中国近代教育史上专门论述过教育应有明确宗旨的教育家。他首先指出人和动物的最大区别在于人之动力有明确的目的意识，动物的行为只是出于本能。“不知其然者而然者是也，亦谓之不能自主；有意识者何？有所为而为之者是也，亦谓之能自

① 《学校余论》，梁启超：《梁启超全集》，北京出版社 1999 年版，第 44 页。

② 《教育与政治》，梁启超：《梁启超全集》，北京出版社 1999 年版，第 3995—3996 页。

③ 《学校总论》，梁启超：《梁启超全集》，北京出版社 1999 年版，第 20 页。

主。”[①] 其后论道“能自主以求达其所向之鹄，若是者谓之宗旨”[②]。他认为宗旨于教育事业而言尤其重要，如其所言：“然则他事无宗旨，犹可以苟且迁就，教育无宗旨，则寸毫不能有成。”[③] 梁启超批判彼时教育宗旨不明，并一步步地引出教育的宗旨及其重要性。因此，他主张借鉴西方国家的教育宗旨，以唤起国人对教育宗旨的重视。

1902 年，梁启超发表《论教育当定宗旨》一文，认为应从知宗旨、择宗旨和定宗旨三方面加以把握，就宗旨确立之依据、内容、意义等方面进行了超越时贤的鸿论。梁启超教育宗旨的核心在于育人，教育是教人学做人，并且是学做现代人。人作为社会关系的总和，同时也是生物人与社会人的集合，无论何人亦不能单独存在，现代人是兼具多重社会角色，要学会扮演社会中的各种角色，比如家庭中父亲和母亲，国家的国民等，要教会国民具有多种能力和品质，适应各种角色而不是单独一个。他还认为做先前之国民较为容易，但随着民族危机加深，政治的担子落在国民肩膀上，在政治与群体的生活方面，政治不过是团体生活的一种，学政治生活，实际上是学过团体生活，不仅拥有单独生活的本领，还要具备与他人共同生活的本领。可见，梁启超认为的做现代人，实际上是做新式之国民。那么，如何学做“现代人”呢？梁启超以中西方教育思想为基础，提出了以知育、情育、意育三方面为主的人格教育。他极力强调学生要“养足你的根本智慧，体验出你的人格人生观，保护好你的自由意志”[④]。在梁启超眼中，人格教育不仅与个人的成长密切相关，更与国家与社会的命运紧密相连。师范生是未来的教师，是学生成长道路上的引路人。师范生不仅要成为“新民”与

① 《论教育当定宗旨》，梁启超：《梁启超全集》，北京出版社 1999 年版，第 911 页。
② 《论教育当定宗旨》，梁启超：《梁启超全集》，北京出版社 1999 年版，第 911 页。
③ 《论教育当定宗旨》，梁启超：《梁启超全集》，北京出版社 1999 年版，第 911 页。
④ 《为学与做人》，梁启超：《梁启超全集》，北京出版社 1999 年版，第 4066 页。

"现代人"，也要帮助学生成为未来的"新民"与"现代人"。故而，梁启超认为，师范生要树立"天下兴亡，匹夫有责"的人生理想，形成完善之人格，既能立人又能达人。

之于师范教育，梁启超就各级师范学校的培养目标做出了具体规定，即中等师范学校以培养小学教师为业，高等师范学校以培养中学教师为业，师范大学以培养高等师范及各科大学教师为业。各级师范学校要树立明晰的培养目标，最终指向培养"新国民"；师范生应自励、刻苦学习；教师应注重培养学生的全面发展，主张师范生的道德教育应与智力和身体教育相结合。无疑，这些主张均具有极大的进步性。

第三节　效法西方的师范教育制度

一　参合之于西政

一个国家的教育体系是经济、政治、科技、文化等发展到一定历史阶段的产物，其中包括国家制定的教育目的和宗旨，以及各级各类教育所采用的具体制度。严格来说，梁启超研习西学自师从康有为始。初入万木草堂之时，他就大量阅读西学书籍，此类书籍大都与政治变革密切相关，后梁启超研读西方政学，于时务学堂开设万国公法、欧洲史略等课程，力求开民智、兴民权。他认为，传统教育的弊端并非中学之传授，而是教育内容仅局限于帖括、制艺，忽略经世致用之学。无独有偶，洋务教育失败亦与其所领悟的西学、西艺不无关系"中国向于西学，仅袭皮毛，震其技艺之片长，忽其政本之大法"①。虽然西方科学技术对国家发展而言甚是重要，但对近代中国来说，西方的政治经验无疑更加具有吸引力。梁启超

---

① 《上南皮张尚书书》，梁启超：《梁启超全集》，北京出版社 1999 年版，第 69 页。

深入比对分析中国的洋务运动与日本的明治维新，两国虽大致于同一时期开始改革，但成效迥异。其根本原因在于日本政治创新的成功，亦为与中国在近代的军事竞争中占据优势的原因。因此，他提出："故今日欲储人才，必以通习六经经世之义，历代掌故之迹，知其所以然之故，而参合之于西政，以求致用者为第一等。"① 此外，在中西文化关系上，他极力支持"中西文化融合论"的主张，"要之舍西学而言中学者，其中学必为无用。舍中学而言西学者，其西学必为无本。无用无本，皆不足以治天下"②。他提出的具体的文化融合方案为：一是尊重和传承本土文化；二是用西方之方法而非中国之方法以研究西方文化；三是在世界范围内运用和检验新的文化体系。事实上，梁启超的融合文化观大有"以我为主，为我所用"的内涵要义。

在改良内容方面，戊戌变法失败后，梁启超更加重视政治教育，这和他准确分析戊戌变法失败的原因有关。他通过反思欧美、日本教育经验，认为"泰西诸国，首重政治学院……日本效之，变法则独先学校，学校则独重政治，此所以不三十年而崛起于东瀛也"③。长久以来，由于我们国家的教育内容缺少政治教育，导致普通民众政治素养不高。他们对于权利、宪法、议会等政治名称与概念知之甚少，这也导致他们逐渐远离了国家的基本政治生活，而民众参政议政能力的缺乏则有碍于变法运动的推进和国家政治的改革。梁启超言，"使其国有艺才而无政才也，则绝技虽多，执政者不知所以用之。其终也必为他人所用。今之中国，其习专门之业稍有成就者，固不乏人，独其讲求古今中外治天下之道，深知其意者，盖不多见"④。因此，欲改变彼时中国现况，培养民众的政治意

① 《学校余论》，梁启超：《梁启超全集》，北京出版社 1999 年版，第 43 页。
② 《〈西学书目表〉后序》，梁启超：《梁启超全集》，北京出版社 1999 年版，第 86 页。
③ 《与林迪臣太守书》，梁启超：《梁启超全集》，北京出版社 1999 年版，第 145 页。
④ 《与林迪臣太守书》，梁启超：《梁启超全集》，北京出版社 1999 年版，第 145 页。

识，提高民众的政治能力，须“开民智”与“兴民权”。故而，梁启超十分重视学校场域内的政学教育，“今中国而不思自强则已，苟犹思之，其必自兴政学始”①。在回首中国教育时，梁启超批判以往的教育改革只做了表面的皮毛工作，未抓到根本问题。正如其所言：“我国士大夫言西法者，以为西人之长，不过在船坚炮利，机器精奇，故学之者亦不过炮械船舰而已。此实我国致败之由也。”②

参照政治建制的方法，梁启超倡导兴办师范学校，培养优秀师资，谋求教育的发展。他认为，“十年之间，奇才异能，遍行省矣”③。之于兴办师范学校，有两方面亟须提上日程：一是确立师范学校的指导思想。梁启超认为，兴办师范教育须以培育本国师资为主要目的，而非一味地引进西方教习；二是参照他国的经验来发展我国的师范教育事业。结合国情，梁启超经过深思熟虑，选定日本的师范教育学制作为学习对象。在他看来，日本作为中国的邻国，其文化不仅很大程度上受儒家文化的影响，且在明治维新之前与中国国情近乎相同，改革的背景与起点亦十分相似。此外，近代以来中国学者纷纷引进东学，其中以日本的政治、经济与文化制度尤甚。例如，黄遵宪撰写的《日本国志·学术志》与《日本杂事诗广注》较为详细地介绍了日本的教育制度。因此，梁启超主张“取道日本”，效仿日本的学制建构中国的师范教育制度体系。

二　略依其制而损益之

美国发展社会学家布莱克（C. E. Black）曾言：“在任何社会内，一切比较现代的特点都是由以前的特点变革而来的。”④ 在社会

① 《学校余论》，梁启超：《梁启超全集》，北京出版社 1999 年版，第 43 页。

② 《新政诏书恭跋》，梁启超：《梁启超全集》，北京出版社 1999 年版，第 194 页。

③ 《论师范》，梁启超：《梁启超全集》，北京出版社 1999 年版，第 30 页。

④ ［美］西里尔·E. 布莱克等：《日本和俄国的现代化——一份进行比较的研究报告》，周师铭等译，商务印书馆 1984 年版，第 23 页。

转型的进程中极有可能导致旧形态的持续存在，而非由旧形态向新形态的直接转变。显然，中国近代新式学堂教师群体的转型就印证了这一点。1896 年，梁启超在《变法通议》中发表包括《论师范》《学校总论》等一系列文章，内容涉及师范学校、大中小学、专科学校、女子学校、特殊教育学校等，提出建立新式学制的初步设想。梁启超认为，法令的行废、国民的智愚、国家的强弱、民族的存亡都与师范教育有关。故应基于自身的文化特点，采西学之众长，促师范教育的建立与发展。

梁启超对于师范教育制度的重视，体现在其首创的教育制度体系之中。1902 年，他于《新民丛报》上发表《教育政策私议》一文，全面反思了自戊戌政变以来我国的教育情状。梁启超分析道："今日为中国前途计，莫亟于教育……然而此议之兴，既已两年，而教育之实，至今不举。"[①] 又论道："而小学、中学至今未见施设，惟以京师大学堂之成立闻，各省大学堂之计划亦纷纷起……求学譬如登楼，不经初级，而欲飞升绝顶，未有不中途挫跌者。"[②] 由此观之，彼时大学堂有所发展，但中小学的发展停滞不前。同年，梁启超模仿日本教育制度于《教育政策私议》中根据中国国情设计了较为完备的学校教育制度体系。在创建新式学校教育方面，梁启超主张"采西人之意，行中国之法；采西人之法，行中国之意"[③]。仿效欧美和日本等资本主义国家的教育制度，规划学制蓝图，建立乡立小学，承担义务教育功能。7 岁以上儿童入学，教以文史、算数、舆地、物理、歌乐；14 岁入县立中学，分初等科和高等科两段，在加深小学各科内容的基础上，增教外国语言和各门应用科学；省立专门高等学校或大学，分设经学、哲学、律学、医学

① 《教育政策私议》，梁启超：《梁启超全集》，北京出版社 1999 年版，第 754 页。
② 《教育政策私议》，梁启超：《梁启超全集》，北京出版社 1999 年版，第 754 页。
③ 《学校总论》，梁启超：《梁启超全集》，北京出版社 1999 年版，第 20 页。

四科；建一所规模较大的京师大学；国家成立一学部，统管一切教育事务。

在《教育制度表》中，梁启超首次将西方各级各类学校体系介绍到中国。在其所规划的学校体系中，建立了较为完整、系统的师范教育制度，包括寻常师范学校、高等师范学校、师范大学相联通的教育层次和阶段。小学校毕业生可入读中学校、各种简易实业学校、政治法律学校和陆海军学校。0—5 岁属于幼儿期，入幼儿园；6—10 岁属于儿童期，入小学校；10—21 岁属于少年期，入中学校；22—25 岁为成人期，入大学校。之于学习年限，从低到高，幼儿园为两年；小学校为八年；中学校（含寻常师范）为八年；大学校分文、实两科（含高等师范与师范大学）为三年或四年；大学毕业以后，而大学院则没有年限。

此为梁启超潜心研究西方教育制度的丰硕成果，亦是其重视师范教育的重要体现。概言之，该制度具有以下特点：一是将师范教育列为专门教育的类别，与普通教育相区分；二是师范教育具有相对独立性，体现在其具有独立的培养目标与课程体系；三是师范教育的地位较高，如师范大学堂与大学院有着平等的地位和研究条件。梁启超对教育的设想，为未来中国师范教育制度的建立与运行奠定了坚实的理论基础。

第四节 重德兴智的师范教育课程

一 通古今而达中西

随着近代西方自然科学逐渐传入中国，以自由竞争为特征的资本主义生产方式及其文化得以传播。中国社会也亟须全面改革传统教育模式，建立新的教育体系。梁启超治学的基本观点，乃是中西之学皆通达。他认为：“自古未有不通他国之学，而能通本国之学者。亦未有不通本国之学，而能通他国之学者。西人之教也，先学本国文法，乃进求万国文法，先受本国舆地、史志、教宗、性理乃进求万国舆地、史志、教宗、性理，此各国学校之所同也。”[①] 此外，他在《复刘古愚山长书》一文中主张政学应“以六经诸子为经，而以西人公法公理之书辅之，以求治天下之道，以历朝掌故为纬，而以希腊、罗马古史辅之，以求古人治天下之法”[②]。显然，这是梁启超学习西方近代学校教育经验所得出的结论。梁启超从小接受的是“四书”“五经”的传统教育，熟读成诵《论语》《孟子》《大学》等书籍。然而，他又极为推崇西方国家的哲学、社会学、政治学以及科学技术，这与梁启超早年间曾翻译、引介过日本、欧美等国家的教育思想不无关系。他常常感叹于西方科学文化与教育制度取得的成绩，于是根据本国国情设计出一系列具有中西特色的师范教育管理制度、课程目标、课程内容等。

梁启超认为，师范教育课程的目标具体如下：其一，要求师范生对中国传统文化与道德伦理观念内化于心。传承中国传统文化，形塑师道尊严，强化自身能力；其二，师范生应掌握和熟习历代王朝史学，具有客观全面的历史观，能够做到以史为鉴、以史观今，为倡导变法提供强有力的理论资源；其三，师范教育课程应让师范生熟识中国传统文字之来源，利于今后更好地将文字知识传授给学生；其四，对西方国家及日本的社会制度、文化传统、风俗习惯、地理环境等有所了解，开阔师范生的眼界。了解中西方国家体制的不同，取西方之优势弥补本国之不足等。由此观之，梁启超以中国传统文化为根基，融入西方先进科学技术、文化知识，旨在培养通古今而达中西之人才。

就师范教育的课程内容而言，之于西学，不拘于一技之长，而

---

① 《学校余论》，梁启超：《梁启超全集》，北京出版社1999年版，第42—43页。

② 《复刘古愚山长书》，梁启超：《梁启超全集》，北京出版社1999年版，第153页。

是深谙西艺且究其本源；之于中学，梁启超则坚持摒弃沿用颂文讲经的策略，研读传统文化要领。之于东西学的问题，梁启超认为要正确认识和处理中学与西学的关系，既否定对西方文化和教育的盲目崇拜，又批判中国传统文化的守旧主义。如梁启超所言："西文西语之当习，今之谈洋务者，莫不言之矣。虽然，有欲学焉而为通事为买办以谋衣食者，有欲学焉而通古今中外穷理极物强国保教者，受学之始，不可不自审也。今沿江沿海各省，其标名中西学馆英文书塾以教授者，多至不可胜数。彼其用意，大抵若前之说而已其由后之说者，则概乎未始有闻也。昧者以为是西学将兴，吾谓若辈之所为，于亡中学则有余，至西学之能兴与否，则非吾之所敢言也。"① 此不同于洋务派的"中体西用"，也有异于激进派的"全盘西化"。至于如何扭转局面，梁启超认为，应该有一个循序渐进的计划。首先，每个中国人都应该对自己的文化有真诚的尊重、热爱；其次，有必要用西方的研究方法来研究西方知识；最后，借鉴与吸收西方文化，形成自己特殊的文化体系。

二　中西兼举，政艺并进

梁启超十分重视西学的价值，主张中西学并重。1896年，他在《〈西学书目表〉后序》中言："要之舍西学而言中学者，其中学必为无用。舍中学而言西学者，其西学必为无本。无用无本，皆不足以治天下。虽庠序如林，逢掖如鲫，适以蠹国，无救危亡。"② 然而，彼时洋务派推行的西学教育。仅限于西语、西艺层面，涉及的范围十分有限。康有为创办的万木草堂，既承继传统书院的办学方式、教学方法，又在旧形式中注入新内容。沿用义理、考据、经世和文字之学，亦包含西方哲学、万国史学、地理学、数

① 《论幼学》，梁启超：《梁启超全集》，北京出版社1999年版，第40页。
② 《〈西学书目表〉后序》，梁启超：《梁启超全集》，北京出版社1999年版，第86页。

学、格致、万国文字、政治原理学、政治应用学、群学等内容，成为“中西并重”教育的雏形。梁启超在万木草堂除读中国古书外，还要读有关声、光、化、电等西译书以及西方哲学、社会、政治等意识形态层面的内容，此等西译书远远超过了洋务派所要求的范围。

梁启超深受康有为课程理念的影响，主张师范教育课程要立足本土，放眼世界。在课程内容的选择上，他主张“如用汉唐之法，多设诸科，与今日帖括一科并行……今请杂取前代之制，立明经一科，以畅达教旨，阐发大义，能以今日新政，证合古经者为及格”①。这里，多设诸科完全是汲取西学的教育内容，主张设立明经、明算、明字（中外语言文字）、明法（中外刑律）、绝域（各国公法）、通礼、技艺、学究（师范）、明医、兵法等科目，以选拔各种专门人才。此主张推动了中国教育与国外教育的有效接轨。在具体实施上，梁启超认为日本的教育在明治维新后获得长足发展，故取道日本乃时下所需。彼时，东学师范教育课程达 17 种之多，即修身、教育、汉语、西语、数学、书法、绘画、历史、地理、音乐、体操、农业、商业及技术等。对此，梁启超主张化繁为简、去粗取精，根据国情适当缩减内容，增添中国传统经学课程，并起草了一份较为完备的师范学堂课程大纲。

梁启超根据日本学制拟订六维度课程纲目，涵盖六经大义、历史掌故、华文源流、列国情状、格致专门、诸国言语等内容。此外，设置基础课与专业课两类课程，传授为教之道。1898 年 7 月，梁启超于《总理衙门筹议京师大学堂程》中提议：“第七节：于前三年级学生中，选其高才者作为师范生，专讲求教授之法，为他日分往各省学堂充当教习之用。第八节：西国师范生之例，即以教授

① 《论科举》，梁启超：《梁启超全集》，北京出版社 1999 年版，第 25 页。

为功课。故师范学堂，每与小学堂并立，即以小学堂生徒，命师范生教之。”① 所以，他建议京师大学堂设立师范斋。正是在其积极倡导下，晚清及民国初所颁布的师范教育相关规程中，同样重视中国传统文化课程与西方分科课程。例如，《奏定优级师范学堂章程》《奏定初级师范学堂章程》等章程中亦有涉及。概言之，晚清师范教育课程内容的实用性、完整性与梁启超早期的倡导和开拓是密不可分的。

三 为教之道，循而用之

课程实施是指把课程计划付诸实践的过程，它是达到预期课程目标的基本途径。② 课程设计的好坏直接影响课程实施的进程、课程效果的达成，所以要统筹把握好课程目标、内容、实施等环节。从制定的课程纲目可知，师范教育课程的目标为“通古今，达中西”。为更好地实现课程目标，课程内容的选择要整合学习者、教师、教材、教学环境等课程要素资源。课程实施阶段，梁启超秉持遵循由易到难、由近及远、张弛有度、循序渐进等教学原则，如其所言，“教育之次第，其不可以躐等进也”③。

梁启超认为实施师范教育课程要遵循人的智力发展的一般规律，如其所言：“人类之可能性非常之大，教育之目的即在扩张其可能性，愈用愈发达，愈不用亦遂退化。”④ 对于脑部而言，大脑和小脑分工不同，小脑一旦发展成熟，便难以改变，而大脑则会随着使用频率的增加而不断发展。梁启超基于西方生理学理论提到：

---

① 汤志钧等编：《中国近代教育史资料汇编（戊戌时期教育）》，上海教育出版社 2007 年版，第 233—234 页。

② 施良方：《课程理论——课程的基础、原理与问题》，教育科学出版社 1996 年版，第 128 页。

③ 《教育政策私议》，梁启超：《梁启超全集》，北京出版社 1999 年版，第 756 页。

④ 舒新城编：《中国近代教育史资料（下卷）》，人民教育出版社 1981 年版，第 948 页。

“大脑主悟性者也，小脑主记性者也……小脑一成而难变，大脑屡濬而愈深。”①因而，在教授儿童时，引导发展其悟性较为容易，培养其记性难度较大。是故，梁启超主张遵循循序渐进原则，尊重学生的身心发展特点和规律。关于课程设置，梁启超认为，“如近时教科书之深浅，种类之选择，课程之分配，仅足为中材以下之标准；稍聪颖者则虽倍之不为多，此在编者教者或不欲过费儿童之脑力，然失之过宽，亦实有不宜之处”②。课程的选择须考虑学生的学习能力和认知水平，与之相适宜的课程更能促进学生的认知发展，过于简单或复杂的课程则会适得其反，影响教学的效果。“童子之所甚乐，今舍此不为，而必取其所不能解者，而逼以强记，此正《学记》所谓苦其难而不知其益也。”③因此，课程不得设置过多，不可用“注射式的教育”，弃除先后倒置、进退逆行的迂拙做法。他认为，应取西方教育之方法，由浅及深、由粗而精，由具体到抽象、依序推进。此外，在时务学堂，梁启超主张废课卷、改手札，流亡日本兴办学堂时仍然沿用。他认为札记可以反映学生对时事政治的认识、社会改良的看法，引导学生通过撰写札记，提高政治敏锐力和判断力。每日，梁启超都会定时寄予评语，引导和鼓励学生关心社会民生、提高学术修养。在他眼中，课程实施并非单纯机械地讲授知识的过程，而是将传授知识、个性塑造、参政议政等通过札记交流的形式联系起来。

他还指出，“近今各国教育，必令学僮先习溥通学，得有常识，然后使于专门学中自择一焉，亦为此也”④，既要求学生先学好基础文化知识，再有所专攻。这是学习次序的实践表达，又是通才教育

① 《论幼学》，梁启超：《梁启超全集》，北京出版社1999年版，第35页。

② 冯克诚主编：《戊戌维新和辛亥革命时期教育思想与论著选读》，人民武警出版社2011年版，第204页。

③ 《论幼学》，梁启超：《梁启超全集》，北京出版社1999年版，第35页。

④ 董方奎、陈夫义主编：《梁启超论教育》，三环出版社2007年版，第296页。

与专才教育相结合的理论先导。此外，师范生德育与智育之间应彼此联系、互相促进。梁启超认为“然智识与志愿，递相为果，递相为因。无智识则志愿固无从立，无志愿则智识亦无从增”[①]。他的理论依据是：“学问所以能救世者，以其有精神也，苟无精神，则愈博学而心术愈以腐败，志气愈以衰颓，品行愈以诐邪，将安取之？”[②] 梁启超认为，学科有其自身的逻辑系统，师范生亦有其自身发展的特点、认识事物的规律。所以，制定课程实施方案时应参酌二者、循序渐进。

第五节 寓教于乐的教育教学

一 趋变求新，趣味引导

在课程设置上，梁启超主张充分考虑师范生身心发展的特点，摒弃传统“棍棒式”的教学模式。对此，他系统地论述“趣味教育”的内涵，无论是教学内容选择，抑或教学方法的运用，都要注重激发学生的学习趣味，把“趣味”作为学习的手段和目的。梁启超还认为，“趣味是生活的原动力，趣味丧掉，生活变成了无意义”[③]。趣味是人追求意义生活的途径也是目的，单单地沉迷于某一件事或物并不等同于趣味。趣味是有等次之别的，高级趣味与低级趣味的衡量并非以外在的道德准则为尺度，它自有其内在的衡量标准。高级趣味即从喜欢做开始，至体会其中的趣味，再以趣味为动力推进下一步的行动，既已主张趣味，便要求趣味的贯彻。梁启超言：“那么在教育界立身的人，应该以教育为唯一的趣味……既已打算拿教育做职业，便要认真享乐，不辜负了这里

① 董方奎、陈夫义主编：《梁启超论教育》，三环出版社2007年版，第296页。
② 王心裁：《梁启超读书生涯》，长江文艺出版社2000年版，第66页。
③ 《趣味教育与教育趣味》，梁启超：《梁启超全集》，北京出版社1999年版，第3963页。

头的趣味。”[①] 一般来说，现实中的人往往是因缺乏正确的教育引导，不免会陷入低级趣味。诸如，学生在接受学校教育体验不到趣味时，不免会受到低级趣味的引诱，从学校教育以外或学校教育反对之事中寻找乐趣，沉溺其中，难以自拔。因此，人在幼年之时需要引导其追求高级趣味，激发并保护其好奇心，从而不至于陷入低级趣味中。梁启超倡导的趣味教育是当青少年对世界充满好奇，对各种事情趣意盎然之际，引导他们发现自己的高级趣味，并促使他们不断发展这种受用终身的趣味。如果学校教育能做到这一点，便是办得圆满，有益于个人与社会。

梁启超以为，教学的要义“全在唤起趣味”，即培养、激发学生的兴趣是教育最根本的问题之一，这直接关系教育事业的兴衰成败。对此，他解释说：“教育家无论多大能力，总不能把某种学问教通了学生，只能令受教的学生当着某种学问的趣味，或者学生对于某种学问原有趣味，教育家把它加深加厚。所以教育事业，从积极方面说，全在唤起趣味；从消极方面说，要十分注意不可以摧残趣味。”[②] 可以说，对于梁启超所言说的教育的宗旨“全在唤起趣味”，大致有两种实践理路：一是要激发、唤起趣味；二是不可摧残、败坏趣味。因此，师范学堂的管理者应辩证地看待趣味，从而科学地把握学生乐学的标准。“各人选择他趣味最浓的事项做职业，自然一切劳作，都是目的，不是手段，越劳作越有趣。”[③]

梁启超反对在师范教育中进行机械式的教学。他言道：“摧残趣味有几条路：头一件是注射式的教育：教师把课本里头的东西叫

---

① 《趣味教育与教育趣味》，梁启超：《梁启超全集》，北京出版社 1999 年版，第 3964—3965 页。

② 《趣味教育与教育趣味》，梁启超：《梁启超全集》，北京出版社 1999 年版，第 3964 页。

③ 《趣味教育与教育趣味》，梁启超：《梁启超全集》，北京出版社 1999 年版，第 3964 页。

学生强记；好像嚼饭给小孩子吃，那饭已经是一点儿滋味没有了；还要叫他照样的嚼几口，仍旧吐出来看；那么假令我是小孩子，当然会认吃饭是一件苦不堪言的事了。这种教育法，从前教八股完全是如此，现在学校里形式虽变，精神却还是大同小异，这样教下去，只怕永远教不出人才来。第二件是课目太多：为培养常识起见，学堂课目固然不能太少；为恢复疲劳起见，每日的课目固然不能不参错掉换……趣味的性质，是越引越深。想引得深，总要时间和精力比较的集中才可。若在一个时期内，同时做十来种的功课，走马看花，应接不暇，初时或者惹起多方面的趣味，结果任何方面的趣味都不能养成。"① 所以，他主张师生关系应平等民主，鼓励学生锻炼语言表达、动脑能力，课程内容应降低学习的难度等。

教育是教育者引导受教育者更新观念、丰富知识、拓展能力的一种互动性活动，趣味教育则是一颗灵魂唤起另一颗灵魂的价值追求。然而，对受教育的学生而言，在其学习知识的过程中，并不总是带有趣味，特别是在学习困难的情况下，学习的趣味性会有所减弱。因此，就教育长远发展目标和整体效果而言，提高学生学习兴趣是最好的教学策略。梁启超用自身趣味经历教导他人："我生平对于自己所做的事，总是做得津津有味，而且兴会淋漓；什么悲观咧厌世咧这种字面，我所用的字典里头，可以说完全没有。我所做的事，常常失败——严格的可以说没有一件不失败——然而我总是一面失败一面做；因为我不但在成功里头感觉趣味，就在失败里头也感觉趣味。我每天除了睡觉外，没有一分钟一秒钟不是积极的活动。"② 梁启超所提倡的趣味教育，侧重于提高学生的学习兴趣与能动性，引导学生在学习中获得快乐、增长知识，为师范教育的趣味教学提供了思路。

---

① 《趣味教育与教育趣味》，梁启超：《梁启超全集》，北京出版社 1999 年版，第 3964 页。

② 《趣味教育与教育趣味》，梁启超：《梁启超全集》，北京出版社 1999 年版，第 3963 页。

二　导之以道，抚之以术

有鉴于“今天下之变日亟，教学之法亦日新”[①]，梁启超提议广开教学法，传授“为教之道”。他引介的西方教学方法，“其为道也，先识字，次辨训，次造句，次成文，不躐等也。识字之始，必从眼前名物指点，不好难也。必教以天文地学浅理，如演戏法，童子所乐知也；必教以古今杂事，如说鼓词，童子所乐闻也；必教以数国语言，童子舌本未强，易于学也；心教以算，百业所必用也……”[②]梁启超认为，西方的教学法相较中国的教学法更符合认知规律，极易调动学生学习的积极性。反观我国，他认为中国古代教育的本质是“成为物的教育，失却人的教育”[③]，学堂按照科举制度的要求制定学业标准，建立统一的课程体系。此外，传统的教学方法，则以惩罚性教育居多，“严师出高徒”的理念深入人心，实则是扼杀学生的学习主动性，阻碍学生个性的发展。对此，他极力反对传统的教学模式，主张采用西方教学之法，遵循学生的发展规律教学。

中国传统教育注重养成学生良好行为习惯。在学识上，教育者偏重“唯智”的方法，指导学生探究事物的奥妙；在道德修养上，通过“慎独”“自律”“克己”等方式磨炼学生的意志品质。倘若教学的目的是促进个体在智力与德行方面的持续发展，那么我们就无法否认师范教育教学方法需要在此逻辑上探索一条适合于师范生全面成长的行动道路。对此，他认为，传统的教育方法在某些方面固然有效，但随着近代西方学科的引入与发展，学生独立人格、批判意识与解决现实问题的能力愈发重要；教学方式也需要与时俱进，并且多数“实学”本身的实践性质更需要进行实地考察，身体

---

① 《论师范》，梁启超：《梁启超全集》，北京出版社 1999 年版，第 29 页。

② 梁启超：《梁启超论教育》，商务印书馆 2017 年版，第 45 页。

③ 梁启超：《自由讲座之教育》，梁启超：《梁启超全集》，北京出版社 1999 年版，第 3348 页。

力行。正如其所言，“一切实学，如水师必出海操练，矿学必入山察勘”①。他反对书斋式的闭门造车，主张师范教育的发展应重视理论与实践之间的联系。

具体而言，师范教学中应做到以下几点：首先，采取循循善诱，导其捷径的方法。对此，梁启超强调教学时要发挥学生自主能动性，划分师范生的自学书目，规定学生每日做札记，每季末采用提问及考试情况对他们的自学情况予以综合评分，以定优劣。其次，教学中要注意学校与社会的结合，学以致用，如他所言：“就学而有所谓毕业，自今世机械的学校教育始，就学而有毕业，于是学校与社会生活始分为两橛。学校中业其所业，与社会渺不相属。及其去学校也，则又举向之所业，长揖而永谢之。呜呼！毕则毕矣，吾不知所业为何等，而业此者又何居也。”② 梁启超认为，彼时中国教育的突出问题是学问不求实用。故其强调学校与社会万不可以分离，告诫学生“在学校时，于社会应有之知识研究有素，毕业后断不患无人用之；在学校养成一种活动之能力，将来在社会上可以不必求人，亦足自立”③。他还十分注重学、思、习、行相结合，时常于授课、评阅札记与课后讨论之时与学生探讨社会改良思想，并鼓励学生参加各种进步团体的活动，在公共场合发表自己的政见。最后，要培育学生的自主意识，鼓励自由学习。梁启超建议开启免费讲座制度，举办讲座者须具有教学和学术研究的能力，二者缺一不可。对学生也提出要求，学生可根据兴趣需要自由选择听讲。这种教育模式对养成学生独立人格，发挥学生在教育活动中的主体意识，大有裨益。

---

① 《学校总论》，梁启超：《梁启超全集》，北京出版社 1999 年版，第 19 页。

② 《〈师范大学第一次毕业同学录〉序》，梁启超：《梁启超全集》，北京出版社 1999 年版，第 4287 页。

③ 璩鑫圭、童富勇编：《中国近代教育史资料汇编 · 教育思想》，上海教育出版社 2007 年版，第 275 页。

三　重质轻量，贵于可行

教学评价是对教学效果的一种综合性的价值判断，也是对教学的“事后”认识。在实践中，教学评价对教师的教学行为具有约束和激励作用，其对学校的价值取向、培养目标有重要影响。梁启超十分重视教学评价问题，将过程与结果相结合衡量学习的效果。在他看来，教学评价并非完成一项既定的任务，而是一个动态持续的过程，旨在改善教学方式与管理模式，优化人才培养过程，借助评价提供的反馈，进一步促进学生和教师的全方位发展。梁启超认为，培养师范生的基本要求是提升学生的知识能力水平、全面发展学生的人格，简单的终结性评价不能充分有效地评价教师的教学成果。为此，他高度重视运用课堂考核、日记、讨论等多种方式对教师教学过程的考核，具体表现为：其一，以分数载录其平时表现并根据划分等级，赋分维度包括教学成绩、札记册内容、课堂问答实录等；其二，由视学官督导巡视。他在《教育政策私议》中，曾提出过学校督导办法，“每省置视学官三四员，每年分巡全省各学区，岁遍视学官之职，当初办时，则指授办法，既立校后，则查察其管理法及功课，教师之良者，学生之优等者，时以官费奖赏之”[①]；其三，最终成绩，根据综合数月内札记内容、课堂情况与笔录得分合并核阅并汇算分数予以排名。由此观之，梁启超在教学评价中做到了定性与定量评价相辅相成。

梁启超主张过程与结果相结合的评价方法，以激励为主，注重日常表现，充分发挥教学评价的诊断和指导作用。这种评价以激励为主，赏罚分明，评价取向不只注重考试成绩，更关注平时表现，全面评价教师的教学效果。此外，为凸显教学评价的独特性，他将

① 《教育政策私议》，梁启超：《梁启超全集》，北京出版社1999年版，第757页。

实践能力评价纳入师范教育教学评价实践之中。梁启超高度赞扬日记作为一种评价方式所承载的教育价值，“今之废课卷而用日记，废评列而用讲授，可谓黜弃枝叶，妙探本原者也”[①]。对于考试和日记的评价方法，他着眼于课程的特点，有针对性地衡量教师的教学效果。例如，“其经学、史学、地学、算学，则为日记以督之，以验其学业之精惰，其时务一门则为课卷以考之。以观其学识之浅深；讲时务而无四者之日记以督之，则无以正其本，讲经、史、算、地而无时务之课卷以考之，则无以征其用。二义并行，本末咸备，体用具举……必有可观”[②]。因此，梁启超对于教学评价核心要义的理解，在于良好的教学评价不是一味关注数量，而是要关注教学能否为学生提供合适的知识，形成学生完善的实践能力，使师范生的人格和德行得到充分发展。

第六节　期于致用的师范教育实习

一　从做上学

教育实习，乃是师范教育坚持理论联系实际的主要措施。如果说掌握必要的知识结构是师范生的核心素质，那么实习就是师范教育尝试超越已有的教学理论和技巧，发展处于专业能力的传统边界之外的、直觉的、默会的、行动中的知识。正如舍恩所言：“当他有意识地使用基于研究的理论和技能时，他还必须依赖于那些内隐的认识、判断和熟稔的表现。”[③] 所以，梁启超要求学生将“纸上”学问与实践、训练相结合，达到学以致用的目的。

梁启超作为中国近代师范教育的开拓者之一，他将师范教育视

① 《上南皮张尚书书》，梁启超：《梁启超全集》，北京出版社 1999 年版，第 70 页。

② 《上南皮张尚书书》，梁启超：《梁启超全集》，北京出版社 1999 年版，第 70 页。

③ ［美］唐纳德 · A. 舍恩：《反映的实践者——专业工作者如何在行动中思考》，夏林清译，教育科学出版社 2007 年版，第 40 页。

为学校教育系统的"母机"，其师范教育实践思想所体现的最大特点可以概括为：系统性与前瞻性，现实性与理想性的对立统一。早在19世纪末，梁启超就提倡"做中学"的教育理念。为了让学生真正掌握实践技能，他反对将学校视作纯粹的贮藏知识的仓库，普通学校的弊端乃是以知识的贩卖为目的，顶好的学生天天以吃书为业，最终沦为一个书呆子、一个高等无业游民。梁启超将教育看成一个有机整体，它需要教育内部与外部各方面的相互配合。他倡导教育理论与实践紧密结合，师范生的学习目的不仅在于获得知识，更在于服务社会，两者同等重要。只有获得知识并能将知识应用于实践，才能称之为"学以致用"。梁启超建议采取多种途径培养学生的才智，充分发挥学校的育人作用，培养师范生"学用结合、说做结合"的行为习惯。

在实习过程中，教师除课堂教授学生教学方法外，应及时解决师范生在教学过程中会遇到各式各样的教学问题，引导师范生尽快地掌握教学原则和教学规律。师范生教学结合，互相促进，构筑新知识体系，创新教学能力。正如梁启超所言："即以小学堂生徒，命师范生教之。今绎谕旨，凡大员子弟八旗世职等皆可来学，未指明年限；今拟择其年在十六以下十二以上者作为小学生，别立小学堂于堂中，使师范生得以有所考验，实一举两得之道。"[①] 即在京师大学堂中设立小学堂，供师范生教学实习之用。梁启超"从做上学"的实习目标，对中国师范教育实践课程的发展奠定了理论基础。

二 课之以教术

教育实习是师范学校教学的重中之重，其质量直接影响师范教

① 汤志钧等编：《中国近代教育史资料汇编（戊戌时期教育）》，上海教育出版社2007年版，第234页。

育事业的发展。通过实践，学生可将所学的理论知识应用到真实的教学情境，增长教学经验与能力。梁启超重视教育实习活动的教育价值，并提出了以下建议：一方面，以小学堂为师范生实习基地，以之辅助师范学堂。正如乌申斯基所言："师范学校没有实习学校就如医学系没有医院；而没有理论的教育实践犹如庸医巫术。"① 故而，梁启超建议师范学校应附设实习学校。在近代中国，梁启超率先对教育实习问题进行理论探究，其取经于西方国家师范实习之经验，主张师范学校与小学并立，"以师范学堂之生徒，为小学之教习"②。将小学作为师范生的教育实习基地，规定师范生在校三年期间，在学习专业课程的同时，尚须到小学担任教学工作。实习生在培养中，须采取学思结合的形式，同时还要加强实践指导。单从知识上讲，师范生完全能够胜任小学的教学工作，但能否有效地把知识传授给学生，还是个棘手的问题。为此，他提出"课之以教术"的教学方法，专门配备教师引导师范生的实践活动，使其掌握教学规律，提高教学质量。梁启超认为，必要的实习指导与反馈，乃是促进师范生实践技能提升的重要措施。实习指导的最终目的，并非复制出新的一批教师承续原有的教学观念与方法，而是要帮助实习生在探索教学活动的过程中感受到趣味、爱与责任。师范生定期与指导者沟通交流，这种与专家或经验型教师的对话能进一步优化教学方法，不断缩小教学理想和实践的差距，最终成长为能够独当一面的教学专业人士。由此可见，梁启超对教育实习的论断为日后我国开设的师范教育实践课程奠定了理论基础。

三 严以考绩，量才录用

教育实习评价指通过自我与外部评价的形式，对师范生的教学

---

① 刘新科：《外国教育史》，武汉大学出版社 2012 年版，第 188 页。

② 《论师范》，梁启超：《梁启超全集》，北京出版社 1999 年版，第 30 页。

组织、语言表达及应变能力等教学技能进行评价反馈，帮助其进行反思，发现教学活动中的问题，以期改善教育效果。1896 年，梁启超于《论师范》中深刻揭露了彼时中国新、旧学堂中师资之现状："才任教习者，乃至乏人，天下事之可伤可耻，孰过此矣。"[①] 大小学堂惯于使用"纸上知识"而非"实践性知识"教育学生，使学校教育理论与实践相分离的弊端日益凸显。因此，梁启超提出加强师范生实践能力的培养，对师范学堂的课程设置、实习准备、毕业评估等方面进行设计，保证教育实习达到预期的效果。

对于师范生的实习考核，除考核所开设的课程外，师范生所从事的小学教育成绩之优劣，直接反映了师范生的教学能力和努力程度。择优选拔各级学校所需要的总教习或分教习的激励机制，有利于鼓励师范生勤奋学习，认真从事教育教学活动。在评价方式上，梁启超将理论知识考试与实践能力考试相结合，突出对师范生实习的重视。在教师敬业方面，梁启超认为当教习又兼营他事是无稽之谈，教育事业是何等重要，如果不全身心地投入，教育事业怎能尽善。因此，师范生在教育实习活动中，应热爱自己的岗位，献身于自己的工作。最后，"以小学堂生徒之成就，验师范学堂生徒之成就"[②]。换言之，三年后，根据师范生在学校实习的优异程度，分别担任小学堂、中学堂、大学堂的教习。师范生的实习效果主要体现在实习学校学生的发展状况和学习成绩上，这在当时实属创新式的实习评价，体现了梁启超先进的师范教育实习评价理念。

---

① 《论师范》，梁启超：《梁启超全集》，北京出版社 1999 年版，第 29 页。

② 《论师范》，梁启超：《梁启超全集》，北京出版社 1999 年版，第 30 页。

第四章

梁启超师范教育思想的评价

鸦片战争后，中国逐渐沦为半殖民地半封建社会。名人志士自觉地肩负起振兴中华的历史使命，试图以教育改革带动社会变革。其中，梁启超开启近代师范教育研究的先河，其师范思想兼具理论性与实践性的导向，试图通过引进西方教育经验丰富本土化理论，解决传统教育的弊病，实现师范教育救国的理想。梁启超经历了中国旧民主主义革命末期和新民主主义革命前期的风风雨雨，在他的身上，体现着“趋新”与“保守”的双重特性。抑或说，梁启超既按照资产阶级的观点猛烈抨击传统教育的诸多弊端，同时又对传统教育中的本体内核予以继承发展。总之，唯有设身处地地观照那个特殊的历史时期，才能客观而公正地评价梁启超的师范教育思想。

第一节 梁启超师范教育思想的特征分析

一 理论升华与实践导向相结合

梁启超将师范教育视为一个兼具系统性与目的性的有机体，其持续高效地运转，得益于内部各要素之间的相互配合。在师范教育领域中，理论与实践的关系是相互依存、相互促进的。倘若将各领域间复杂的概念、范畴、原理比作师范教育中的要素，那么师范教育实践就是各要素间的联结点。作为凝练为系统化的师范教育理性知识，师范教育理论引领着师范教育实践的发展。从某种意义上来说，在实践中显现出的师范教育实际问题是师范教育理论生发的逻辑生成点，故师范教育理论的形成不能闭门造车，师范教育思想的产生更不能脱离师范教育实践。“一切实学，如水师必出海操练，矿学必入山察勘。”① 如梁启超所说，实学本身是一种以“实体达用”为主旨的学问，它强调“经世致用”，侧重于知识的实用性。梁启超生于晚清“三千年未有之大变局”之时代，童年梁启超苦读诗书、通晓六经，对中国传统文化富有极深的见地。少年梁启超顺应晚清“西学东渐”的历史潮流，接受并翻译了诸多西学论著经典。这期间，其亦不忘投身于师范教育实践，无论是在“时务学堂”的孜孜授业，抑或在北师大的董事经历，他始终秉承师范教育与实践相结合的要旨，主张学习要落到实处，师范教育理论定要根植于师范教育实践。

梁启超认为，天下教师以求通达为己任。智慧的习得并不是真正的目的，将智慧诉诸教学实践才是根本，只有回归实践才能做到“学以致用”。作学问、育人才若只有纸上谈兵，不身体力行，则会无的放矢。这首先体现在梁启超的师范教育理论指导其教育实践上。梁启超深厚的儒学基础，使他对中国传统文化及教育思想极为精熟。他极为推崇孔孟的教育理论，认为中国自古便已有丰富的师范教育理论资源。1840 年后，随着晚清对西学的引入，逐渐激发起梁启超引入西方师范教育理论振兴本土师范教育事业的强烈愿望。戊戌变法前后，他以政治学为基础，提倡引进西方社会科学和人文知识，并在此观点的引领下，提出振兴教育、创办师范学校的建议。一方面，他取道日本，结合其师范教育的实践，从六经大义、

① 《学校总论》，梁启超：《梁启超全集》，北京出版社 1999 年版，第 19 页。

历朝掌故、文字源流、列国情状、格致专门、诸国言语等方面，制定本国的师范教育课程指南。另一方面，他要求师范生掌握“为教之道”，师范学堂开设专业课与教法课、注重设置传统文化课程。此举措对师范教育的理论发展和实践探索大有裨益。

梁启超的师范教育思想，来源于其自身丰富的实践活动。纵观梁启超的生平，他的教学活动主要集中于青年与晚年时期。在此期间，他心系师范教育发展，且其大部分师范教育思想是以师范教育实践活动为基础的。这种植根于实践活动的师范教育理论，既体现出其师范教育理论渊源的真实性和可行性，也彰显了其教育救国的情怀与兴办师范的信心。梁启超从倡办早期师范学堂，到掌理时务学堂、大同学堂，再到晚年任教于北师大、清华、南开，每赴一处，无不别具匠心、独树一帜。在数十年的教学经历中，已“桃李遍布天下”，培养了蔡锷、蔡尚思、徐中舒等一批社会名流与知名学者。这些丰富的教学和学校管理经验，奠定了其师范教育思想的基础。

在戊戌变法之后，梁启超流亡日本期间对其师范教育制度进行深入考察，结合第一次世界大战后对欧洲国家教育状况的反思，期望找出一种合于本民族发展的师范教育理念。这在他 20 世纪 20 年代初公开讲演中均有涉及，也足以说明其师范教育思想的发展与深化，并非全然基于理论的空泛议论，而是其从“书斋耕耘”走向“躬耕实践”之后，对国家近代师范教育的状况、问题的真实体认。有学者评价梁启超颇有几分言论的巨人，行动的矮子色彩。然而，笔者认为，梁启超一生虽著述颇多，但其言论并非纸上谈兵，而是力求联系实际，这在师范教育理论方面尤其可鉴。

具体而言，师范生于学堂中，所学知识要有广度和深度，毕业后就不担心无人用之。师范生仅仅学习书本知识而不践行则必空疏无用，所以要通过实践训练自身的功夫。振兴师范必须倚靠实际、勤加练习、学以致用、做学合一，全社会才能树立求是、务实的学风。如果学而不能应用于世，无论如何勤学，终是纸的学问。如梁启超所言，"故吾人须知纸的学问之害，于学生在校时，令其研究一切社会应用之事"①，使师范生在学校养成一种活动的能力，具有独立的思想，将来在社会上可以不必求人，足以自立。此外，他还倡导在大学中设置自由讲坛，教师应该将自身的教育实践经验上升为理论，并成为自己观念与理论的传播者。对此，梁启超任教于清华研究院时，亲自草拟题目，每周设讲座数次，讲座题目包括《中国文化史》《读书法及读书示例》《儒家哲学》《历史研究》等。可以说，梁启超师范教育思想的形成与发展，极好地诠释了理论升华与实践导向相结合的精神特质，也将其师范教育理论家与教育实践耕耘者两种身份体现得淋漓尽致。

二　效仿西方与本土自生相结合

自从哈耶克在《自由秩序原理》中提出自生自发的社会秩序理论之后，"自生自发"② 一词曾多次应用于社会科学与人文科学领域。它与人的理性设计和外在干预相对，多指某一群体或事物在客观现实的基础上依照一定的规则自主生成的过程。本书认为，产生于近代的梁启超师范教育思想的本土创生乃创生主体与客观环境共同作用的产物。

在某种程度上来说，中国教育的现代化开始于鸦片战争之后，且整个过程始终面临着该如何处理中西方文化关系的问题。洋务派就曾打出"师夷长技以制夷"的口号，主张"中学为体，西学为用"，早期维新派也曾使用"中体西用"这一表述。但在洋务运动

① 舒新城编：《中国近代教育史资料（下）》，人民教育出版社 1981 年版，第 947 页。

② ［英］冯·哈耶克：《知识的僭妄——哈耶克哲学社会科学论文集》，邓正来译，首都经济贸易大学出版社 2014 年版，第 170 页。

破产之后，以康、梁为首的维新派以效仿“西学”“西政”为主旨，提出“淬厉其所本有而新之、采补其所本无而新之”[①]的主张。这一转变反映出维新派对待传统文化和西方文化的基本态度。梁启超认为，西方国家器物的兴盛与其政治、经济、教育制度的开明不无关系，中国欲兴国、新民理应从研究西方文化政治制度入手。东西方文化在本质上具有差异，西学以“物质”为出发点，而东学则以“精神”为出发点，倘若要生成“新的文化体系”须使中西文化相结合，不一味追求“物用”与“主次”。梁启超有关“中西化合”的思想，诸如，文化的继承问题、文化的异同短见问题、文化转型期的建设问题等，为推进中国现代化进程提供了一种全新的思维方式，即世界文化各有千秋，师范教育理念也纷繁复杂，但不同的文化与师范教育可以相互学习、取长补短。

那么，究竟如何处理好中国传统文化与西方文明之间的关系，梁启超有自己独到的见解。他认为，“凡一国之立于天地，必有其所以立之特质。欲自善其国者，不可不于此特质焉，淬厉之而增长之”[②]。从西方文化中选择那些本土文化中所没有的优秀成分，剥离出其表现形式上的原有民族特性而加以创造性地改造，使之与建设中国新文化的需要相融合。对此，梁启超呼吁引进西方先进的理论成果，这既不同于洋务派的“中体西用”，也不同于“全盘西化”的历史虚无主义。其主旨在于：深谙外国的制度文化，汲取西学之优点并保存传统文化的优秀成果，强调中西文化的结合、化归。在学习方式上，要摒弃简单复制的方法，主要理解其精髓，将西方文化要义与本土优秀文化传统巧妙地加以结合，发挥其各自的长处。至于如何结合以重建教育文化事业，梁启超认为应该有一个循序渐

① 《新民说》，梁启超：《梁启超全集》，北京出版社1999年版，第657页。

② 《论中国学术思想变迁之大势》，梁启超：《梁启超全集》，北京出版社1999年版，第562页。

进的计划。首先，国人都应该对自己的文化有真诚的尊重和热爱；其次，有必要用西方的研究方法来研究西方知识，以接近真理；最后，中西文化融合的目的是形成新的体系，然后在此基础上推进，最终使文化教育体系更能与世界接轨，以改造旧中国，造福百姓。而这种力量所仰仗的，则是学贯中西的现代人才。

梁启超在《论师范》中具体阐述的师范教育，其中涉及中西学调和的问题。晚清在师范教育建设方面缺乏经验，亟须找寻仿效之法，洋务教育只沿袭西方文化的皮毛，且重技艺轻师范教育，导致收效甚微。故而，梁启超认为应变革制度以强文化。明治时期日本的发展，很大程度上得益于师范教育发展，且中日隔海相望，又同受儒家思想的熏陶，故大可借鉴日本师范教育的制度模式。彼时，日本师范课程可达十数种，即修身、教育、国语、汉文、史志、地理、数学、理化、博物、习字及工艺等。为此，梁启超结合国情需要与师范生的培养目标，减少其中不当的内容，增加课程的实用性，拟定了近代首个较为系统的师范学堂课程纲目，为中国师范教育课程内容的设置，提供实际操作的蓝本，由此观之，梁启超认为师范生要立志于改造社会，学习应以传统教育为立足点，兼具学习西方先进科学技术知识，不至于“学校中业其所业，与社会渺不相属”①。

三　问题导向与方法应用相结合

根据师范教育发展的实际情况，师范教育理论研究中经常采取“问题导向”与“方法应用”相结合的方法。其中，“问题导向”是研究的靶子，“方法应用”则是指在把握问题本质后提出有效的解决方案。

---

① 《〈师范大学第一次毕业同学录〉序》，梁启超：《梁启超全集》，北京出版社1999年版，第4287页。

明清以降，科举制度日益成为选拔人才的主要手段，学堂先生围绕八股程式教导学子。但随着科举选士体制的僵化，弊端凸显。梁启超批判传统教育的缺陷：一为教师素质参差不齐，许多教师“不通六艺、不读四史、不知五洲、不识八星”①，成此结果之缘由，大抵是数百年来师范学堂不立。洋务运动时期，为仿效西学体系，培养实用型人才，建立京师同文馆、福建船政学堂等新式学堂。梁启超认为，西方教习的取用存在诸多弊端。比如，语言沟通困难，讲授时经国人翻译后失真较多，“所聘西人，不专一国，各用所习，难杂言庞”②。另外，聘请西方教习的薪俸，数倍于本国教习，梁启超发出感叹：“夫国家岁费百万之帑，而养无量数至粗极陋之西人，果何取也。”③ 梁启超认识到，聘请西方教习仅仅是亡羊补牢，深层次的原因是本国教育不兴、人才匮乏，更为根本性的问题是师范学堂不立。二为教学内容单一且枯燥，与社会实用相分离。清代官学与私塾多以培育“学究”为主，“其六艺未卒业，四史未上口，五洲之勿知，八星之勿辨者，殆十而八九也”④。士子所教授的课程，皆来自“四书五经”，实属“纸之学问”，而非“事之学问”，教育目的是适应帖括之试，最终导致学非能用、用非所学的学人层出不穷。本应学贯中西、通晓时事之学人，却培养为“学究”，实属教育之悲哀。三为教学方法不当。旧式教育是“成为物的教育，失却人的教育”⑤，教师不重师道，体罚者尤甚，不能“导之不以其道，抚之不以其术”⑥；导致学子“视黉舍如豚竞之苦，对师长若狱吏之尊”⑦。为师者不通晓教学之规律，使学生的身

① 《论师范》，梁启超：《梁启超全集》，北京出版社 1999 年版，第 29 页。
② 《论师范》，梁启超：《梁启超全集》，北京出版社 1999 年版，第 29 页。
③ 《论师范》，梁启超：《梁启超全集》，北京出版社 1999 年版，第 29 页。
④ 《论师范》，梁启超：《梁启超全集》，北京出版社 1999 年版，第 29 页。
⑤ 《自由讲座制之教育》，梁启超：《梁启超全集》，北京出版社 1999 年版，第 3348 页。
⑥ 梁启超：《梁启超论教育》，商务印书馆 2017 年版，第 45 页。
⑦ 梁启超：《梁启超论教育》，商务印书馆 2017 年版，第 49 页。

心皆受损伤，抑制学生个性的发展。四为不遵循学生学习发展规律。今之为教，先后倒置，进退逆行。传统经学讲求注入式教育，在儿童时期就传授经学。“未尝辨训，未尝造句，而即强之为文。开塾未及一月，而大学之道在明明德之语，腾跃于口，洋溢于耳……知其不能解，而犹然授之，是驱其子弟，使以学为苦而疾其师也。”[①] 故而，教育应讲求循序渐进。五为学校教育内容与社会实际相分离。学校成了“知识贩卖所”，在这里，学生被看作顾客，教师则是提供“智识产品”的卖家。尽管有些学校可能会提供优质的教育资源，其教育的最终目的却与销售“产品”无异，即让学生通过学习获得相应的学术知识，而非真正地理解和掌握这些知识，课程内容与现实社会生活相去甚远。学生天天以“吃书”为职业，不出几年，头脑中的知识装得像蛊胀一般便算毕业。另一个显著的问题则是，现代学校教育往往忽视了修养身心磨炼人格的重要性。学生在课堂上获得的只是理论知识和技能，而实际操作能力、社会经验以及品格塑造等方面的教育却几乎没有。因此，当这些学生毕业进入社会时，往往会发现他们的知识与现实生活相去甚远，要想把所学见诸实用，恰与宋儒高谈“井田封建”无异，永远只管说不管做。而学校却对此现象熟视无睹，即使注意到，也没有人去教，教的人也没有自己确信的方法来应用，只好把它搁在一边。在梁启超眼中，中国教育的弊端在于缺乏师资，故中国迫切需要培养合格的教师。

针对以上问题，梁启超结合新民的师范教育目的，主张培养新式教师。他系统论述师范教育对兴教育、育人才、促民智方面的推动作用；进而提出师范学堂的宗旨、培养目标、课程教学及教育实习管理等方面的措施。梁启超将教师素养与国家命运、国民素质相

① 《论幼学》，梁启超：《梁启超全集》，北京出版社 1999 年版，第 34 页。

关联，强调师范生培养的重要性。“师范学堂为教育造端之地，关系尤为重要”[①]，只有发展师范学堂方能把握学务全局之纲领。可以说，此举体现了梁启超师范教育思想中问题导向与方法应用相结合的特点。

第二节 梁启超师范教育思想的历史贡献

一 树立师范教育群学之基的地位

梁启超是我国近代师范教育的奠基人，他所著的《变法通议》中的《论师范》专篇开启了中国近代师范教育理论研究之先河。梁启超以为，旧学之通病在于“师范不兴”而“师道不立”，洋务学堂之弊端也在于“不重师范”而“教习非人也”。彼时的新式学堂多采西制，当中大多数教习均为洋人，然而梁启超曾言：“率天下士而为一至粗极陋之西人，夫国家岁费巨万之帑，而养无量数至粗极陋之西人，果何取也?”[②] 而官学与私学中的教师许多皆为科举出身，以深受科举风气影响的老学究充任教习，是“欲开民智而适以愚之，欲使民强而适以弱之”[③]，此也为中国百年积弱之根源。“方将帝之天之、圭之臬之，以是为学问之极则，相率而踵袭之”[④]，导致学生只知“终身盘旋于胯下而不复知有天地之大”[⑤]。梁启超常有感于唯有能够兴民智的教习，才能振兴教育；而培养合格的教习，须以立师范学堂为第一要义。

纵览民族危亡以及教育不兴的国情，梁启超大声疾呼“欲救天

---

① 朱有瓛主编：《中国近代学制史料（第二辑·下册）》，华东师范大学出版社 1989 年版，第 334 页。

② 《论师范》，梁启超：《梁启超全集》，北京出版社 1999 年版，第 29 页。

③ 《论师范》，梁启超：《梁启超全集》，北京出版社 1999 年版，第 29 页。

④ 《论师范》，梁启超：《梁启超全集》，北京出版社 1999 年版，第 29 页。

⑤ 《论师范》，梁启超：《梁启超全集》，北京出版社 1999 年版，第 29 页。

下，自学究始”。首先，正视师范教育于国民教育中的基础地位，纠正过去轻视教师职业的不良现象，以促成尊师重教之风气；其次，建立师范学堂以培养师资，旧时教习之学养须加以改造，洋务教习之资格未能适合吾国之人才发展，长期聘用并非长久之策。故本土师资力量之培育就显得极为重要。为此，梁启超就我国近代师范教育的建设，从师范教育的目的、培养目标、课程设置、教学方法等角度，提出了一系列具有开创性的建议。

二　开启近代师范教育研究之先河

梁启超是中国近代教育史上较早提出设立师范学校的人，也是中国教育史上首次系统论述中国近代师范教育问题的学者。梁启超以日本兴学为鉴，提出“师范学校立，而群学之基悉定”[①]，强调“以立师范学堂为第一义”，此为中国近代师范教育议论之发端。19世纪末，受工业化进程的影响，西方国家教育改革此起彼伏，教师群体也逐渐步入专业化阶段，并建立了相应的教师专业组织。梁启超主编的《时务报》审时度势，关注国际教育的最新动态，引进先进的教育的理论、制度和模式。例如：它将邻国日本的师范教育体制引介至国内，以此构建中国师范教育发展得较为完整的理论体系，内容囊括教育目的、培养目标、学制与修业年限、课程设置、教学方法、教育实习等多方面的内容。而同时期的学者，如康有为、谭嗣同、黄遵宪等人的著述，虽然对师范教育亦有所涉猎，但他们的研究均浅尝辄止，尚不够系统深入。

此外，梁启超还规划学校师范教育的实践体系，在设置的师范学堂章程中，提出重视师资培养、创办师范学堂等主张，开启了中国近代师范教育理论研究之先河。在1902年的《钦定学堂章程》

---

① 梁启超：《梁启超论教育》，商务印书馆2017年版，第31页。

中，就明确提出“学堂开设之初，欲求教员，最重师范”[①] 的目标；在随后颁布的《奏定学堂章程》中，特别设计了由初级与优级组成的相对独立、自成体系的师范教育制度，对教师的地位与师范生的基本素质都作出相应规定，从而确立中国师范教育在整个教育体系发展中的基础性地位。可以说，梁启超的师范教育理念以及他个人对师范教育的参与，极大地推动了中国现代师范教育的初兴与发展，带动了未来师范教育的繁荣和兴旺。

三 推动近代师范教育制度的建立

鸦片战争的失败，加速了清政府衰败的进程。文化教育领域也愈加空疏腐败，官学名存实亡，科举制度弊端丛生，更加僵化，知识分子为求取功名利禄而专门研习八股文，培养不出具有真才实学的人才。学堂中的教书先生深受旧式教育的影响，大多都以科举出身，无其他学问之特长，匡时济世之才无由以出。梁启超认为，由于缺乏高质量的师资导致救国人才匮乏、国家积贫积弱，在国家竞争中处于弱势。故为挽救国家和民族危机，变革社会制度，必须改良与发展师范教育，兴办学校，培养符合国家与社会发展的合格教师。然而，彼时的中国社会，从统治者到普通百姓都未曾意识到发展师范教育对培育优良师资的重要性。梁启超是中国历史上最早系统论述师范教育的思想家，他立足于近代教育发展的实际情况，从培养人才的目的方面论述兴办师范教育的重要性，从中国古代师道思想中去粗取精，从西方国家师范教育建制的模式中汲取经验，力图建立符合中国国情的师范教育制度，这在当时无疑具有历史进步意义。

盛宣怀借鉴梁启超师范建制的理念，推动中国师范教育快步发

① 舒新城：《中国近代教育史资料（中册）》，人民教育出版社 1961 年版，第 545 页。

展。1896年，盛宣怀在上海创办南洋公学，分立四院，先设师范院，将师范生分格五层，尤重教师人格之养成：第一层格曰：学有门径，材堪造就，质成敦实，趣绝卑陋，志慕远大，性近和平；第二层格曰：勤学诲劳，抚字耐烦，猝就范围，通商量，先公后私；第三层格曰：善诱掖，密稽察，有条理，能操纵，能应变；第四层格曰：无畛域计较，无争无忌，无骄矜，无吝啬，无客气，无火气；第五层格曰：性厚才精，学广识道，行正度大，心虚气静。①规定其他三院（上院、中院、外院）教习，从师范生中第五层合格者挑选。1897年，南洋公学师范院开学，录取师范生40名，是为中国师范教育组织的发端。

梁启超不仅于思想理论上为近代中国师范教育的发展奠定了基础，在实践中他亦参与了师范教育学堂的筹备工作。1898年，受军机大臣张百熙的委托，梁启超拟定我国近代第一所国立大学章程——《京师大学堂章程》，他汲取西方和日本学制，参考本国情况，草定章程数章。其中，特别指出“西人最重师范学堂，盖必教习得人，然后学生易于成就，中国向无此举，故各省学堂不能收效。今当于堂中别立师范斋，以养教习之人才”②。但因戊戌政变，京师大学堂未能筹办成功，师范斋亦未开办。师范教育制度化的最初尝试，始于1902年8月管学大臣张百熙所呈奏的《钦定学堂章程》。依据该学制，京师大学堂于“大学专门分科”及“大学预备科”以外，附设速成科，分为两门：一为仕学馆；一为师范馆。师范馆的入学资格为举、贡、生、监等；但须经过考试才准入学，修业期限3年。1902年，清政府颁布了《钦定学堂章程》。它承继了梁启超《筹议京师大学堂章程》的精神，是我国正式颁布的第一个现代学制。可以说，正是梁启超的师范教育思想，推动了近代中国

① 舒新城：《中国近代教育史资料（上册）》，人民教育出版社1961年版，第153页。

② 王学珍主编：《北京高等教育史（上）》，中国广播电视出版社2010年版，第159页。

师范教育制度的产生、建立与发展。

第三节 梁启超师范教育思想的局限性

中国近代中的历史人物角色都相对复杂，这在其意识形态层面的表现更是如此。随着社会的迅速解体，政治斗争的激烈，新旧思想的交织，人的思想往往处于动荡、失衡与革新的状态中。后进者依然坚守“子曰诗云”“正心诚意”的真挚情感。一部分人的思想或行为已经非常开放和进步，而另一部分人则非常保守和落后。政治思想先进，世界观可能仍是保守主义；文艺学术观可能是资产阶级的，但政治观仍然是封建主义的。诸如此类，构成了一幅非常复杂而矛盾的中国现代思想图景。梁启超则正是处于这样一个历史时期中，他的师范教育思想亦体现着新旧交错的特点。

一 “师范救国”理想行不通

马克思主义政治经济学认为经济是基础，政治是经济的集中表现。文化教育是经济和政治的反映，既受经济政治的制约，同时又对二者产生重大影响。从通常意义上说，整个社会的进步归根结底取决于劳动者素质的提高和各级各类人才的培养，而教育是提高人的素质最重要的手段。

国家应高度重视教育的社会功能，并且国家的强弱与教育的发展密切相关。教育一旦在群众中普及，就会产生巨大的社会效应。教育要真正达到普及，须从初等教育着手，正如梁启超所言：“今中国不欲学则已，苟欲兴学，则必以政府干涉之力强行小学制始。”[①] 为进一步普及义务教育，他还呼吁推行义务教育制度，所有

① 梁启超：《梁启超论教育》，商务印书馆 2017 年版，第 107 页。

适龄儿童都享有进入学校接受教育的权利，该权利还应受到国家政策的保障，“子弟及岁不遣就学则罪其父母”[①]。为使普及教育的理想成为现实，梁启超又提议建立初级师范学堂，提高初级教育的水平。

然而，梁启超师范教育思想是其政治理想在教育领域的阐释，故他提出的师范教育主张深受社会历史环境与认知观念的局限。他认为，激烈的暴力革命是极不可取的，社会发展只能通过渐进的方式缓慢行进。所以，社会改造的方案是利用渐进改良的形式构建君民共和的立宪政体。要实现君主立宪的理想，不能仅依靠政治领袖的决策，政治变革需要一定的民众基础，社会公民需要成为“特色之国民”，具备一定的参政议政能力。这就亟须师范教育发挥“开民智”的重要作用，通过培养教师，普及教育来提高民众的知识文化水平，广泛传播宪政理念与改良主张，使民众具备议论时事，参与政治的基本能力。在这一前提下，他将师范教育视为推动中国社会现代化的基本动力。在梁启超眼中，“新民”被其看作为强国之根基，亦是构成“强国”的基本元素，正如他所言：“然则苟有新民，何患无新制度？无新政府？无新国家？”[②] 梁启超将“新民”作为“今日中国第一急务”，其逻辑关系为“国之亡也，非当局诸人遂能亡也，国民亡之而也；国之兴也，非当局诸人遂能兴之也，国民兴之而也”。[③] 梁启超将培养“新民”作为其师范教育体系内部要达到的目标。

然而，师范教育作为一个相对封闭的体系，其独立性是相对

---

① 冯克诚主编：《戊戌维新和辛亥革命时期教育思想与论著选读》，人民武警出版社 2011 年版，第 155 页。

② 《新民说 · 论新民为今日中国第一急务》，梁启超：《梁启超全集》，北京出版社 1999 年版，第 655 页。

③ 赵万峰：《20 世纪初（1898—1937）文化守成主义的教育思想及实践》，陕西人民出版社 2005 年版，第 124 页。

的，它的存在须以社会存在为客观基础。诚然，它也应该承担调整社会的改革与发展的责任，但它更依赖于既定社会的延续与发展。由此观之，梁启超师范教育思想是以庸俗进化论与和平改良观为基础的。受此哲学政治观的影响，其“师范教育理想”存在两个缺陷：其一，夸大了教育的社会功能。彼时的中国要摆脱帝国列强的压迫与皇权专制的控制，实现建设民主富强的国家的目标，单纯依赖师范教育救国是一种不切实际的幻想。梁启超对社会政治改革与教育之间关系的认识存在偏差，幻想以普及教育的方式来引发社会政治改革，在彼时的社会环境中显然是行不通的；其二，在认识上，忽视了教育的阶级属性。晚清时期的教育，尤其是官学教育乃是为统治阶级服务的，而跳脱政治改良的全民教育，只能是不切实际的空想。故而，梁启超的“师范救国”理想是行不通的。

二 处理中西、新旧两学上的不成熟性

梁启超是过渡时期的典型人物，他所从事的文化教育事业需要对古今中外的文化做一番比较、选择和整合。从总体上看，对于如何批判继承古代文化、吸收借鉴西方文化，在认识上逐步趋于明确，不固守旧垒，也不沉醉西风。然而，由于缺乏先进的世界观和方法论做武器，其对传统文化的批判与改造相对不足，对西方文化亦“消化不良”，故其主张常常表现为新旧杂陈而非推陈出新。他介绍西学虽多，却有粗浅之嫌，缺乏深刻的发挥创造；他对西方师范教育理论和办学模式，有急于求成、机械模仿之处，存在着脱离中国实际的理想成分。20 世纪之交，在西方主要国家完成了近代化的历程后，梁启超要求通过和平的方式，使中国在政治、经济、文教方面实现资本主义化。直到马克思主义开始传入中国之际，梁启超仍然希望通过渐进的方式，使政治、经济、文教方面得到长足发展，与一个世界性大国的地位相称。可以说，他的局限性离不开

这一总体设计。

梁启超曾自称是中国近代“新思想界之陈涉”，这与其在著作中多次探讨、论述“破坏”与“建设”之联系不无关系。他曾自我剖析道：“启超之在思想界，其破坏力确不小，而建设则未有闻。”① 这里难免有梁启超的自谦之辞，但在实际的文化革新进程中，他的主要贡献更多在“破”，而“立”的方面确实稍显不足。虽然在文化与制度创新方面，他提出一些相应的原则、方针，如“淬厉其本有”“采补其本无”“综合创新论”等，但多停留在理论探讨阶段，对新文化的建设缺乏更系统可行的方案。梁启超改革传统教育的教学内容，引入西学课程，丰富原有的教育思想体系，无疑有着进步意义。然而，由于受时代与个人知识体系的局限，梁启超的师范教育思想依旧无法割裂传统文化中作为精英阶层的士君子的各种情结。基于此，他的师范教育思想与理论就不可避免地带有一定的保守性，这也体现在其始终坚定地认为师范教育课程内容不应摒弃儒家经典，视儒学为总纲。诸如，他始终强调“何者为行孔子之制，何者为非孔子之制”②，六经中包含一切治世之道，教师应该教授学生读经、讲经。梁启超深感“旧学之蠹中国，犹附骨之疽”③，但于观念与实践中却未能很好地处理儒学、旧学与新学之间的关系。

在对待新学与旧学的态度上，梁启超对旧教育弊端的分析与批判建立在特定的哲学与社会思想基础之上。于彼时的历史境遇下，达尔文的物种竞争和优胜劣汰的思想，以及在社会上应用生存竞争产生的庸俗进化论，对其思想产生深远影响，尤体现于他的教育理论当中。受庸俗进化论或“社会达尔文主义”的影响，他认为人类

① 梁启超：《清代学术概论》，四川人民出版社 2018 年版，第 117 页。
② 《西学书目表·后序》，梁启超：《梁启超全集》，北京出版社 1999 年版，第 86 页。
③ 《西学书目表·后序》，梁启超：《梁启超全集》，北京出版社 1999 年版，第 85 页。

社会在国家间的竞争中存在强者和弱者，弱者注定会被消灭。面对新的形势和竞争，如果中国沿袭旧的八股科举制度，则将面临被西方列强瓜分的危险。正如他所谓的“人皆智而我独愚，人皆练而我独暗，岂能立国乎?”[①] 他从“适者生存”的思想出发，对中国古代教育制度与西方先进教育制度综合比较，如他所言：“今以西人声光、化电、农矿、工商诸学，与吾中国考据、词章、帖括家言相较，其所知之简与繁，相去几何矣!”[②] 他认为唯有消除旧教育的弊端，建立新教育，才能使国家常胜不败。然而，正由于这种批判建立在“物竞天择”的思想基础之上，梁启超对教育现实与制度的分析与批判难免带有一定的偏颇。

师范教育制度是以一定的政治、经济制度为基础的，要建立适应资产阶级政体的师范教育制度，就必须以改良社会政治制度为基础。在这一问题上，梁启超的认识是模糊的，这也使得其不可避免地陷入现实与理想的冲突之中，而其在寻求师范教育制度建立的过程中也不断地向旧制度妥协。

① 陈元晖主编，璩鑫奎、童富勇编：《中国近代教育史资料汇编（教育思想）》，上海教育出版社 2007 年版，第 247 页。

② 王淑琴：《中国近代维新政治思潮的兴起》，吉林大学出版社 2014 年版，第 49 页。

第五章

梁启超师范教育思想的启示

党的二十大报告对“实施科教兴国战略，强化现代化建设人才支撑”进行专章阐述，提出“教育、科技、人才是全面建设社会主义现代化国家的基础性、战略性支撑”。“强教必先强师”，师范教育是培养教育者的教育，是培育高质量教师的关键途径，也是建设高质量教育体系的重要基础。只有推进新时代师范教育高质量发展，才能培养出党和国家需要的高素质师范人才，为中国式现代化提供坚实的人才支撑。

作为近代中国具有深远影响的启蒙思想、宣传家以及维新运动的先驱。梁启超不仅创立了深邃的教育思想体系，还积累了大量的教育实践知识。晚清时期，面对中西文化的交融与冲突，梁启超的师范教育理念以“中西融合”为宗旨，反映了其作为启蒙知识分子的使命和追求。重温梁启超师范教育思想，或许能够对当代中国师范教育的历史使命、培养目标、课程建设、教学设计及实习组织等领域有所启发。

第一节　师范教育具有怎样的地位与使命

一　突出师范教育“工作母机”的重要地位

师资培养乃教师队伍构建之根本，亦是教育家理念贯彻之基础。教育的高质量发展需要依托高质量的教师队伍，进言之，有高质量的师范教育，才会有更多高素质教师、高水平人才。面对建设教育强国的宏伟蓝图，师范教育体系的完善应遵循中国师范教育制度的价值逻辑和高素质教师培育的理论逻辑，同时继承和发扬师范教育百年发展的历史逻辑。近代之前，我国并没有专业的教师职业和专业的教师培训组织。1840 年后，面对列强瓜分中国的危机，有识之士奋起找寻挽救民族危机的良策。其中，以康、梁为首的资产阶级改良派以变革教育为基本主张，试图通过发展和改革传统教育来寻求富国强民的道路。梁启超将师范教育视为“群学之基”，呼吁优先发展师范教育。

（一）明确师范教育的重要性及普及性

“故欲革旧习，兴智学，必以立师范学堂为第一义。”① 梁启超旗帜鲜明地提出，要将师范教育视作国民基础教育成败的关键。在论述师范教育的重要性时，他用了“母机”和“基础”等词，只为突出师范教育在国民教育乃至国家建设中的关键地位。梁启超认为要变法兴学，应普及师范学堂，在京师以及各省府州县遍设学校，教授中学和西学。在兴办京师大学堂之时，他又提出：“西国最重师范学堂，盖必教习得人，然后学生易于成就。中国向无此举，故各省学堂不能收效。今当于堂中别立一师范斋，以养教习之才。”② 西国师范生之例，即以教授为功课。彼时，全国各级学校或多或少皆存在师资缺乏的问题。特别是在初级师资已相当匮乏的情状之下，在普及教育运动事态之下，学堂教习于数量上已深感不敷，且于质量上更难令人满意。他以为，国民基础教育欲求普及，师资问题尤为要紧。

---

① 《论师范》，梁启超：《梁启超全集》，北京出版社 1999 年版，第 29 页。

② 陈元晖主编：《中国近代教育史资料汇编（戊戌时期教育）》，上海教育出版社 2007 年版，第 229 页。

时至当下，师范教育对于整个教育系统与社会发展的重要性已不言而喻。能否成功塑造高品质的教师队伍，不仅事关我国教育事业能否长期健康稳定发展，而且与中华民族的伟大复兴及建设教育强国与文化强国的成败休戚相关。对此，结合梁启超师范教育思想的内核，对当下我国师范教育地位的认识，本书拟提出以下几点仅供教育界和学术界思考和探究的建议。

其一，确立师范教育在教育系统全局中的先导地位。19 世纪末 20 世纪初，中国历史上诞生了现代意义上的师范教育。师范教育在生产力发展、国家发展战略实施中，肩负着不可替代的历史使命。事实上，健全各级各类师范教育体系，培养高水平教师队伍，业已成为参与国际竞争的核心教育战略措施。现阶段，我国为提高公民素质，传播人类社会的文明成果，继承与发展优秀的文化传统，弘扬培育民族精神，迫切需要培养数以百万计的优秀教师。

故而，现阶段亟须加强理论研究的先导性与引领性作用，肯定师范教育在教育系统中的“工作母机”地位。在实践中，将师范教育摆在首要的位置上来统筹规划，使师资力量能够承受得住时代赋予的重任，得以产出充足的“能量”。其二，强化政府行为，优先发展师范教育。从近代师范教育发展的历史经验可知，政府在引领师范教育的发展方向，统筹其宏观发展方面发挥着举足轻重的作用。建设师范教育是政府行为，师范教育若想充分发挥其“群学之基”的作用，需要政府在政策方面予以设计与规划。近年来，国家采取措施加强和发展师范教育，各省市也把发展师范教育发展列入重要的议事日程，但在实践中依然存在师范教育发展让位于其他各级各类教育的现象。因此，政府今后在制订基础与高等教育等领域的规划时，须严格把握师范先行的原则，为教育事业整体的健康顺利发展创造良好的人才贮备条件。其三，加大师范院校的经费投入。1896 年，刑部侍郎李端棻曾向光绪请旨《请推广学校折》。据学者[①]考证，此奏折源自梁启超之手，内容包含建立系统学制，洋务学堂开设以来未尽育人之责，请旨自京师起至各府州县设立师范学堂，开讲中西之学，并调拨银两以开办学，同时配备建设开译书局、广立报馆等机构辅助办学。文中指出："夫以中国民众数万万，其为士者十数万，而人才乏绝，至于如是。非天之不生才也，教之之道未尽也。"[②] 光绪在阅后批示，各省督抚酌拟出示相应办法。梁启超重视师范教育的投入，由此可见一斑。师范教育主要服务于教育系统本身，其经费主要源自国家教育经费分配。教师职前培训资金以财政支出为主，多渠道融资为辅。因此，各级政府应努力加大对师范院校教育经费的财政拨款力度，增加经常性财政收入，确保师范院校生均经费的稳步增加。

（二）维持师范教育未来发展的独立性

在我国，"师"字最早出现在甲骨文中，西汉董仲舒引用"师"一字，司马迁则用"师表"一词，侧重于"师之表率"。西汉末年，扬雄在《法言》中曾有记载："师者，人之模范也。"[③] 在梁启超眼中，他不仅将师范教育置于群学之首，还特别重视师范教育的独立性，要求师范教育在学制中自成系统，应与普通学校分设，故师范学堂，每与学堂并立。如其所曰："以小学堂生徒，命师范生教之……今拟择其年在十六以下十二以上者，作为小学生，别立小学堂于堂中，使师范生得以有所考验，实一举两得之道。"[④] 1904 年，清政府颁布《奏定学堂章程》，此章程标志着中国近代师范教育制度的初步形成。新章程颁布后，癸卯学制中将师范教育分

① 闾小波：《李端棻〈请推广学校折〉为梁启超代拟》，《近代史研究》1993 年第 6 期。

② 陈元晖主编：《中国近代教育史资料汇编（戊戌时期教育）》，上海教育出版社 2007 年版，第 219 页。

③ 吴圣苓主编：《师典》，上海人民出版社 2004 年版，第 68 页。

④ 陈元晖主编：《中国近代教育史资料汇编（戊戌时期教育）》，上海教育出版社 2007 年版，第 234 页。

为“初级”和“优级”。当时，《奏定初级师范学堂章程》规定：“各省城初级师范学堂，当初办时，宜于教授完全学科外别教简易科，以应急需。”[①] 可见，二级师范教育体系已提上日程，且逐渐成为各级各类学堂提供师资的专门系统。1908 年，政府将大学堂优级师范科更名为优级师范学堂，此乃近代中国高等师范教育的开端。至此，中国近代师范教育不仅实现了从“无”到“有”的飞跃，更从普通教育的附属地位上升为具有独立体系的教育领域。正如有学者所言：“近代中国师范教育体系的建立使其逐步进入了法治化轨道，初步制定了相应的管理制度，为日后师范教育的规范发展奠定了基础，同时也为其未来发展积累了宝贵经验。”[②] 虽然，彼时师范教育发展依然缓慢，甚至关于其独立设置是否应与普通教育的合并设置等问题，也存在着诸多争议，但发展中的师范教育在实践中依然为中国培养了大批新式教师与专业人才，有力地推动了中国教育现代化的进程。

中国百年师范教育制度的演变，是一个由规则、思想、组织构成的体系逐步形成并稳定持续的过程。我们须重视师范教育在整个教育领域中的相对独立性与不可替代性。师范教育体系自建立以来，与其他领域的教育形式最大的区别在于，其发展过程取决于教师知识与能力的增长，而此增长主要来源于教师直接与间接经验的提炼与积累。从科学知识的严谨性与确定性观之，教师从经验中获取的实践知识，确实略逊于从实验室验证并逻辑论证的知识。但由于经验的个人性、唯一性与不可替代性，师范教育若要保持长久的活力，就亟须建立一个相对独立的、以师范院校为主的师范教育体系。那么，现阶段该如何加强师范教育的独立性？梁启超认为，应

---

① 舒新城：《中国近代教育史资料（中册）》，人民教育出版社 1961 年版，第 665 页。

② 王劲军：《中国近代师范教育制度的建立及其积极意义》，《天津师大学报（社会科学版）》1995 年第 1 期。

在师范生培养环节上突出“师范性”与“学术性”。在师范性方面，要求“能以授人为主义，至其所以为教之道，则微言妙义，略具于《学记》之篇，循而用之，殆庶几矣”①。需要说明的是，梁启超发表《论师范》之前，并没有亲自到日本的学校考察学习。所以他提出的关于师范学校的设想，大多来自彼时他所涉猎的书籍，而非真正意义上的日本师范学校的课程内容。梁启超在面对“教育”一词时，他的出发点和落脚点只能是中国传统教育学术。以他对“教育”的理解，在未曾见识日本师范学堂中“教育”内容之前，自然会倚恃中国丰厚的教育学术积累，在中国传统文化中为其找一对应物——《学记》，并以《学记》关于教学的论述作为理解、阐释“师范课程”的基础。在学术性方面，“教师职业的性质，本来是拿学问做本钱，他赚来的利钱也都是学问，他日日立于不得不做学问的地位，把好学的本能充分刺戟，他每日所劳作的工夫，件件都反影到学问，所以他的学问只有往前进，没有往后退”②。

从教育学科课程的使命看，师范院校学生在校期间必须完成两个平行专业的培养：一是学科专业的培养，旨在使师范生掌握学科专属的专业课程；二是教育专业的培养，旨在使师范生掌握必要的教育科学知识和教育教学技能。梁启超的师范教育思想启迪我们，教育学科也有其自身的学术价值，加强教育学科课程与坚持师范教育的学术性并不相悖。正如波伊尔（Ernest L. Boyer）在《学术水平反思》中所言：“学术水平应包括发现的学术水平、综合的学术水平、应用的学术水平与教学的学术水平。知识并不都是以这种线性的方式发展起来的，因果关系的箭头可能而且往往指向两个方向，理论确实可以指导实践，但实践也可以产生理论。最好的教学

① 《论师范》，梁启超：《梁启超全集》，北京出版社1999年版，第30页。

② 梁启超：《梁启超论教育》，商务印书馆2017年版，第221页。

可以改造研究和实践工作者。"[①] 而教育学科正是提高师范生教学水平的课程，加强师范性与提高师范教育学术水平是高度一致的。因此，为了师范教育的独立性，要从培养师范生的师范性与学术性入手，建立多渠道的培育内容与路径。

（三）确保师范教育发展的适度超前性

梁启超认为，在国民教育中应优先发展师范教育，根据不同的学龄层次设置师范学堂，并由其培养的师资反哺各级各类教育。优先发展师范教育是我国现阶段国情决定的。晚清时期，随着中国高等教育和新式学堂的蓬勃发展，师范教育应运而生。其产生的直接动因是新式学校对大量师资的迫切需求，最初形态表现为零星分布的师范学堂。甲午战败后，中国遭遇空前的民族危机。维新派推动的教育改革，以开启民智为宗旨，促使中国教育从洋务运动时期的专门人才培养，转变为普及教育以启蒙大众。一方面，从教育与社会发展的教育来说，由于教育对于经济有能动作用，它可以通过培养人才促进社会经济的发展，优质人才的培养需要教育必须先行。现阶段，新技术革命已经来临，世界各国为了求生存、谋发展，正在拼命猎取信息和发展科学技术，以促进经济发展。事实上，教育直接影响着人口质量的高低，民族素质的优劣以及智力开发的快慢。因此，教育反哺于经济社会发展已成为新时代的显著特征，师范教育强国建设已成为我国教育现代化建设的一个重大战略基点。

另一方面，从教育的内部关系，教育能够促进人的全面发展，教师数量的多寡，质量的高低直接影响教育质量，尤其是制约着九年制义务教育的发展。教师劳动是同人类社会的文明进步紧密相关的劳动，是以传递知识与技能为主要手段的复杂劳动，也是以培养社会一代新人为成果的创造性劳动。教师劳动的这些特点决定了其

---

① 彭小虎：《高等师范课程比较研究与我国师范课程体系的建构》，《高等师范教育研究》2000 年第 5 期。

在德、才、智、识水平上比其他职业劳动者有更高更全面的要求。

现阶段，师范教育优先发展有三层含义。首先，从教育系统内部观之，师范教育的优先发展是与其在教育系统中的基础性地位密切相关的。现阶段，在师范教育强国的背景下，优先发展师范教育，合乎教育自身发展的规律；其次，从师范教育自身发展规律观之，优先发展不仅仅意味着快速超前发展，而更需要在以往基础上进行结构的调整与突破，使师范教育能够适应变动不居的社会发展以及与之相伴随的人才培养目标的变化；最后，在全球化、数字经济、深度学习、人工智能等领域迅猛发展的背景下，优先发展师范教育，更新师范教育办学体制机制已迫在眉睫。从目前教育改革与发展的现状来看，师范教育在教育投入、教育体制、办学环境、教学改革等方面，都落后于其他类型的教育。因此，有必要优先发展师范教育，力求在观念、制度、机制等方面有所突破，促进师范教育长远发展。

二　明晰师范教育“强国兴智”的历史使命

从中华民族数千年文化历史中观之，“师范”向来是满载政治热情的群体所谋之事业。从这一点看，师范教育不仅仅是一种“学术”，还是一种“问题”，甚至是一种“政治”，甚或是一种“使命”。晚清时期，中国师范教育的价值追求是与国家命运休戚相关的。自梁启超提出创建国家师范教育体系之初，他并没有将视野局限于技术标准内予以讨论，而是立足于“民族复兴”与“兴国安邦”。师范教育并不止于教育本身而孤立于国家兴衰之外，而是在国家危亡之际临危受命，担负新民强国、民族振兴的历史使命。

1896年，梁启超认为“策中国”必“倡教育”，而“兴智学”必须“立师范”。由此，梁启超向世人展示其“教育救国”的论断，以及师范新民的改革逻辑。此外，《论师范》中亦批判了以京师同文馆、福建水师学堂等为代表的洋务学堂在师资方面存在的种种弊端，导致学堂育人成效低下，远不及初建时所定的培养目标。在其观念中，近代中国教育的三大病源：科举不改、师范不立、专业不分。故而，梁启超提出了改革教育要义，建立师范学堂。

纵观现阶段师范教育的发展，进入 21 世纪以来，中国师范教育在理论与实践研究方面取得丰硕的研究成果，包括道德教育理论、实习发展理论等教师专业发展理论等百花齐放，师范教育的办学模式等改革尝试也此起彼伏。然而，在理论与实践繁荣发展的背后，对于师范教育的目的导向与价值归宿等诸多问题，却面临着新的探索。未来的师范教育应当承担什么样的历史使命与国家责任，如何规划其发展方向等，乃是教育学人需要审思的问题。

梁启超无疑是一位对国家和民族寄予深厚情感、对中国文化发展及其未来贡献持有高度期望、对青年学子教育抱有无限热忱的教育家。梁启超所倡导的师范教育新理念，对于民族教育文化的持续发展，具有重大的时代价值和启示意义。对于师范教育来说，知识和能力固然重要，但家国情怀、社会责任与道德文明则更加重要。由此，在日后师范教育课程改革中，我们需要思考的不仅仅是如何开发丰富的课程项目与培养师范生的授课技能，而是如何引导他们的精神世界，形塑他们从事教育事业的使命感，从而实现真正的"灵魂的转向"。

第二节　师范教育应培养什么样的教师

在中国教育早期现代化的百年历史进程中，以梁启超为代表的近代教育家的成长与优秀传统文化的关系，是一个有着丰富学术内涵和强烈现实意义的话题。新时代教育家精神关涉教师身与心、德与智、知识与能力、素质与职能的全面发展，是教师"类群"现代化的重要内容，助推人的现代化与社会的现代化同向同行。梁启超的教育家精神蕴含着先贤们走向世界、艰辛探索的勇气、智慧和坚守。其尤重师范教育的特殊性，认为师范生应谋个性之发展，力求修己而安人，做一个有益于社会的新国民。此亦要求其师德、学业、爱心、职责等方面的发展，皆无所偏颇。对此，我们还须深刻认识新时代师范教育在为党育人、为国育才方面的重要地位，正确处理“小我”与“大我”的关系，将自身利益与国家利益相统一，将自我发展融入教育强国建设、中华民族伟大复兴的征程中，实现两者的有机统一。

一　爱国新民，改良群治

晚清时期，以救国为主题的民族主义是中国最具影响力的思潮。广义来讲，彼时的民族主义是所有中国知识分子的重要信仰。梁启超便是在此思潮的鼓舞下，产生“教育救国”的理想并为之夙兴夜寐、奋斗终身。面对甲午战争后中华民族所遭受的更为沉重的危机与灾难，维新志士毅然奋起，举起民族救亡的旗帜，寻求复兴中华之路。梁启超师范教育思想所具有的突出特点之一，就是将发展教育事业与祖国的兴衰存亡紧密相连，因此其师范教育主张无不蕴含着浓厚的家国情怀和爱国主义的热情。

社会学家将认同视为共有的信仰和情感，涂尔干（Durkheim）将其称为“集体的良知”，即“社会成员平均具有的信仰和情感的总和，构成了他们自身明确的生活体系”①。因此，它完全不同于个体良知，虽然它是通过个人来实现的，但它指的是共同体的内在凝聚力。在梁启超提出的民族国家共同体中，近代国人的民族、国家、文化认同意识相互影响、相互促进，对增强中华民族的整体

① ［美］乔治·瑞泽尔：《古典社会学理论（第6版）》，王建民译，世界图书出版公司北京公司2014年版，第183页。

性、保持中国的“自我形象”作出了贡献，也成为梁启超“国群”思想的特色内容。梁启超认为，师范生如新民一样应葆有“血缘或种族身份”上的中华民族认同、“政治身份”上的中华现代国家认同以及“文化身份”上的中华文化认同。虽然在彼时社会条件下，这是一种无法实现的愿望，但他把师范教育作为富国强民的重要手段，来改变国家贫乏落后的面貌，以实现民族复兴的观点的确值得借鉴。

学校教育和教学任务，主要是靠教师来完成的。“学校培养出的人才质量怎么样，主要是由教师决定的，也就是由师范教育的质量来决定的。”[①] 可以说，师范教育是各级教育活动顺利开展的“动力引擎”。没有师范教育作为保障，就无法提高全民素质，实现国家富强。师范教育要求师范生的德、智、体、美等工作具有使命感和责任感，让教育成为全社会最受尊重的职业，把最优秀的学生吸引到师范院校来，使其具有丰富的理论知识和实践技能，适应社会发展的需要。构建以国家利益为先、忠诚于国家的教育理念，引导师范生树立为国家富强、民族复兴而奋斗的宏伟志向，师范院校承担着为国家培育未来教师的庄严使命。坚持全面育人的原则，致力于培育能够肩负民族复兴重任的新一代人才，这是教育工作者的光荣职责。只有将对马克思主义、共产主义的坚定信仰，对中国特色社会主义的坚定信念，以及对实现中华民族伟大复兴的信心融入师范教育之中，引导学生始终不渝地听从党的号召、跟随党的步伐，忠诚于党的教育事业，自觉执行党的教育政策，方能使青年学生的爱国情感和强国志向转化为报效国家的实际行动。现阶段，需要对师范生实施爱国主义教育、创新精神教育、实践能力教育，激发其爱国热情和报国之志，增加其对教学育人、管理工作、科研工

① 陈信泰等编：《师范教育的发展与改革》，山东教育出版社 1986 年版，第 7 页。

作的热情。

二 学贯中西，识见卓越

在师范课程的设置上，梁启超主张在日本师范课程的基础上增加一些实用性和民族性的课程。他在《与林迪臣太守书》中提到，师范教育的目的是使师范生“能以授人为主义”且“通古今而达中西”。教育内容应“以六经诸子为经，而以西人公理公法辅之。以求治天下之道，以历朝掌故为纬，而以希腊、罗马古史辅之，以求古人治天下之法，以按切当今进势为用，而以各国近政近事辅之”[①]。伴随着教育全球化广度的拓展与程度的加深，培育具有国际视野，适应国际社会发展的人才，乃是各国教育的当务之急。

教师不仅需具备高尚的师德，而且应精通于传道、授业、解惑。新时代的教育家型教师应当坚持守正创新、与时俱进，始终将学生的发展作为教育工作中心，持续更新教育理念，增强教育实践的技能；强化专业知识与信息技术能力，运用创新技术与理念自我革新，深入思考、积极实践、不懈追求科学真理。首先，要积极适应全球化的趋势，调整和改进当前师范教育课程设置和教学大纲。坚持中外教育内容相结合，政治意识和艺术技能并举，培养适应社会需要的高素质教师。具体来说，师范教育应学习借鉴国外先进的教育理念和方法，开设人类学、心理学、传播学等相关的专业课程，将与多元文化相关的知识讲解和技能培训融入现有课程中课堂学习。课堂学习中通过泛读、讨论、反思等形式，增强师范生的跨文化意识，帮助师范生树立正确的跨文化态度；通过开设多元文化课程，培养师范生的文化敏感性，学会不同群体的角度看待问题，熟悉跨文化理论知识与教学方法，宽容地看待文化差异，在变动不

① 《与林迪臣太守书》，梁启超：《梁启超全集》，北京出版社1999年版，第145页。

居的国际环境中找寻自身价值。其次，应在师范生实习课程与教学中增设跨文化体验学习，使其有机会进入与本地文化背景迥异的文化社区，切身体验该社区的文化，增进其对多元文化差异的了解，从而提高自身的跨文化交际能力。最后，积极建立国外教育实践基地，加强与国外实习学校的合作，学校应制订定周密细致的国际实践计划，将国际理解性、跨文化体验性课程融入师范教育，为师范生开辟更多的实习场所、提供体验多元文化的场域与机会。与此同时，在师范生在国外实习之前，学校应拓展有关国家文化的课程，帮助实习生更快地融入实习过程中。同时要注重实习过程中的指导与监督，及时发现学生实习过程中的不足与问题，引导教师反思自身文化和其他文化，从而增强他们的跨文化意识，并促进他们在今后的教学中加以应用。

三 敬业乐业，献身教育

梁启超晚年不仅在社会上颇具盛名，而且是一位知名的学术大师，诸多国外学府纷纷邀请其开设讲座。然而，梁启超在讲座中，谈及颇多的就是文化教育与教师养成等问题，且论点十分精辟。对于教师的品质，其也再三坦言，并无其他的突出之处，不过是“不厌其学，不厌其教”。梁启超认为，“学不难，不厌却难。诲人不难，不倦却难”。[①]

梁启超再三强调身为教师，要全身心投入教育事业。无论从事什么职业，都有自己的领域。但倘若问道哪一领域最广、最大、最富有，我认为唯有教育家。教育工作者每天做两件事，一件是学习，另一件是教学。试问教师生活的目的，除了这两个还有什么？梁启超认为，“在教育界立身的人，应该以教育为唯

---

① 《教育家的自家田地》，梁启超：《梁启超全集》，北京出版社 1999 年版，第 4010 页。

一的趣味……一个人若是在教育上不感觉有趣味，我劝他立即改行，何必在这受苦？”[①] 他从教育趣味中提倡趣味教育。对于教育工作者来说，他们一次只做一件事。不管是学习还是教学，他们都很快乐。学习新事物是多么快乐，教人喜欢亲手种花是多么快乐，看到它们发芽、生子、开花是多么的快乐！能够从事教育的幸福是最彻底、最完美的幸福。因此，他给教育职业起了一个新的名字，叫“教育快活林”，教育家应该是最真实、最长的职业，没有其他职业可比了。梁启超论述道：“一面学，一面诲人，人也教得进步了，自己所好的学问也进步了，天下还有比他再快活的事吗？人生在世数十年，终不能一刻不活动，别的活动都不免常常陷在烦恼里头，独有好学和好诲人，真是可以无人而不自得。”[②] 他于清华国学研究院任教期间，教学孜孜不倦，呕心沥血，深受师生敬仰。

梁启超对教师职业的论断，有助于当下的师范生在理论研究和教学实践中强化职业认同感与献身教育的理想信念。师范生职业认同感的建立，可以说是基于对教师职业性质、社会价值的理性认识及对专业责任、权利等方面的认同。职业认同感不仅是其尊重教师职业的情感动力，也是其形成职业道德、知识与技能的心理基础。师范院校教育通过教育理论课程和相关实践活动，使师范生将教师工作的社会价值和自身发展价值联系起来，从而认同教师的职业规范，生发献身教育的理想信念。此种情感能够使师范生摆脱功利主义的诱惑，将实现自我价值与职业工作相统一，使师范生实现自我的发展与心灵的富足。

---

① 《趣味教育与教育趣味》，梁启超：《梁启超全集》，北京出版社 1999 年版，第 3964—3965 页。

② 《趣味教育与教育趣味》，梁启超：《梁启超全集》，北京出版社 1999 年版，第 3965 页。

四　严于律己，身体力行

在梁启超学生的回忆中，他是一位谦虚的绅士，治学严谨，精心育人，总是认真备课，不断更新教材，在课堂上为学生准备最新的材料。在教育内容方面，他不仅传授学生专业知识，而且注重学生的道德与人生观教育。对他而言，教育不仅是教书，更在于育人。徒有知识，未必能造就人。1922 年，梁启超于苏州学生联合会的讲演中指出："你如果做成一个人，智识自然是越多越好，你如果做不成一个人，智识却是越多越坏。"[①] 各种知识很重要，但这只是做人的一种方式，并不一定能够达到生活的目的。我们需要养足根本智慧、修炼完美道德，才能成为一个真正的人。

梁启超治学严谨的态度与方式是世人皆知的。1922 年 3 月 4 日，梁启超于北京大学礼堂作《老子》成书年代问题的学术讲座，并在演讲时对战国时期《老子》成书质疑，并请听众审判。数天之后，其果真收到"判决书"一份（一篇以文艺形式写成的学术论文)，作者是当天听讲座的张煦先生。其将梁启超置于"原告"之席，《老子》一书则为"被告"，其判决主文：梁先生所提出各节，虽言之凿凿，实无法论证《老子》一书，有战国产品嫌疑，故驳回，此判。梁启超见了后，并不介意作者的尖刻用语，反而赞许地说："张君寄示此稿，考证精核，极见学者态度。其标题及组织，采用文学的方式，尤有意趣。鄙人对于此案虽未撤回原诉，然深喜老子得此辩才无碍之律师也。"[②]

正是这样一个默默无闻的年轻人敢于批评彼时文豪梁启超："或则不明旧制，或则不察故书，或则不知训诂，或则不通史例，

---

① 《为学与做人》，梁启超：《梁启超全集》，北京出版社 1999 年版，第 4066 页。

② 夏晓虹编：《追忆梁启超增订本》，生活·读书·新知三联书店 2009 年版，第 256—257 页。

皆由立言过勇，急切杂抄，以致纰漏横生，势同流产。”① 洋洋洒洒数万言，先生读此文章之后并不介意作者的犀利言辞，而是深深地称赞了作者的才华。尽管这位年轻人意见相左，却依然为之题识。一个是英气风姿，敢于向权威挑战；一个是学者风范，热情奖掖后学。文章一出，学术界纷纷传为佳话。此外，梁启超还将儒言省察之说，略区分之，定为两种：“一曰普通的省察法，二曰特别的省察法。普通省察中，复分为二种；一曰根本的省察法，二曰枝叶的省察法。枝叶的省察法，复分二种；一曰随时省察法，二曰定期省察法。”② 以此严格要求自己。言为士则、行为世范。“则”为准则，“世范”指当世人的典范，意为言行举止转变为举世法则。“言为士则、行为世范的道德情操”，要求教师在学生言论和行为方面发挥示范作用。在教育教学过程中，教师对学生的影响具有直接性和深远性。对当下师范生而言，要学习梁启超治学严谨，身体力行的品格，应严于律己，尤其是应当注意以身为教、传道授业。

习近平总书记指出，“传道者自己首先要明道、信道”③。唯有经过深思熟虑与艰难的探索过程，方能对所追求的真理有更为深刻的洞悉，进而坚定信念，并通过传授知识以影响他人。因此，教师必须坚守以天下为己任、以文化育人的高尚教育理念，将个人对教育事业的执着追求与国家建设的宏伟蓝图紧密结合，密切关注国际形势、社会变革以及民众日常生活，积极履行社会责任；应秉持立学为民、治学报国的理念，继承并发扬中华优秀传统文化，坚定文化自信，弘扬全人类共同的价值观；应以深厚的学识和真诚的品德，对学生产生积极影响，致力于传播真理、传播大道。

---

① 夏晓虹编：《追忆梁启超增订本》，生活·读书·新知三联书店 2009 年版，第 256 页。

② 《省克第五》，梁启超：《梁启超全集》，北京出版社 1999 年版，第 1528 页。

③ 习近平：《论教育》，中央文献出版社 2024 年版，第 157 页。

第三节　师范教育应构建什么样的课程

高质量的师范教育，离不开高水平的师范教育课程。构建协同开放共享的师范教育课程体系，是优化师范生培养规格、层次和结构，推进师范教育行稳致远、提质增效的关键举措。

一　以师范先，学术结合

梁启超于《论师范》中特别提出师范课程的师范性和学术性的特征，其视“学以授人”为课程设置的主要目的，如梁启超所言：“能以授人为主义，至其所以为教之道，则微言妙义，略具于《学记》之篇，循而用之，殆庶几矣。”① 反观现阶段师范教育课程的设置，课程目标重知识轻情感，课程内容重理论轻实用，课程评价重结论轻过程，使师范教育的“师范性”难以体现。

对“师范教育”的理解不能局限于师范学校教育课程的设置，而应来源于对其所蕴含的精神理念的把握。师范院校内部课程设置，只是为未来教师的教学成功创造必要条件，而不是充分条件。掌握大量的教育理论，并不意味着师范生能成为优秀的教师，教育成败的关键应该在于他是否热爱教师的职业；他是否能够灵活地将教育理论知识运用到教学实践中去。同理，对师范教育“学术性”的理解，也不应仅仅滞留于对学科知识的掌握上，而应延伸到其中体现的创造力上。也就是说，一个研究型教师须能够在现有学科的基础上，以一种研究的方式探索未知领域，进而起到促进学科知识发展的作用。

未来的教师专业化或许为我们提供一种融合性的方案：最好的

① 《论师范》，梁启超：《梁启超全集》，北京出版社 1999 年版，第 30 页。

教学可以改变研究和实践，教学也是一种学术职业。亦即，将教学实践和学术发展统一在教师的角色上，把师范性与学术性有机地结合起来。此举重新定义教师专业化的内涵，有助于处理好师范教育与专业教育在观念和实践上的关系。

二 兼顾中西，贯穿政艺

从国家民族历史的长远发展上着眼，梁启超在中国近代史上的作用与影响，实以学术文化方面尤甚。梁启超所提倡的师范教育课程具有强烈的政治倾向性，具有涉及范围广、重视自然科学传授、人文素质培养等特点。近代中国师范教育是在中国遭受半个多世纪的强权欺凌之后诞生的，故自其诞生起便就以开放包容之姿态出现在世人面前。除了各个时期开设的英语课程，西洋知识技艺的课程在彼时亦颇受重视。此后，师范教育课程相继设置世界历史、西方文化史等课程，为学生了解世界开辟了途径。

在梁启超看来，师范教育课程标准与内容不仅仅是课程问题，更与国家理想、政治文化理想密切相关。课程结构是指各种课程和特定学科在课程体系中的地位和比例。当前，我国现代师范教育课程大致分为公共基础课程、教育专业课程和学科专业课程三类。当前公共基础课程的范围比较狭窄；教育专业课程的学时和比例也明显偏低。因此，未来师范教育课程改革应适当调整课程的内容、结构及比例。

师范教育对课程内容、实施方法、教学要点等有其独特的要求。在课程组成上，自然科学、社会科学、人文科学各维度都应兼备。在课程比例上，依据办学目标、层次、类别的差异统筹规划各课程类型，加强公共基础课程在师范教育中所占的比例；注重专业性，开设教育理论课程；协调好各类课程之间的关系，充分发挥课程的整体功能，注重弘扬传统文化；突出地方特色，培养学生的国际视野。在教学要点上，要立足于充分体现学生主体地位，以解决问题为导向，鼓励学生深度参与课堂，充分发挥学生学习的自主性和主体性。

三 先易后难，学不躐等

梁启超认为，在师范教育课程中要充分考虑学生身心发展的特点，做到先易后难，学不躐等。在教材的编排、学习内容和教学方法的选择上，要激发学生的学习兴趣。对此，他系统论述有关“趣味教育”的议题。在教学方法方面，他批判机械式的“填鸭式”教学，倡导通过寓教于乐的方式激发学生的学习兴趣，例如：游戏、唱歌、讨论、提问等形式。梁启超指出：“近时教科书之深浅，种类之选择，课程之分配，仅足为中材以下之标准；稍聪颖者则虽倍之不为多，此在编者教者或不欲过费儿童之脑力，然失之过宽，亦实有不宜之处。盖人类之可能性非常之大，教育之目的即在扩张其可能性，愈用愈发达，愈不用亦遂退化。”[①] 课程实施的难度与速度须与学生的实际经验、发展水平相吻合。因此，科学的课程与教学内容编排有助于学生的智力发展。梁启超回忆自身受教育的经历亦提及趣味教学的重要性，“故教育儿童，徒以趣味教育，俾其毫无勉强，必不能扩张儿童之可能性也。回思吾侪束发受书之际，并无今日美丽之教科书，悦目之图画，成绩亦颇不恶，则以受各种逼迫之故，其可能性自然发达也。读书而令儿童自己思索，不为讲解，未免近于蛮野；然如为师长者或授一书而强使记诵，或发一义而使之思索，衡以今日教授之法固属不合，然往往因此而生记忆力与理解力焉”[②]。

---

① 舒新城编：《中国近代教育史资料（下册）》，人民教育出版社 1961 年版，第 948 页。

② 冯克诚主编：《戊戌维新和辛亥革命时期教育思想与论著选读》，人民武警出版社 2011 年版，第 204 页。

审思当下我国师范教育课程设置的实践情况，其中仍存在内容衔接不当等问题。诸如，教育理论课程、学科专业课程与实习实践课程课时分配失衡；地方师范院校存在着课程设置单一，学科必修课较多；缺乏综合性的科学精神和人文素质课程和研究型课程；学生的知识面狭窄，难以形成创新所需的多元化知识结构。为了结合师范生的学习需要，可相应增开选修课，为学生提供自主选择的空间。

首先，确保所有选修课都是开放的、流动的、发展的。在保证师范教育必修课程实施的前提下，设计并开设多种选修课作为必修课和指定选修课的必要补充，让学习者根据自己的意愿选择自己感兴趣的课程。通常来说，此类选修课最好只规定最低学分或选修课的范围。鼓励学校将新研究成果作为新课程纳入课程体系，并根据师范生选修课实际反馈进行调整与重组，确保过时、不实用、不受欢迎的课程被自然淘汰；其次，注意科学设计、均衡课程结构。课程设置应遵循先易后难、理论联系实际的原则。在设计课程时将基础理论学习与专业学习的课程层级递进，并进行专业评估与课时的整体规划，保证学生学习过程符合身心发展规律；坚持将理论学习与观察、见习、实习以及教育研习等课程相结合，保持恰当的比例与时间分配，使师范生不仅有书本上的知识熏陶，也有教育实践的体验；最后，灵活实施模块化课程。过去的师范院校只是被动地执行课程计划，忽视办学宗旨与学生个性发展要求，呈现“千校一面”的课程。而模块化课程具有很强的灵活性，为学生自主选择留下很大空间。比如，学校规定课程学习的领域，而不是具体的科目，这样即使是必修课，学生也可以选择自己感兴趣的课程。这也使得师范教育的课程结构具有一定的灵活性，可以根据社会的变化而不断调整自己，不断更新。同时，要确保各类课程齐头并进、相辅相成，实现师范教育培养人才的目标。

第四节　师范教育应开展什么样的教学

梁启超是中国近代教育家中系统阐述各科师范教育教材教法的第一人。他十分重视教育和教学方法，希望教师能够对学生导之以理、抚之以术、教之以道。现阶段，我们须以培养未来卓越教师为目标，深化师范教育教学模式改革，坚持履行培养卓越教师的时代使命，为高质量培养优秀师范生奠定基础。

一　豫时孙摩，循序渐进

借鉴西方国家的学校制度理论，梁启超提出教师使用教学方法的方案，其基本立足点是根据学生的年龄和身心特点进行教学。梁启超认为，旧的教学方法“导之不以道，抚之不以术，地非理室，日闻榜杨，教匪宗风，但凭棒喝，遂使视黉舍如豚竟之苦？对师长若狱吏之尊”[①]。教学要由近及远，由浅入深，采用循序渐进的方法，扩大学生的知识面，遵循学科本身具有的历史脉络与逻辑体系。

然而，传统教育严格区分经史子集的地位，蒙学之后，立即授以六经、四书，令学生生吞活剥。及其长成，则授以文士之余的八股试帖，很少顾及或完全违背学习心理规律。对于这种“先后倒置，进退逆行”的迂拙做法，梁启超疾呼彻底改变。他认为，应该采取西方比较科学的教育方法，由浅及深，由粗而精，由具体到抽象地依序而进。此外，他还反复指出，“近今各国教育，必令学僮先习溥通学，得有常识，然后使于专门学中自择一焉”[②]，即在全面打好基础的前提下，有所专攻。他认为，往日的

① 《论幼学》，梁启超：《梁启超全集》，北京出版社 1999 年版，第 36 页。

② 董方奎、陈夫义主编：《梁启超论教育》，三环出版社 2007 年版，第 296 页。

教育将教学视为机械地传授知识的过程。所以他将传授知识和师生感情的交流、智力的培养、个性的塑造通过札记交流的形式结成一体，根据学生年龄的不同，设计不同的教学方式。例如，在实践中，为避免学生阅读上的混乱，他规定阅读的范围和次序："每日所读之书，最好分两类，一类是精读的，一类是涉览的。"[①] 学生阅读各类书籍应按顺序分，应先通读中文，后再习西文。对于学习，也应有主次之分，"或读全书，或书择其篇焉，或读全篇，或篇择其句焉"[②]。

现阶段，循序渐进的原则要求师范生注重先修课程与进阶课程的联系，使先修课程成为进阶课程的基础，而进阶课程的讲授则成为补充、巩固和加深已学教材的必要延续。所以，在固有知识的基础上，逐步扩展加深知识，才能使学生获得新知识，成为他们知识体系中的有机组成部分，从而保证他们所得到的知识的系统性。为做到这一点，势必要求师范生善于在讲授进阶课程时，有机地结合先修课程、引导学生在固有知识的基础上去掌握新知识。这不仅保证学生所获得知识的系统性，同时也保证学生易于接受新知识。其次，师范生在讲授中要做到体系严密，师范生所讲的全部内容应存在内在的逻辑联系。这就要求师范生妥善安排和组织教材，使教材条理分明，层次清楚，使学生能够掌握问题的来龙去脉。最后，师范生在讲授中要注意重点突出。循序渐进并非要求师范生平铺直叙，而是要求教师的讲授能够重点突出，在教学中要着重阐述主要问题，教材的主导思想和中心思想要在全部教材教法中体现出来，不能主次不分、罗列材料。

---

① 《（附录二）治国学杂话》，梁启超：《梁启超全集》，北京出版社 1999 年版，第 4243 页。

② 余小波主编：《时务学堂与中国近代高等教育》，湖南大学出版社 2018 年版，第 98 页。

二　趣味引导，灵活多样

“趣味”是梁启超美学研究领域的重要范畴，他将“趣味”与教育事业相结合，形成令后人称赞的“趣味教育”思想。梁启超认为：“趣味是生活的原动力，趣味丧掉，生活便成了无意义。”[①] 趣味是教育的源头，也是目的。趣味教育的过程就是教师要在学生对世界充满好奇的年纪，引导其找寻属于自己的兴趣领域，并促使其发展受用终身的趣味。人生在幼年期趣味是最浓的，所以要引导到高等趣味的道路上，否则会流入下等趣味。同样，如果学生在学校找不出趣味，那么就会到课外找寻，这就对老师提出了更高要求。梁启超提出，“既已打算拿教育做职业，便要认真享乐，不辜负了这里头的妙味……教育者与被教育者的生命是并合为一的；教育者所用的心力，真是俗话说的‘一分钱一分货’，丝毫不会枉费。所以我们要选择趣味最真而最长的职业，再没有别样比得上教育”[②]。因此，于教师而言，趣味不仅仅是对自身的职业有趣味，还要引导学生找到趣味。

实施趣味教育，切忌教学方法僵化，应根据学生的成长规律创设生动活泼的课堂环境，激发其学习兴趣，引导其产生主动学习的积极性。如梁启超所言：“若夫学童者，脑实未充，干肉未强，操业之时，益当减少……以此而求其成学，所以师劳而功半，又从而怨之也。”[③] 彼时教育两大弊端：一则过分机械化；一则师生关系若陌路。所谓机械化，系指不分贤愚，一律授以同样之教育；所谓若陌路，系指师生间除课业之授受外，无其他之关系，实属路人而已。趣味教育过程反对这种机械性的教学，提倡的是师生互动，共

① 《趣味教育与教育趣味》，梁启超：《梁启超全集》，北京出版社 1999 年版，第 3963 页。
② 《趣味教育与教育趣味》，梁启超：《梁启超全集》，北京出版社 1999 年版，第 3965 页。
③ 《论幼学》，梁启超：《梁启超全集》，北京出版社 1999 年版，第 36 页。

同发展的教学。实施趣味教学要激发师生情感，加深加厚学生对学问的兴趣，培养和谐的师生关系。

在实践中，"'趣味'不是知识，'趣味'也不是单方面地'教'出来的，是'摩擦'出来的……'趣味'不是单个的行为，而是师生共同的创造"①。师生所建立的情感纽带是"摩擦"与"创造"课堂趣味的基础，依据学生的年龄特点、教学的实际需要、教师的教学经验和自身素质等进行选择。在这里，梁启超虽未直接论述"趣味教育"的具体方法，但归纳了"摧残趣味"的种种表现：注射式的教育——要求学生强行记住课本里的东西；课目太多——做的功课太多，走马观花，应接不暇，效率等于零。由此，我们可以探索到"趣味教育"的实施路径：一是摒弃"填鸭式"教学，运用启发式的教育方法；二是科学设置课程的科目与内容，必要时及时参错调换；三是以学生学习兴趣为抓手，培养学生找到属于自己真正的兴趣并越引越深。

三　自主培育，个性教学

在人性观方面，梁启超从"天赋良能"和"自由意志"的本体论出发，以证明其"个性"论和"自由之性"论，即善的人性论。梁启超认为，一个人只要尽力发挥其"天赋良能"则可自立于社会，此乃"尽性"。而人之所以贵于万物，就在于人有绝对自由的意志，人人都有这种自由意志，社会观念便由此而成立，实属"不可磨灭之真理"。果真如此，那么，人性之恶从何来呢？他认为，恶是由"渐习""物蔽"等而生。要保存本来的善性，就要破除物欲之蔽，不为外物所累，如此便可返回善性。由此，梁启超曾在《新民说》一文中提出，国民教育的目标在于养成"新民"。

---

① 刘铁芳：《守望教育》，华东师范大学出版社2004年版，第130页。

“上自道德法律，下至风俗习惯，文学美术，皆有一种独立之精神”[①]，而其养成之途径，一方面淬厉所固有，另一方面则采补所本无。为培养具有自强不息和自立能力的新民走向社会，就需要学校教育予以配合。对此，梁启超建议采取新的教学方法。简言之，学校培养新民需要采用个性教学法，这种教学方法对彼时的思想教育界产生很大影响。

人的社会行为指的是透过自发主动性而赋予意义的意识体验。正是体验才让个体及其世界的全部内涵和意义获得理解。任何有意义的意识体验，都不是点、线式的个别存在，而是焦点加边缘域式的整体存在由此可以看出，其思想中颇具意义的是他从一个整体去把握所看待的事物。[②] 在教育中看待学生时，不能实体化、抽象化、片面化，要把学生作为一个整体来思考。梁启超也指出教学总要使受教育的人各尽其性，发挥各人最优长的社会本能，替社会做最有效的事业。人类本身具有发展的潜力，学生的发展具有无限可能性，教育的目的就是尽可能扩张其可能性。个性教学源于教师的教学个性。教师的教学个性指的是，在教学活动中教师对教学理念、目的、方法、内容、评价等反思实践，经过长期系统地优化整合而形成的不可复制的能力。教学中教师依靠教师独特的教学魅力对学生个性施加正面教育影响，唤醒其自我意识，涵养其个性生成。教师的教学个性是其教学行为的重要内驱力之一，它决定了教师在教学过程中采取何种情感与行为模式以达到教育活动中的育人目的。

现代师范生身处多元文化与多元价值观并存的时代，这就要求其在开放思想的同时，提高自身的思维和感知能力，以反思意识为工具，在多元价值的世界中塑造个性，树立自己的教育理想，提高

---

① 《释新民之义》，梁启超：《梁启超全集》，北京出版社 1999 年版，第 657 页。

② 邹广文、崔唯航：《论海德格尔“建构生成”的思维方式》，《社会科学战线》2001 年第 5 期。

“善”的实践美德，从欣赏和发展的角度引导学生的学习和成长，以宽容的态度面对学生，用自己的思维能力感染学生，帮助学生解放心智。教师在不断地甄别与选择中，自身的思想和人格也会获得发展与完善。

第五节　师范教育应组织什么样的实习

教育实习作为教师教育的重要组成部分，承担着重要的育人使命。教育实习评价体系的确立对于教育实习成效至关重要，也是教育实习持续保持活力的“源泉”。《中共中央关于进一步全面深化改革　推进中国式现代化的决定》提出：“完善学生实习实践制度。”① 构建规范科学的师范教育实践教学体系，实施高质量的教师教育实践教学，对培养高素质教师、提升教育教学质量和推动教育改革具有重要的意义。

一　学思结合，知行合一

梁启超是中国近代最早提出师范教育实习思想的教育家之一，他于《论师范》专章中提出师范生实习规划的设想：“自京师以及各省府州县，皆设小学，而辅之以师范学堂，以师范学堂之生徒，为小学之教习，而别设师范学堂之教习，使课之以教术。”② 为让学生更好地掌握教育规律，真正掌握实践技能，改善教学成效，梁启超以“从做中学，学以致用”为基本原则，建议采取多途径培养师范生能力。例如，普及普通教育，将小学校作为师范生的实习基地，让师范生能够在“实习基地”里“边学边教”。此后，林砺

① 中华人民共和国中央人民政府：《中共中央关于进一步全面深化改革　推进中国式现代化的决定》，https://www.gov.cn/zhengce/202407/content_6963770.htm? sid_for_share=80113_2。

② 《论师范》，梁启超：《梁启超全集》，北京出版社1999年版，第30页。

儒、盛宣怀等教育家都深受梁启超教育实习思想的影响。日本学者西山启对教育专业的学生学习教育心理学和儿童心理学课程前后的变化与教学实习前后的变化进行了比较，发现六个星期的教学实习对实习生的儿童观、学生观及教师职业观的影响远远大于十五个星期的教育心理学和儿童心理学课程教学的影响。①

现阶段，师范生的实习时间有待进一步增加，实践形式也需要注重学生实际运用能力的提升，建立开放性的实习体系迫在眉睫。在我国师范生的教育实习规划中，师范生必须有教育理论的积累才能进入教育实习的情境，师范生的实习教学就演变为“检验教育理论”的活动，师范生实习大都安排在培养阶段后期。因此，课程学习与实践技能能否有效结合，伴随着师范教育专业化的持续推进，这种“知先于行”和“先知后行”的假设，遭到学术界的质疑。正如梁启超所言，理论与实践的关系应该是同一活动的两个方面，就像硬币的正反两面一样，不可有所偏颇。教育实践面临的现实问题比较复杂，故而，师范生只有通过教育实践才能更深刻地认识到教育理论的应用价值，教育实践应系统地贯穿师范生学习的全过程。有鉴于此，当前师范教育改革应回归“学思结合，知行合一”的发展取向。一则，在师范生理论课程的教学过程中，应凸显实践性导向。教师须在教学实践中辅助师范生深刻把握理论知识，并引导其将理论知识转化为能够指导教育教学的实践知识。合理安排师范生的实习时间。根据梁启超的分步实践教学理念，师范生的实习实践可划分为以下阶段：基础实践阶段、中间实践阶段和高级实践阶段。培养目标可以按照教育类型与师范生的身心发展规律进行设定，每个阶段都有相对独立且又彼此连接的实践任务，确保各个环节联系紧密，且具有科学性。二则，要在师范生的教育教学中帮助

① 吴康宁：《教育社会学》，人民教育出版社1998年版，第218页。

他们关注他者，培养其学生观。师范生由于缺乏实践经验，在教育教学过程中会较多关注自身的任务完成情况，而非学习者的接受程度，从而导致教育实践与现实需求之间产生偏差。为此，在师范生的实习要培养其关注学生的习惯，让他们意识到师范课程的学习要落实到教育实践中，而教育实践的目的在于培养学生的实践能力。三则，确保实习基地的稳定性和可靠性。梁启超先生明确将普通教育体系中的小学校应作为师范生实习的重要基地，此举为师范教育的实习教学活动提供了坚实的物质基础。现阶段，应强化我国师范生实践基地建设，构建以高等院校内部、校外附属学校及普通中小学校为核心的三位一体实习基地体系，深化教师培养、培训、服务一体化建设，有效保障师范生教育实习质量。

二 行之以导，导之有效

梁启超在教学上强调“做学一体”，同时也极为重视实习指导者在师范生实习中发挥的导向作用。梁启超在《论师范》中专门提出“别设师范学堂之教习，使课之以教术”①，其意指实习指导者要对学生言传身教，使其更好地掌握教学规律、习得教学方法、了解学生需要，提高实习效果。

从本质上看，实习指导不同于一般的课堂教学活动，也不同于师父带徒弟的简单授受的实践形式。师范生实习指导旨在帮助师范生了解教学原则和规律，引导师范生对概念、理论的自我理解，探究适合自身的教学风格，不断改进教学实效。鉴于此，实习指导大抵具有以下四大目标：引导师范生揭示和评价自身的教学目的；分析教学实习决策；基于目的和相关理论研究评估教学实践决策；刺激教师思考多种目的、策略和理论框架。换言之，作为师范教育的

① 《论师范》，梁启超：《梁启超全集》，北京出版社 1999 年版，第 30 页。

一种形式，实习指导不仅仅要求师范生模仿和延续传统的实践模式与规律，而且要引导师范生发现实习中存在的问题和自身能力的薄弱点，反思和改进现有的教学实践方式。

因此，实践指导教师的培训也应成为师范教育的重要组成部分，尽快建立相关的实践指导教师培训制度，保障实习时间导之有效。实习指导教师既是指导者也是实践者。当前实习指导过程中存在定期化安排实习任务、简单化问题改进策略、程序化书写指导教师评价等问题。所以，如何提升实践指导教师的综合素养是师范学校亟须解决的问题。一则，实习指导教师的培养要坚持长期性原则。实习指导教师的培养，既要适应实习指导教师当下的需要，又要注重其发展长远目标。培训过程实质上是一个探索的过程。实习评价作为实践的导向，对师范生在教育实习中的行为表现以及指导教师的指导频率与深度具有决定性影响。当前，师范生教育实习评价体系虽兼顾了过程性与结果性，但主要侧重于量化指标，对于实习活动的质量和指导教师指导深度的反映尚显不足，这构成了教育评价领域的一大难题。为解决此问题，亟须开展深入的教育研究，明确师范生教育实习评价的关键要素及其具体要求，进而构建一个科学且合理的评价体系。优化后的评价体系应旨在减轻师范生与指导教师的工作负担，同时有效促进师范生教育实习的顺利进行。二则，完善教育实习指导机制。在传统认识论的影响下，智育导向的教育理念在师范院校中仍然占据主导地位。由此构建的师范教育体系，表现出明显的学术倾向，通常采用封闭或半封闭的教学模式，向师范生传授教育学知识和学科专业知识。这种模式在一定程度上形成了重视理论而轻视实践的文化氛围。尽管理论知识对于师范生而言是其专业知识体系中不可或缺的组成部分，但若忽视了知识与现实情境的联系，缺乏个体经验与体验的融入，师范生将难以实现情感共鸣，亦难以实现知识的有效内化。三则，对实习教师的培训应启发其思维，而不是单一地传授技能。目前，大多数实习指导教师的职责是将技能传授给实习生，这导致师范生的思维狭隘化，局限于具体策略的运用和具体问题的处理。师范生无法提高对教学的理论认识和发展自己的实践能力，致使实习效果欠佳。教育实习的功能实质上是启发思维，鼓励实习生批判和反思现有的教育实践，然后尝试构建新的教育目的和教学实践模式。实践指导教师的每一次实践，都是与实习生的合作、冒险、探索与实验，而不是要求实习生循序渐进地模仿和延续现有的教学实践。倡导指导教师在教育实习过程中实施集体研讨活动，例如，以师范生的授课为切入点并在授课后组织深入分析，使师范生在深度参与中获得深刻体验和有效启示。随着数字技术的迅猛发展，应充分利用信息技术以辅助教师的指导工作，激发教师教育工作的积极性和科学性，确保师范生的教育实习超越习得性模仿，实现高质量发展。

三　重视考绩，合理监督

教育实习对教师事业具有重要意义。早在《论师范》中，梁启超就规定："以小学堂生徒之成就，验师范学堂生徒之成就。"[①] 三年后依据师范生在小学堂实习成绩的优异程度，分别聘为大学堂和中学堂总教习，大学堂和中学堂分教习，小学教习。早在20世纪80年代末期，国家教委也曾组织专家编写中师的《教育实习教学大纲》，其中不仅明确教育实习的目的、要求、内容、时间和方法，而且对具体的评价指标提出了量化要求。[②] 从国际经验来看，大多数教育实践比较成功的国家和地区都非常重视标准建设。如，美国宾夕法尼亚大学教育学院编制了116页的教育实践手册，详细阐述

① 《论师范》，梁启超：《梁启超全集》，北京出版社1999年版，第30页。

② 晓阳：《国家教委师范司召开中师〈教育实习教学大纲〉审稿会》，《师范教育》1987年第8期。

了实践活动的意义、内容、方式、指导和评价。又如，美国南康涅狄格州立大学实习生的情况应从 10 个一级指标来衡量，包括学科知识、使用多样化的教学策略和资源、创造有效的学习环境、促进探索与合作包括有效交流、课程规划、学生学习评价、教学反思与专业发展、学校与社区合作等 66 项二级指标。①

对于师范生而言，实习反馈是掌握教师基本技能的关键，其对于促进师范生深入理解教育实践的发展以及增强自我认识具有不可替代的作用。基于对“反馈即过程”理论的理解，教育实习反馈体现为一个目标导向、持续循环、多维互动以及对话协商的交往过程。我们可以着力实施发展性评估方法。在制度的实施中，确保师范院校、实习学校、实习对象、实习指导教师等都能参与。在评价体系中，将实习准备—实习表现—实习反思视为一个完整的过程。

首先，拓宽教育实习评价的维度。从心理学角度看，个体不仅包括外显行为，还包括内隐行为，因此除了评价师范生的外显行为、教学技能等，还应评价师范生的内隐行为，包括职业信念、反思能力、研究能力、道德体验和合作精神等。构建科学且全面的评价内容标准，即明确评价对象，精确反映师范生综合能力的考察特征，确保评价体系的严谨性和全面性。针对既定的培养目标，评价体系的构建应涵盖课堂教学、班主任职责、教学研究等核心领域，并在此基础上进一步拓展与充实。须将职业道德、实践能力、数字素养等综合能力的多维度元素纳入师范生评价指标体系，灵活设定各评价维度在实习成绩中的权重分配，以促进教师专业素养的整体提升。评价指标的等级划分须彰显发展性特质，借助评价体系的发展性作用，打造一套科学而完备的评价内容标准体系。在评价指标体系中，应纳入反映师范生综合素养的多个要素，如职业道德、反

① 龚冬梅：《美国教育实习的经验与启示》，《外国中小学教育》2011 年第 3 期。

思能力、评估素养等，并根据实际情况灵活设定各评价维度在实习成绩中的权重，以增强师范生的实践能力。通过评价等级体系，师范生能够参照优秀教师的行为标准进行自我反思，识别自身缺陷，制定改进措施，激发内在动机，自觉提高教师素养，为专业发展奠定坚实基础。

其次，落实实习结果循证反馈。有效的反馈机制是教育实习评价的重要组成部分，也是促进教育实习价值实现的重要保证。学校在制订教育实习计划时，需要将相对完善的教育实习评价反馈机制纳入评价体系并付诸实施。在教育实习过程中，指导教师不仅要给实习生参与教育教学的机会，还要组织同一批实习生及时评价自己的教学行为，鼓励集思广益，帮助实习生充分了解自己的优缺点，更好地提升自我。在反馈环节中，主要的利益相关者，例如师范生、实习导师及指导教师在进行教学设计、实施、评估及反思等环节时，应恪守循证实践的基本原则，并以研究证据为支撑进行课堂观察和教学评价等活动。此外，基于证据的反馈实践强调，研究参与者应运用观察和参与等研究方法，收集师范生在教学实践中的表现性证据，涵盖显性和隐性反馈信息，以精确掌握教育实习过程中师范生的个性特征与素养表现。同时，研究者须深入洞察师范生的实际发展需求，并根据其实际表现提供相应的评价。

最后，要加强监督保障体系建设。师范学校和实习学校要根据教育实习评价标准和自身实际情况，公平、透明地评价师范生的实习表现。建立全面的指导教师培训体系，并融入绩效奖惩机制，旨在提高实习指导教师的专业技能水平及责任感。同时，积极采用多元化的评价手段，构建起学生实习表现的信息收集、交流与反馈机制。通过确立科学、完备且包含质性描述的评价等级标准，达成师范生表现证据的统一化形式转换和结果的直观呈现。遵循“分级管理、分工负责、协同监控”的原则，围绕课程思政、教学设计、学情分析等关键工作，组建专项督导团队。通过教师访谈、现场汇报、校级抽检、资料查验等多种形式开展专项检查，编制专题督导报告，为师范生的职业发展、学生的多样化成才、管理部门的科学决策提供更有价值的指导，形成以督促学、以督促改的良性循环。

结　语

一切历史都是思想史。思想和信仰在历史中是可以被延续的，它们本身固有的核心价值不会随着时光的流逝而褪色，而是被转化为一种新的思想一直延续。

纵观梁启超思想的脉络，康有为评价其为“流质善变”，梁启超亦坦承自己的“太无成见”。梁启超的确是“善变”的，但他的“善变”不是漫无目的、随心所欲地变，在他“善变”的背后是他高昂的爱国主义情怀，他不断地尝试在危亡的中国建立一种成熟的政治模式，并为此不断地构建、完善着他理想中的理论模式。梁启超在其著名的史论文章《五十年中国进化概论》中，将 19 世纪中叶到 20 世纪初这段历史裁为三期。他在该文中说：“第一期，先从器物上感觉不足。这种感觉，从鸦片战争后渐渐发动，到同治年间借了外国兵来平内乱，于是曾国藩、李鸿章一班人，很觉得外国的船坚炮利，确是我们所不及，对于这方面的事项，觉得有舍己从人的必要……第二期，是从制度上感觉不足。自从和日本打了一个败仗下来，国内有心人，真像睡梦中着了一个霹雳，因想到，堂堂中国为什么衰败到这田地，都为政制不良，所以拿变法维新做一面大旗，在社会上开始运动，那急先锋就是康有为、梁启超一班人……

第三期，便是从文化根本上感觉不足。”① 梁启超关于三阶段的划分大体与当时的世变是相吻合的，然而事实证明，各代思想彼此呼应、相互交叠，每代文化的变革都不是那么简单划一的，分界远不如梁启超所想象的那样分明。在物质文化变革的同时，制度文化的变革已然被提上议事日程；在制度文化变革的同时，思想文化的变革就已经如影随形，顺势展开。

“文化自觉是指生活在特定文化中的人，对自己文化的起源、产生过程、主要特征及发展趋势有一定的自知之明，以增强个体所在组织的文化转型能力。但这种转型，既不应该是‘回到原点的复古’，亦不赞成‘全盘他化’。”② 梁启超作为新旧历史交替、中西理论碰撞之际的思想先驱，其始终走在时代文化和教育的前沿，成为中国近代师范教育本土化进程中一个领航者。他争做时代的弄潮儿，率先接触西学、东学；翻译引进大量的教育文化类知识，积极推广发达国家师范教育的经验；发表众多师范教育言论，踊跃传达自我的思想和期待。梁启超敏锐地觉察到，清代沿袭前朝的科举取士制度业已日益僵化，地方官学亦大多沿袭自明制，地方大多设有府州县学，乡间设社学。但是，此等学堂中教师的教育内容与形式，已远远落后于以现代科学知识习得为手段，培育国家需要的实用人才为目标的西方学校教育。故变革社会，需要具备合格的师资，制定开明的学校教育目标为先。对此，梁启超从国家兴亡的角度分析师范教育对于培育新型国民、挽救民族危机的重要作用，其见解具有极强的前瞻性。而这种认识也唤醒了彼时知识阶层对师范教育的重视，使师范教育逐渐具备了广泛的社会思想基础，最终得以纳入教育改革的决策范围。可以说，正是梁启超的不懈努力，促

① 昌切：《清末民初的思想主脉》，东方出版社 1999 年版，第 3—4 页。

② 费孝通：《反思·对话·文化自觉》，《北京大学学报》（哲学社会科学版）1997 年第 3 期。

进了中国本土近代师范学堂的建立。

近代中国的文化运思，从根本上说从未离开过中西文化问题。无论是洋务派的“中体西用”说，还是清末的“国粹主义”，皆为对中西文化冲突与融合的一种反思。梁启超对中外文化有着深入的理解和研究，他常在学术论著中比较中西文化的异同和优劣。“我们不能说新的完全是好的，旧的完全是坏的，亦不能说古的完全都是，今的完全都不是。古今新旧都不足以定善恶是非的标准。因为一切学说都可以分为两类：一种含有时代性，一种不含时代性。”[①]他对文化的具体看法因时而异，而融合古今中外的思想却始终贯穿其中。

戊戌变法时期，梁启超办学办报，传播西学，倡导设立师范学堂，是颇具革新特色的启蒙思想家。在《西学书目表》的后续中，他谈到取用西方文明之功用还是要回归我们中国本土文化教育之创建。“要之舍西学而言中学者，其中学必为无用。舍中学而言西学者，其西学必为无本。”[②] 他融合中西的终极目的还是发展中国文化，合泰西各国学术思想于一炉而冶之，以造我国特别之新文明。可以说，中国师范教育的本土化，离不开梁启超等一大批有识之士。他的师范教育思想顺应知识分子阶层改良政治、培育人才、改善社会的强烈要求。其部分目的无疑是为国家发展提供一个不可或缺的有文化和技能的公民。另一部分目的必须从梁启超所接受的西方制度文化和宪政理想中找到。但通过建立师范教育来培养“有文化、有技能的公民”，可谓梁启超师范教育思想的根本目的，通过对历史的检验可知，这一点已经得到部分实现。

总的来说，本书致力于全面系统地诠释与注解梁启超师范教育思想，借助历史学、文化学、教育学等视角，采用历史与逻辑相统

---

① 梁启超：《儒学六讲》，天津人民出版社2018年版，第10页。

② 《〈西学书目表〉后序》，梁启超：《梁启超全集》，北京出版社1999年版，第86页。

一的研究思路，通过对梁启超本人的著述、报纸、杂志、传记、回忆录等文献的检阅，深入解读梁启超师范教育思想产生的时代背景，追溯其理论渊源，梳理其发展理路，厘析其内容特质，客观分析其进步性与局限性，探讨梁启超师范教育思想带来的启示。

本书第一部分为梁启超师范教育思想的缘起。梁启超师范教育思想产生于“三千年未有之大变局”的时代背景之下，顺应“西学东渐”的历史潮流，肩负着拯救洋务教育暴露的师资危机的重要责任。于思想渊源方面，梁启超的师范教育思想，大凡来自以“仁爱通达”与“知行诚一”为内核的传统文化的熏陶、“经世致用”与“师夷长技”为核心的明清改良思潮、“和魂洋才”与“文明开化”为代表的东学内核之引入以及“西学中用”与“教育救国”的社会风尚。梁启超认为，教师群体肩负培养新民的重任，应秉持开民智，促民德，育新民的教育方针。其师范教育思想之逻辑生成点，可归结为培养具有爱国、自尊、进步、合群品格的新民；第二部分为梁启超师范教育思想的发展轨迹。梁氏师范教育思想经历了“新会”尊师重教之风尚，“家有师者”之言传身教，“学海堂”求学经历之熏陶在内的教师形象与师道观念的奠基阶段；“万木草堂”之师从长素，日本师范教育制度之传入在内的“师范”思想萌芽的孕育阶段；《变法通议》与《论师范》的提出，“时务学堂”之实践探索，“京师大学堂章程”之拟定在内的师范教育体制的确立阶段；以及流亡日本时期的办学活动，推动北京高等师范学校的发展，书斋中耕耘“教育家的自家田地”在内的从“论师范”到“论教育家”的深化阶段；第三部分为梁启超师范教育思想的基本内容。在社会动荡、文化变革、教育更迭的特殊历史时期，梁启超的师范教育思想力求克服传统教育封闭僵化与洋务教育师资不足的弊端，注重培养能够成为“新民”的教师，拉开了师范强国的序幕。梁氏就师范教育地位、目的、课程、教学及实习等方面，构建了一套相对系统的理论体系，包括群学之基的师范教育地位；新民救国的师范教育目的；效仿西方的师范教育制度；重德兴智的师范教育课程；寓教于乐的教育教学以及期于致用的师范教育实习；第四部分为梁启超师范教育思想的评价。梁氏师范教育思想不仅具有鲜明的时代烙印，而且集理论升华与实践导向相结合、效仿西方与本土自生相结合、问题导向与方法应用相结合三大特征于一体。于进步性而言，梁氏师范教育思想开启近代师范教育研究之先河，其兼具理论性与实践导向，力图利用西方与本土化理论解决传统教育之弊病。从兴学育人到全面革新，力求与时俱进，要求经过柔性变革使中国教育为资本主义君主立宪政治体制的建立服务。然而，梁氏在处理中西、新旧两学上，具有一定的不成熟性，其“师范救国”的理想在彼时的社会环境下也不可避免地带有一定的理想主义色彩；第五部分为梁启超师范教育思想的启示。本章结合前文论述，对“百年未有之大变局”背景下的师范教育具有怎样的地位与使命、师范教育应培养什么样的教师、师范教育应构建什么样的课程、师范教育应开展什么样的教学以及师范教育应组织什么样的实习等问题予以回答。本书认为，借鉴梁启超师范教育思想，现阶段我国应突出师范教育“工作母机”的重要地位，明晰师范教育“强国兴智”的历史使命。在培养目标上，应着重爱国新民，改良群治；学贯中西，识见卓越；敬业乐业，献身教育；严于律己，身体力行的当代教师。在师范教育课程建设方面，坚持以师范先，学术结合；兼顾中西，贯穿政艺；先易后难，学不躐等的原则；在师范教育教学方面，应遵循豫时孙摩，循序渐进；趣味引导，灵活多样；自主培育，个性教学；在师范教育实习组织上，应体现学思结合，知行合一；行之以导，导之有效；重视考绩，合理监督之精神。

在写作的过程中，笔者也在不断思考梁启超教育思想的当代价值。事实上，在中西文化教育的激烈碰撞和中国学者痛苦的思想转型中，支撑近代中国师范教育本土化发展的价值取向逐渐演变而成。无论传统文化教育观念是否被夸大或贬低，根深蒂固的文化意识始终是中华民族教育延续的基础。更重要的是，正是基于对传统文化教育中合理因素的客观肯定、继承和发展，使近代先贤的科学教育思想具有地方性、包容性和前瞻性。梁启超作为近代推进师范教育本土化的先行者，以“新民”理想为逻辑起点，以“中西融合”的理念为理论资源，逐步探索本土师范教育的发展规律。尤为难得的是，其中他对师范教育价值理性的审思，极具历史价值和现代意义，启示我们在当前师范教育发展过程中，不仅要做到扎根本国实际、借鉴外来经验，还要做到理念先行，努力在文化自省的基础上创新观念，在文化自觉的基础上积极融入观念，不断在文化创新的基础上实现师范教育理论的中国式本土化建构，助推师范教育强国建设。

参考文献

一　著作类

（一）梁启超本人著作

梁启超、贾菁菁编选：《梁启超演讲集》，天津古籍出版社 2005 年版。

梁启超：《梁启超家书》，中国言实出版公司 2017 年版。

梁启超：《梁启超讲国学》，中国传媒大学出版社 2008 年版。

梁启超：《梁启超论人生》，九州出版社 2012 年版。

梁启超：《梁启超论儒家哲学》，商务印书馆 2012 年版。

梁启超：《梁启超论先秦政治思想史》，商务印书馆 2012 年版。

梁启超：《梁启超论中国文化史》，商务印书馆 2012 年版。

梁启超：《梁启超全集》，北京出版社 1999 年版。

梁启超：《梁启超中国近三百年学术史》，吉林人民出版社 2013 年版。

梁启超：《论中国学术思想变迁之大势》，上海古籍出版社 2006 年版。

梁启超：《欧游心影录节录》，朝华出版社 2017 年版。

梁启超：《欧游心影录》，商务印书馆 2014 年版。

梁启超：《清代学术概论》，中国书籍出版社 2006 年版。

梁启超：《为学与做人》，古吴轩出版社 2016 年版。

梁启超：《戊戌政变记》，广西师范大学出版社 2010 年版。
梁启超：《新民说》，中州古籍出版社 1998 年版。
梁启超：《饮冰室合集》，中华书局 1989 年版。
梁启超著，陈利红编：《梁启超家书 1898—1928》，华中科技大学出版社 2017 年版。
梁启超著，陈漱渝、宋娜选编：《梁启超论教育》，福建教育出版社 2016 年版。
梁启超著，贾菁菁编选：《梁启超演讲集》，天津古籍出版社 2005 年版。
梁启超著：《梁启超论教育》，商务印书馆 2017 年版。
梁启超著：《梁启超自述》，河南人民出版社 2004 年版。
梁启超著，罗检秋编：《梁启超心语》，岳麓书社 1999 年版。
梁启超著，王焰编：《梁启超学术论著》，浙江人民出版社 1998 年版。
梁启超著，文明国编：《梁启超自述 1873—1929》，人民日报出版社 2011 年版。

（二）研究梁启超的著作

安尊华：《梁启超教育思想研究》，知识产权出版社 2014 年版。
陈鹏鸣：《梁启超学术思想评传》，北京图书馆出版社 1999 年版。
丁文江、赵丰田编：《梁启超年谱长编》，上海人民出版社 1983 年版。
丁文江、赵丰田编：《梁任公先生年谱长编　初稿》，中华书局 2010 年版。
方红梅：《梁启超趣味论研究》，人民出版社 2009 年版。
耿云志、崔志海：《梁启超》，广东人民出版社 1994 年版。
寒波：《梁启超：公车上书》，湖南文艺出版社 1996 年版。
郭长久等主编：《梁启超与饮冰室》，天津古籍出版社 2002 年版。

黄克武：《一个被放弃的选择——梁启超调适思想之研究》，新星出版社2006年版。
黄敏兰：《梁启超——中国知识分子第一人》，湖北教育出版社1999年版。
蒋广学：《梁启超和中国古代学术的终结》，江苏教育出版社2001年版。
李茂民：《在激进与保守之间：梁启超五四时期的新文化思想》，社会科学文献出版社2006年版。
李喜所主编：《梁启超与近代中国社会文化》，天津古籍出版社2005年版。
陆信礼：《梁启超中国哲学史研究评述》，中国社会科学出版社2013年版。
罗检秋：《新会梁氏：梁启超家族的文化史》，中国人民大学出版社1999年版。
吕滨：《新民伦理与新国家：梁启超伦理思想研究》，江西教育出版社2000年版。
孟祥才编著：《梁启超传》，北京出版社1980年版。
牛仰山编写：《梁启超》，中华书局1962年版。
彭树欣：《多维视野下的梁启超研究》，电子科技大学出版社2014年版。
石云艳：《梁启超与日本》，天津人民出版社2005年版。
宋仁主编：《梁启超教育思想研究》，辽宁教育出版社1993年版。
吴天任：《梁启超年谱》，广东人民出版社2018年版。
王建军：《教育近代化中的梁启超》，山西人民出版社2018年版。
王心裁：《梁启超读书生涯》，长江文艺出版社2000年版。
谢放：《跨世纪的文化巨人——梁启超》，广东人民出版社2005年版。

杨天宏：《新民之梦　梁启超传》，四川人民出版社 1995 年版。
易新鼎著，敏泽、党圣元主编：《博学多变的人生——梁启超的读书生活》，中原农民出版社 1999 年版。
李喜所、元青：《梁启超传》，人民出版社 1993 年版。
张锡勤编：《梁启超思想平议》，人民出版社 2013 年版。
钟珍维、万发云：《梁启超思想研究》，海南人民出版社 1986 年版。

（三）研究师范教育的著作

陈侠编：《师范教育和教育科学》，人民教育出版社 1985 年版。
陈信泰等编：《师范教育的发展与改革》，山东教育出版社 1986 年版。
成有信编：《十国师范教育和教师》，人民教育出版社 1990 年版。
崔运武主编：《中国师范教育史》，山西教育出版社 2006 年版。
郭鸣鹤：《师范教育》，百城书局 1932 年版。
李超英：《中国师范教育论》，商务印书馆 1939 年版。
刘问岫编：《中国师范教育简史》，人民教育出版社 1984 年版。
马啸风主编：《中国师范教育史（1897—2000）》，首都师范大学出版社 2003 年版。
苏林、张贵新主编：《中国师范教育十五年》，东北师范大学出版社 1996 年版。
王炽昌：《新师范教育史》，中华书局 1932 年版。
吴定初等编著：《中国师范教育简论》，四川教育出版社 1990 年版。
张达善：《师范教育的理论与实际》，商务印书馆 1947 年版。

（四）译著

［德］恩斯特·卡西尔：《人论》，甘阳译，西苑出版社 2003 年版。
［德］卡尔·雅斯贝尔斯：《论历史的起源与目标》，李雪涛译，华东师范大学出版社 2018 年版。
［德］卡尔·雅斯贝尔斯：《什么是教育》，邹进译，生活·读书·

新知三联书店1991年版。
[德]卡尔·雅斯贝尔斯:《时代的精神状况》,王德峰译,上海译文出版社2003年版。
[德]尤尔根·哈贝马斯:《在事实与规范之间——关于法律和民主法治国的商谈理论》,童世骏译,生活·读书·新知三联书店2003年版。
[美]里亚·格林菲尔德:《民族主义:走向现代的五条道路》,王春华等译,上海三联书店2010年版。
[美]柯文:《在中国发现历史——中国中心观在美国的兴起》,林同奇译,中华书局1989年版。
[美]萧公权:《近代中国与新世界:康有为变法与大同思想研究》,汪荣祖译,江苏人民出版社1997年版。
[美]约瑟夫·阿·勒文森:《梁启超与中国近代思想》,刘伟、刘丽、姜铁军译,四川人民出版社1986年版。
[美]约瑟夫·阿·勒文森:《儒教中国及其现代命运》,郑大华、任菁译,中国社会科学出版社2000年版。
[美]张灏:《梁启超与中国思想的过渡(1890—1907)》,崔志海、葛夫平译,江苏人民出版社2005年版。
[美]张灏:《危机中的中国知识分子:寻求秩序与意义》,高力克、王跃译,新星出版社2006年版。
[日]福泽谕吉:《劝学篇》,群力译,东尔校,商务印书馆1984年版。
[日]福泽谕吉:《文明论概略》,北京编译社译,九州出版社2008年版。
[英]艾瑞克·霍布斯鲍姆:《断裂的年代》,林华译,中信出版社2014年版。

(五)其他著作

蔡尚思等:《论清末民初中国社会》,复旦大学出版社1983年版。

高力克：《新启蒙　从欧化到再生》，东方出版社 2019 年版。
龚自珍：《龚自珍全集》，上海人民出版社 1975 年版。
黄宗羲：《黄宗羲全集》，浙江古籍出版社 1985 年版。
黄遵宪：《日本国志（上、下）》，天津人民出版社 2005 年版。
焦润明：《梁启超启蒙思想研究》，辽宁大学出版社 2006 年版。
康有为撰，姜义华等编校：《康有为全集》，中国人民大学出版社 2007 年版。
康有为：《康有为全集》，上海古籍出版社 1992 年版。
栗洪武：《西学东渐与中国近代教育思潮》，高等教育出版社 2002 年版。
李剑农：《中国近百年政治史》，湖南师范大学出版社 2018 年版。
李泽厚：《中国近代思想史论》，天津社会科学院出版社 2003 年版。
梁实秋：《百年梦忆——梁实秋人生自述》，国际文化出版公司 2014 年版。
梁漱溟：《忆往谈旧录——梁漱溟回忆录》，中国文史出版社 2012 年版。
陆信礼：《梁启超中国哲学史研究评述》，中国社会科学出版社 2013 年版。
陆九渊著，钟哲点校：《陆九渊集》，中华书局 1980 年版。
罗义华：《论梁启超的“流质性”与转型期中国文学的现代品格》，华中师范大学出版社 2007 年版。
桑兵：《学术江湖——晚清民国的学人与学风》，广西师范大学出版社 2017 年版。
孙邦华：《西学东渐与中国近代教育变迁》，中国社会科学出版社 2012 年版。
魏源：《魏源集》，中华书局 2009 年版。
夏晓虹、吴令华编：《清华同学与学术薪传》，生活 · 读书 · 新知三联书店 2009 年版。
谢文耀：《雪松斋诗文选集》，中国文联出版社 2008 年版。
熊月之：《西学东渐与晚清社会》，上海人民出版社 1994 年版。
许纪霖等：《近代中国知识分子的公共交往 1895—1949》，上海人民出版社 2008 年版。
张载著，章锡琛点校：《张载集》，中华书局 1978 年版。
赵光贤：《中国历史研究法》，中国青年出版社 1988 年版。
朱俊瑞、吴秋华：《中国近代社会变革的政治分析》，黑龙江人民出版社 2006 年版。
朱熹：《四书章句集注》，中华书局 2016 年版。

二 期刊类

（一）研究梁启超师范教育的期刊

安尊华：《论梁启超师范教育思想》，《贵州师范大学学报》（社会科学版）2014 年第 3 期。
韩宠：《梁启超师范教育思想对当代幼儿教师培养的启示》，《教育观察》2019 年第 34 期。
江永昌：《梁启超师范教育思想述评》，《贵州教育学院学报》（社会科学版）1990 年第 4 期。
刘敏：《再论梁启超与北京师范大学》，《教育学报》2018 年第 1 期。
欧治华：《梁启超对师范课程理论的现代建构及其当代价值》，《当代教育科学》2011 年第 17 期。
欧治华：《梁启超与林砺儒师范教育思想比较研究》，《教育评论》2012 年第 5 期。
欧治华：《论梁启超的课程思想》，《教育评论》2011 年第 4 期。
王小娟、郑友训：《浅谈“趋变求新”的近代师范教育实习理论与实践——基于梁启超等思想的思考》,《现代教育科学》2012 年第 11 期。
吴洪成:《近代教育家梁启超的师范教育思想探析》,《教师教育研究》2010 年第 2 期。
于桂霞:《梁启超师范教育思想评析》,《现代教育科学》2004 年第 11 期。
赵国权:《试析梁启超的师范教育改革思想》,《河南大学学报》(社科版)1997 年第 6 期。
张怀宇:《梁启超师范教育思想再认识》,《扬州大学学报》(高教研究版)2005 年第 5 期。

（二）研究梁启超教育思想的期刊

白绍达:《梁启超的教育思想述论》,《学理论》2010 年第 26 期。
蔡杰:《仁治与无治:梁启超论儒家与道家政治思想》,《孔子研究》2024 年第 4 期。
畅引婷、畅芳珍:《梁启超的教育思想》,《山西师大学报》(社会科学版)1994 年第 4 期。
陈勇、廖莉娟:《简论梁启超青年教育思想》,《广西师范学院学报》(哲学社会科学版)2010 年第 4 期。
陈志科:《梁启超与中国教育近代化》,《教育评论》2003 年第 6 期。
崔荣华:《梁启超论教育宗旨》,《南通大学学报》(教育科学版)2007 年第 2 期。
崔荣华:《梁启超与张謇教育实践的不同特征及贡献》,《南通大学学报》(社会科学版)2008 年第 6 期。
崔荣华:《论近代教育先驱梁启超的教育思想》,《湖北社会科学》2004 年第 5 期。
董方奎:《梁启超对近代中国教育的主要贡献》,《华中师范大学学报》（人文社会科学版）2006 年第 4 期。
丁平一：《维新运动时期西政教育思想的特色及影响》，《教育评论》2001 年第 2 期。
胡思慧：《儒家道德精神的坚守——读梁启超〈德育鉴〉》，《思想政治课教学》2023 年第 11 期。
黄敏兰：《梁启超对现代教育事业的开创性贡献》，《陕西教育学院学报》2003 年第 1 期。
贾小叶：《再论湖南时务学堂之争》，《湖南大学学报》（社会科学版）2017 年第 6 期。
金国：《国学教育的时代境遇：梁启超与私立南开学校的互动研究（1912—1923）》，《重庆高教研究》2018 年第 5 期。
雷芳：《梁启超的学校教育观》，《郑州航空工业管理学院学报》（社会科学版）2009 年第 6 期。
李汉超、陈玉清：《论梁启超的教育哲学思想》，《山东社会科学》2009 年第 12 期。
林家有：《社会转型与教育改造——论梁启超的人才观》，《中山大学学报》（社会科学版）2004 年第 1 期。
罗小琼：《浅议晚清教育》，《清史研究》1995 年第 4 期。
马治国：《略论万木草堂的办学特色》，《东北师大学报》2000 年第 1 期。
庞守兴：《国民性教育三题》，《集美大学学报》（教育科学版）2017 年第 5 期。
宋仁、孙军：《梁启超教育思想与中国现代化》，《内蒙古电大学刊》1992 年第 1 期。
史少博：《梁启超“国学”的“东学”渊源》，《理论学刊》2016 年第 5 期。
孙石月、王青梅：《梁启超戊戌变法前后的教育思想》，《山西师大学报》（社会科学版）1989 年第 4 期。
王建军：《教育家梁启超》，《河北师范大学学报》（教育科学版）2015 年第 3 期。
王晋丽：《论梁启超的学习思想》，《中北大学学报》（社会科学版）2009 年第 2 期。
王辉：《梁启超的儒家仁政思想》，《江西社会科学》2017 年第 12 期。
王浪、凌云：《康有为、梁启超的实业教育思想》，《职教论坛》2004 年第 34 期。
魏义霞：《梁启超的教育宗旨论》，《江南大学学报》（人文社会科学版）2016 年第 2 期。
魏义霞：《梁启超对中国教育宗旨的厘定》，《吉林师范大学学报》（人文社会科学版）2016 年第 2 期。
魏义霞：《梁启超论趣味与趣味教育》，《江苏社会科学》2015 年第 2 期。
魏义霞：《梁启超情感教育论》，《求索》2014 年第 9 期。
魏义霞：《论梁启超的启蒙思想与教育思想》，《燕山大学学报》（哲学社会科学版）2016 年第 1 期。
许彬：《郭嵩焘与梁启超教育思想比较研究》，《新余学院学报》2015 年第 3 期。
杨惠兰：《梁启超的素质教育观》，《湘潭大学学报》（研究生论丛）2000 年第 2 期。
杨惠兰：《梁启超的素质教育思想》，《邵阳学院学报》（社会科学版）2008 年第 6 期。
杨晓梅：《梁启超的教育思想研究》，《学术交流》2004 年第 5 期。
阳正伟：《“知君者无若我，知我者无若君”——时务学堂时期的黄遵宪与梁启超》，《大学教育科学》2018 年第 3 期。

阴玥：《梁启超公德观及其对当代道德建设的启示》，《学术交流》2020年第5期。
于月清：《张之洞、梁启超教育思想比较研究》，《山东社会科学》2003年第2期。
尤学工：《梁启超对中国近代历史教育的贡献》，《华中科技大学学报》（社会科学版）2006年第1期。
曾凡炎：《梁启超教育思想述评》，《贵州师范大学学报》（社会科学版）1991年第3期。
张怀宇：《论梁启超教育思想的价值与现代意义》，《理论月刊》2010年第1期。
张伶俐、郭汉民：《维新时期梁启超的教育改革思想》，《湖南城市学院学报》2006年第2期。
赵越智：《梁启超教育思想论略》，《求是学刊》1995年第2期。
郑春奎：《论梁启超的教育思想》，《社会科学战线》2008年第3期。
周勇：《梁启超的教育改革行动及演变——以"侨易"经历为中心》，《清华大学教育研究》2017年第1期。
朱汉民、胡长海：《湖南时务学堂与中国教育近代化的探索》，《湖南大学学报》（社会科学版）2017年第6期。
朱正南：《论梁启超、蔡元培教育思想的共同特征》，《哈尔滨学院学报》2007年第9期。
庄泽晞：《回顾与省思：梁启超和湖南时务学堂》，《湖南大学学报》（社会科学版）2017年第6期。
周炯：《梁启超的"公德""私德"观刍论》，《湖南师范大学社会科学学报》2020年第3期。

（三）研究梁启超的期刊

安静波：《再论梁启超的民族观》，《学术交流》1999年第6期。

陈慧：《近50年来梁启超思想研究之检讨》，《哲学动态》2001年第10期。

陈其泰：《梁启超晚年的文化自觉》，《学术研究》2003年第7期。

董方奎：《关于梁启超的定位》，《历史教学》2004年第9期。

董方奎、梁启超：《近代中国的精神之父》，《华中师范大学学报》（人文社会科学版）1998年第5期。

段治文：《梁启超对历史发展规律探索新论》，《社会科学辑刊》1999年第4期。

方红梅：《梁启超新民思想的后期发展》，《贵州社会科学》2005年第3期。

冯国泉、张艳萍：《梁启超的民权与宪政思想》，《理论与现代化》2009年第1期。

高力克：《梁启超的文明观》，《华东师范大学学报》（哲学社会科学版）2024年第4期。

高力克：《梁启超的现代中国想象》，《政治思想史》2019年第4期。

高瑞泉：《论梁启超的理想人格：〈新民说〉重读》，《学术界》2024年第1期。

耿云志：《五四以后梁启超关于中国文化建设的思考》，《广东社会科学》2004年第1期。

关楠楠：《意旨、方法与本体认识：民族史书写的中华民族意识——以20世纪前半叶中国民族通史撰述为中心》，《西北民族大学学报》（哲学社会科学版）2023年第5期。

郭汉民：《梁启超对中西文化的思考》，《广西社会科学》1999年第4期。

郭汉民：《谭梁交谊与晚清思想》，《湘潭大学社会科学学报》1999年第4期。

郭延礼：《梁启超后十年的文学研究》，《山东社会科学》1991 年第 5 期。

胡顺强：《梁启超关于颜李学研究的路径及其逻辑演进过程》，《暨南学报》（哲学社会科学版）2017 年第 6 期。

胡洋、程舒伟：《从〈欧游心影录〉看梁启超的文化观》，《社会科学战线》2015 年第 11 期。

贾小叶：《从“瓜分”论到“帝国主义”论——梁启超关于列强侵略的理论思考（1895—1905）》，《中山大学学报》（社会科学版）2024 年第 3 期。

贾小叶：《论梁启超近代国家思想提出的内在逻辑——以〈清议报〉为中心》，《近代史研究》2022 年第 1 期。

蒋广学：《梁启超的现代学术思想与 20 世纪中国思想史之关系》，《江苏社会科学》2001 年第 4 期。

江也川：《从“种族”到“民族”：论梁启超民族思想的初步自觉》，《湖北民族大学学报》（哲学社会科学版）2023 年第 4 期。

李恭忠：《梁启超的变局观念与史家自觉——以〈李鸿章〉为中心的考察》，《华中师范大学学报》（人文社会科学版）2024 年第 1 期。

李恭忠：《梁启超的“中国史”自觉及其限度》，《历史研究》2022 年第 2 期。

李健：《梁启超的现代民主思想及其当代启示》，《社会科学家》2023 年第 12 期。

李健：《论梁启超对卢梭国家思想的容纳、拒斥与回归》，《华中师范大学学报》（人文社会科学版）2024 年第 2 期。

李世龙：《梁启超与中国近代化研究》，《北方论丛》1999 年第 5 期。

刘振岚：《梁启超对洋务派的批判》，《史学月刊》2000 年第 5 期。

陆一：《纪念梁启超：从杜威到颜李学派》，《复旦教育论坛》2023年第1期。

闾小波：《柏克与梁启超：革命年代的智者》，《江海学刊》2006年第4期。

马勇：《梁启超与湖南时务学堂再研究》，《社会科学研究》2010年第5期。

茅海建：《戊戌时期康有为、梁启超的思想》，《近代史研究》2022年第4期。

苗建荣：《论梁启超对儒学与西方科学的态度》，《科学技术哲学研究》2019年第2期。

牛嗣修：《从思想传统中寻找变革资源：梁启超与晚清“排荀运动”》，《探索与争鸣》2024年第8期。

欧阳哲生：《梁启超的国际观与晚年思想转向——梁启超著〈欧游心影录〉的思想新解》，《史学理论研究》2021年第3期。

沈继成：《梁启超与〈时务报〉》，《华中师范大学学报》（人文社会科学版）1998年第5期。

石硕：《一百年前梁启超关于“中华民族”的三个论断》，《思想战线》2022年第2期。

石培玲：《试论梁启超的国民性改造思想及其现代价值》，《西安交通大学学报》（社会科学版）1998年第3期。

史少博：《梁启超“国学”的“东学”渊源》，《理论学刊》2016年第5期。

石云艳：《梁启超流亡日本时期的办报活动及其新闻思想》，《南开学报》2003年第5期。

宋志明：《梁启超的新民构想》，《湖南社会科学》2021年第6期。

王汎森：《清华时代的梁启超与王国维》，《读书》2024年第5期。

王康：《梁启超流亡日本与“少年中国”意象的生成》，《史学月刊》2021 年第 7 期。
王思睿：《梁启超时代：被遮蔽的新中国》，《中国改革》2010 年第 7 期。
王玉玲：《清末知识分子的“新中国”构想》，《清史研究》2013 年第 4 期。
魏义霞：《论梁启超对康有为著作的侧重、解读和态度变化》，《周易研究》2015 年第 4 期。
吴春梅：《近代民族主义与梁启超的新民思想》，《安徽大学学报》1998 年第 4 期。
吴蓉：《梁启超人格思想及其特点》，《西南民族大学学报》（人文社科版）2015 年第 5 期。
吴双：《因立宪而文明：梁启超立宪思想中的国民程度与文明等级》，《开放时代》2024 年第 6 期。
解维：《梁启超“新民”与“群治改良”之异名实同》，《学术探索》2023 年第 4 期。
谢伟铭：《梁启超视域中的“新民”之义——对比传统的“新民”观念》，《中国哲学史》2014 年第 3 期。
徐亚州：《梁启超新民伦理思想及其价值研究》，《伦理学研究》2023 年第 6 期。
徐亚州、谢桂山：《中国现代伦理形态的发展与建构——基于梁启超新民伦理的研究》，《内蒙古社会科学》2024 年第 1 期。
薛子燕：《梁启超对再造文明的探索：在新文化运动与儒学之间》，《江汉论坛》2017 年第 11 期。
杨华：《经世与启蒙：梁启超的孟子学》，《齐鲁学刊》2024 年第 4 期。
杨华：《梁启超思想与中国文化传统的关系——三位美国中国学专家眼中的梁启超》，《探索与争鸣》2002 年第 11 期。

杨志远：《历史的镜像：梁启超“新史学”的多元想象》，《四川师范大学学报》（社会科学版）2022 年第 3 期。

伊丽娜：《返本开新：梁启超改造中国传统文化之方法》，《学术交流》2012 年第 11 期。

袁咏红：《梁启超与东京大同高等学校》，《广东社会科学》2007 年第 5 期。

张冠夫：《摆渡于传统文学与新文学间的“情感”之舟——1920 年代梁启超的“情感”诗学》，《山东大学学报》2013 年第 3 期。

张娜：《从社会哲学的角度看梁启超后期思想之变化》，《理论学刊》2019 年第 3 期。

张铮：《“学术与政治之间”——以梁启超“荀学”评价为对象的考察》，《史学集刊》2011 年第 6 期。

赵炎才：《试论清季民初梁启超的道德救国思想》，《华中师范大学学报》（人文社会科学版）2004 年第 5 期。

郑家建、舒畅：《梁启超与清华国学院之关系述论》，《东南学术》2011 年第 2 期。

周昌龙：《梁启超思想中知识结构的转移与深层变化》，《中国文化》2010 年第 1 期。

周展安：《“大势”与“运会”——梁启超与近代思想中的历史意识》，《开放时代》2024 年第 6 期。